LÉGISLATION

PRIMITIVE.

LÉGISLATION
PRIMITIVE,
CONSIDÉRÉE DANS LES DERNIERS TEMPS
PAR
LES SEULES LUMIÈRES
DE LA RAISON,

SUIVIE DE PLUSIEURS TRAITÉS ET DISCOURS POLITIQUES;

PAR L. G. A. DE BONALD.

« Un peuple qui a perdu ses mœurs en voulant se
» donner des lois écrites, s'est imposé la néces-
» sité de tout écrire, et même les mœurs ».

DISC. PRÉLIM.

TOME SECOND.

A PARIS,
Chez LE CLERE, Imprimeur-Libraire, quai des Augustins, n°. 39, au coin de la rue Pavée.

AN XI. — 1802.

LÉGISLATION PRIMITIVE,

CONSIDÉRÉE

PAR LA RAISON.

LIVRE SECOND.

DE LA LOI GÉNÉRALE, ET DE SON APPLICATION AUX ÉTATS PARTICULIERS DE LA SOCIÉTÉ.

CHAPITRE PREMIER.

De la loi générale, primitive et fondamentale.

I. JE répète, pour la dernière fois, des principes dont il est important de suivre l'enchaînement.

1°. L'ordre de la société est l'ensemble des rapports vrais ou naturels qui existent entre les êtres moraux, c'est-à-dire, entre les *personnes* de la société (*a*).

2°. La science des êtres de la société, et de leurs rapports naturels, est la vérité morale ou sociale ; la connoissance de la vérité morale forme la raison ; la raison est la perfection de la volonté ; la volonté est la détermination de la pensée ; la pensée n'est connue de l'homme que par son expression.

3°. Ainsi, l'homme privé d'expression eût été privé de pensée, de volonté, de raison, de connoissance de la vérité ; il eût vécu dans l'ignorance des *personnes* et de leurs rapports, étranger à toute société *(b)*.

II. Pensée, connoissance de la vérité, science des êtres, raison, société enfin, tout naquit pour l'homme, comme tout naît encore pour lui avec l'expression des idées ou la parole ; voix puissante, qui tire du néant le monde de l'intelligence, et qui fait luire au milieu des ténèbres, *cette lumière qui éclaire tout homme venant en ce monde*. Car il ne viendroit pas dans ce monde, et il seroit hors de la société, l'être malheureux qui naîtroit privé des sens de la vue et de l'ouïe, par lesquels l'homme participe au bienfait de cette lumière en acquérant l'expression de ses pensées, et dont l'intelligence solitaire seroit condamnée à une éternelle viduité *(c)*.

III. Mais la parole ne peut être venue à l'homme que par transmission, ou révélation; donc la science des *personnes* et de leurs rapports, lui est venue, comme nous l'avons fait voir, par voie d'autorité.

IV. La connoissance des rapports vrais des êtres, *révélée* ou transmise par l'autorité, s'appelle LOI, de *legere*, lire, parce que cette transmission, faite d'abord avec la parole à la première société domestique, a plus tard été fixée par l'écriture, pour la première société publique *(d)*.

V. La *nécessité* de l'écriture, qui fixe et étend la parole, est évidente (*e*), puisque nulles autres sociétés au monde n'ont retenu toute la loi orale, que celles qui ont connu la loi écrite (*f*).

VI. Cette loi transmise à l'homme au moyen de la parole, fixée au moyen de l'écriture, *de par* l'autorité de l'Etre tout-puissant et tout sage, souverain de la société, cette loi est vraie, naturelle, parfaite comme son auteur : or, la perfection étant la fin des êtres, l'état auquel ils tendent invinciblement, et le seul par conséquent où ils puissent trouver le repos et la stabilité, nous devons trouver la connoissance entière et l'ÉCRITURE de cette loi, (s'il existe une loi semblable) dans les sociétés les plus stables et les plus fortes.

VII. La question se réduit donc à des preuves de fait; et pour trouver la *vérité* (et la vérité existe dans le monde, puisque le mot *vérité* existe dans la langue), pour trouver la vérité, il faut chercher la force. Je dis la force, et non la violence; car la violence se trouve avec la foiblesse, mais la force n'existe qu'avec la raison.

VIII. Or, la société judaïque « que cinq » mille ans, dit J.-J. Rousseau, n'ont pu » détruire, ni même altérer, et qui est à » l'épreuve du temps, de la fortune et des » conquérans.... dont les lois et les mœurs » (c'est-à-dire, les lois de famille et d'Etat) » subsistent encore, et dureront autant que » le monde »; et la société chrétienne, qui s'étend partout et règne sur toutes les autres sociétés par la force de son industrie, de ses lumières, de sa raison, de ses armes, de sa religion et de sa politique, sont les sociétés où nous devons trouver la révélation de la loi écrite, ou autrement l'écriture de la loi générale, dont tous les autres peuples nous offrent dans leurs lois locales une connoissance imparfaite.

IX. Effectivement, les juifs et les chrétiens nous montrent un livre, le plus ancien qui soit connu; sublime dans les pensées, dans les sentimens, dans le style; qui nous fait connoître Dieu et l'homme, et qui nous instruit dans un petit nombre d'axiomes des rapports naturels et généraux des personnes sociales entre elles, et de ces lois fondamentales, dont nous retrouvons des vestiges plus ou moins altérés jusque dans les sociétés les plus ignorantes et les plus corrompues.

X. Ainsi, c'est un fait, que le Pentateuque est le livre le plus ancien qui nous soit connu, celui où l'on trouve le plus de hautes pensées exprimées dans le style le plus simple, et les plus grandes images rendues dans le style le plus magnifique; c'est un fait qu'il n'existe que chez les juifs et chez les chrétiens; c'est un fait qu'il contient dix lois énonciatives des rapports fondamentaux de la société, lois dont on aperçoit des traces chez tous les peuples de la terre; c'est un fait qu'il n'y a jamais eu de civilisation au monde, c'est-à-dire, de raison (1) dans les lois, et de force dans les institutions, que dans les sociétés juive et chrétienne, les seules de toutes qui n'aient pas eu de lois fausses, absurdes, atroces, contraires à la nature des êtres et de leurs rapports; et tous ces faits, si l'on y prend garde, et si l'on a bien suivi la chaîne des raisonnemens, tiennent au fait, au seul fait de la nécessité physique de la transmission ou de la révélation de la parole, et de l'impossibilité de son invention.

XI. Voici cette loi primitive et générale, cette loi naturelle, parfaite, divine (tous mots synonymes), telle qu'elle se trouve au livre des révélations divines, conservé chez les juifs et chez les chrétiens avec une religieuse fidélité, quoique dans des vues différentes et même opposées, et porté par les uns et par les autres dans tout l'Univers (2).

---

(1) Je dis *raison* des lois, et non pas *esprit des lois*; car il y a de l'esprit même aux lois les plus contraires à toute raison.

(2) L'existence des Juifs a quelque chose de si

1°. « Je suis le Seigneur ton Dieu, qui t'ai » tiré de la maison de servitude et de la » terre d'Egypte. Tu n'auras point d'autre » Dieu devant ma face; tu ne te feras point » d'image taillée, ni aucune figure de choses » qui sont sous le ciel, sur la terre et dans » les eaux, pour les adorer et pour les ser- » vir (*g*) ».

2°. « Tu ne prendras point le nom du Sei- » gneur ton Dieu en vain; le Seigneur ne » tiendra pas pour innocent celui qui aura » pris en vain le nom du Seigneur son Dieu ».

3°. « Souviens-toi de sanctifier le jour du » sabbat; tu travailleras, et feras tous les » ouvrages pendant six jours. Le septième » est le jour du repos du Seigneur. Tu ne fe-

---

extraordinaire, qu'elle ne peut être expliquée que par la nécessité d'attester à tous les peuples de l'Univers et dans tous les temps de sa durée, l'authenticité d'une loi écrite pour tous les peuples et pour tous les temps. C'est la branche aînée de la grande famille, et elle a le dépôt des titres originaux. Cela a été dit cent fois, et toujours avec raison; mais, comme l'observe un homme d'esprit, « les pensées vieillissent par l'usage, et les mots par le non usage ».

» ras aucune œuvre en ce jour, ni toi, ni ton
» fils, ni ta fille, ni ton serviteur, ni ta ser-
» vante, ni tes bestiaux, ni l'étranger qui
» est parmi vous (*h*) ».

4°. « Honore ton père et ta mère, afin que
» tu vives long-temps sur la terre que le Sei-
» gneur ton Dieu t'a donnée ».

5°. « Tu ne tueras pas ».

6°. « Tu ne commettras point d'adul-
» tère ».

7°. « Tu ne déroberas pas ».

8°. « Tu ne porteras point faux témoignage
» contre ton prochain ».

9°. « Tu ne désireras point la femme de
» ton prochain ».

10°. « Tu ne désireras point sa maison, ni
» son serviteur, ni sa servante, ni son bœuf,
» ni son âne, ni aucune autre chose qui lui
» appartienne (*i*) ».

XII. Ces paroles, déclaration écrite des *personnes* sociales et de leurs rapports naturels, sont la promulgation de la vérité, l'institution de la raison humaine, et le fondement de la société, *Declaratio sermonum tuorum illuminat, et intellectum dat parvulis.* Et comme l'écriture donne un corps à la parole en la mettant sous les sens, on peut, avec Ch. Bonnet, appeler la loi écrite, « l'expression *même physique* de la » volonté de Dieu », de *la volonté* du plus *général* des êtres (*k*). On peut donc définir la loi, l'*expression d'une volonté générale, et la déclaration des rapports dérivés de l'état naturel des êtres* : définition philosophique, donnée par tous les publicistes, absolument tous, depuis Cicéron, qui appelle la loi, « un rapport dérivé de la nature des » choses », *ratio profecta à naturâ rerum*, jusqu'à J.-J. Rousseau, qui appelle la loi, « l'expression de la volonté générale », et qu'il confond avec la volonté populaire; définition enfin qui, traduite du langage philosophique en langage familier, veut dire, « *que la loi est la volonté de Dieu,* « *et la règle de l'homme* ».

XIII. Cette loi paroît, dans son énoncé, plutôt relative à l'état domestique qu'à l'état public de société, parce qu'elle a été donnée à un peuple naissant, et qui sortoit de l'état domestique. En elle est le germe de toutes les lois subséquentes, parce que le germe de tout état ultérieur de société est dans la famille; et c'est de cette fécondité de la loi primitive que parle le Psalmiste, quand il dit à Dieu : *Latum mandatum tuum nimis.*

Notes du Chapitre premier.

(*a*) Il ne faut jamais perdre de vue que la vérité physique est la science des rapports entre les *corps*, et la vérité morale, la science des rapports entre les *personnes.*

(*b*) Il a été, de tout temps, si généralement reconnu que le caractère essentiel de l'homme, celui qui le distingue des animaux, est la parole, expression de son intelligence, que l'enfant n'est désigné que par la privation de la parole, *infans*, d'*in*, privatif, et de *fari*, parler. Les anciens disoient *muta animalia*, les animaux muets, pour dire des animaux sans raison. *Deus ille princeps parensque rerum nullo magis hominem distinxit à cæteris animalibus quàm dicendi facultate.* « La faculté de parler est la différence essen-» tielle par laquelle le créateur et le souverain des » êtres a distingué l'homme des autres êtres animés », dit Quintilien.

(*c*) Cette comparaison est parfaitement exacte, et la parole entrant dans notre esprit, y distingue toutes nos pensées, et nous les rend présentes à nous-mêmes, comme la lumière en entrant dans un lieu obscur, y colore tous les corps, et nous les représente tous, et même notre propre corps. De là viennent ces locutions communes à toutes les langues, *être éclairé*, *avoir des lumières*, *esprit lumineux*, et cette comparaison perpétuelle de l'esprit à la lumière, etc. Voyez la Dissertation sur les idées, qui est à la fin de la première Partie.

(*d*) La parole est le moyen familier ou domestique de communication des pensées, puisqu'il suppose des hommes en petit nombre, et habituellement rapprochés. L'écriture est le moyen public qui transmet les pensées à la généralité des hommes, et qui fait même parler ceux qui ne sont plus pour l'instruction de ceux qui ne sont pas encore. La parole avoit dit au meurtrier domestique, à l'assassin de son frère : *Qu'as-tu fait? tu seras errant et vagabond*, etc., avant que l'écriture eût fixé et rendu publique la loi : « Tu ne » tueras pas ». C'est une vérité fondamentale que la révélation de la loi a été d'abord *orale* dans la famille, plus tard écrite pour les nations ; et encore, sous nos yeux, l'homme n'est-il pas instruit par la parole avant de l'être par l'écriture ?

(*e*) Comme l'écriture est plus récente dans le monde que la parole, les anciens nous ont transmis quelques souvenirs confus de ce qu'ils appellent l'invention de l'écriture des sons, qu'il faut bien distinguer de l'écriture des hiéroglyphes, qui est un dessin de contours. Deux écritures, dont l'une dessine les *formes*, l'autre exprime les *sons*, sont séparées l'une de l'autre par l'infini ; et l'une, par conséquent, n'a jamais pu naître de l'autre; car on ne peut pas plus faire ouïr une figure, que figurer un son.

Thaut, *Hermès*, *Mercure Trismégiste*, à qui les Grecs faisoient honneur de l'invention de l'écriture, ne sont que des noms de la Divinité ; et les Phéniciens, chez qui, les premiers, cet art a été répandu, ne sont que les Hébreux. L'art de l'écriture, pour qui le médite, est plus merveilleux que l'art de la parole, puisqu'il a une merveille de plus. Aussi, dit Duclos, « L'écriture n'est pas née, comme le langage, par » une progression lente et insensible ; elle a été bien » des siècles avant que de naître; mais elle est née » tout à coup, et comme la lumière. Une fois conçu, » cet art dut être formé en même temps ». Le philosophe a raison ; et cela même prouve que l'homme, condamné à inventer lentement, n'a pas plus inventé l'écriture que la parole. En un mot, deux arts, l'art de parler et l'art d'écrire, sans lesquels la société ne sauroit naître et se perfectionner, ne peuvent pas avoir été laissés à l'invention *contingente* de l'homme; car si l'homme les a inventés de lui-même, il pouvoit ne pas les inventer; la société pouvoit donc ne pas exister : *or, la société est nécessaire;* donc, etc. Ce raisonnement peut s'appliquer au petit nombre des arts nécessaires, à prendre ce mot dans une acception rigoureuse. Aussi les anciens attribuoient-ils aux dieux l'invention de l'art de l'agriculture, et celui qu'elle suppose nécessairement, l'art de fondre les métaux ; car quoiqu'un peuple naissant puisse vivre de chasse et de pêche, un peuple avancé ne sauroit subsister sans agriculture ; de même un peuple ne sauroit, à la longue, se passer de lois écrites, quoiqu'il ait vécu, dans son enfance, avec des lois orales, ou des coutumes. L'imprimerie est devenue nécessaire à l'état des hommes et aux progrès de la société ; on peut en dire autant de la boussole : mais l'une et l'autre ne sont que des conséquences aisées à déduire, l'une de l'art d'écrire, l'autre de la propriété connue de l'aimant.

(*f*) Les peuples les plus célèbres de l'antiquité, et les hommes les plus savans chez les païens, ont vécu dans une ignorance déplorable, non de l'existence d'une loi, mais des *dispositions* de la loi naturelle, dont une tradition obscure avoit conservé parmi eux un souvenir défiguré par des applications vicieuses. Ainsi ils avoient retenu le dogme de l'existence de la Divinité, et ils en avoient fait l'idolâtrie ; le dogme du sacrifice, et ils en avoient fait l'homicide ; le dogme du pouvoir paternel, et ils en avoient fait le despotisme, et le droit sur la vie même de ses enfans ; le dogme du pouvoir politique, et ils en avoient fait l'esclavage ; la défense de l'adultère, et ils en avoient fait le divorce, etc. etc. Or, cette expérience est décisive, parce qu'elle a été faite sur les peuples les plus éclairés de l'antiquité païenne, et qu'elle ne peut plus être répétée, aujourd'hui que la religion chrétienne ayant éclairé de proche en proche tous les peuples, toute connoissance pleine et entière de la loi primitive ne peut désormais venir que d'elle, et que toutes les nations *assises dans l'ombre de la mort*, *ne peuvent plus marcher qu'à sa lumière.* Et remarquez l'étonnante justesse de ces expressions des livres saints : les nations barbares sont *assises ;* les nations civilisées *marchent.* La paresse et l'indolence sont le caractère dominant des peuples sauvages ; l'activité soutenue, celui des peuples civilisés. Résumons-nous : la révélation de la loi est naturelle à l'homme, qui ne peut connoître la vérité que par la parole ; et elle est nécessaire à la société, qui ne peut se civiliser que par la connoissance de la loi.

Les Juifs ont eu des lois dures, des Etats chrétiens ont eu des lois imparfaites ; mais ni les uns, ni les autres n'ont eu de lois contre nature, impies, atroces, abominables, comme les Grecs et les Romains, et encore comme les Chinois et les Japonais. L'esclavage toléré dans les colonies chrétiennes, ne ressemble que de nom à l'esclavage pratiqué chez les païens. Là l'esclave étoit hors de la loi commune à tous les citoyens, hors de la société par conséquent, et il ne trouvoit pas, dans le pouvoir public, d'asile contre l'oppression du pouvoir domestique auquel il étoit soumis. Ici l'esclave fait moins, que chez les anciens, partie de la famille, mais il est beaucoup plus sujet de l'Etat, puisqu'il est protégé dans sa personne et dans ses propriétés, par les mêmes lois qui protègent les citoyens.

(*g*) « Je suis le Seigneur ton Dieu, qui t'ai tiré de » la maison de servitude ». Les Hébreux avoient été tirés de la servitude sous laquelle ils vivoient en Egypte ; mais tout peuple qui se civilise est aussi tiré de *la mai-*

son de servitude, c'est-à-dire, de l'état domestique, état foible et précaire des sociétés naissantes, pour passer à la liberté, à la dignité, à la force, à l'état public et fixe d'un peuple civilisé. Ainsi tout peuple qui déchoit de la civilisation, en perdant la connoissance des lois de l'ordre naturel des sociétés religieuses ou politiques, retombe dans la servitude de ses passions, et quelquefois sous la domination de ses voisins. Ainsi la Pologne, déchue de la fixité du pouvoir, loi fondamentale de la société, a vécu dans le trouble, et fini, comme l'empire romain, par le démembrement. Ainsi les sociétés religieuses écartées de la loi fondamentale de l'unité, après avoir vécu dans la dispute et la guerre, se partagent en diverses opinions, et finissent par disparoître.

Il y a aujourd'hui si peu d'instruction religieuse, qu'il doit être permis de remarquer que la religion chrétienne ne contredit pas la loi mosaïque, quoiqu'elle permette des *représentations* matérielles de la Divinité, parce que la loi mosaïque défendoit de *les adorer* et de *les servir*, et que le christianisme fait la même défense. La loi des Juifs multiplioit les freins pour retenir un peuple-enfant entouré d'idolâtres, et toujours enclin à demander qu'on lui *fît des dieux qui marchassent devant lui*. Le législateur prenoit des précautions contre la contagion de l'idolâtrie, comme on en prend, dans nos gouvernemens modernes, contre la contagion de la peste.

(*h*) La religion chrétienne, loi de grâce et de liberté, développe d'une manière moins servile l'obligation du repos hebdomadaire. Elle défend de travailler pour soi, ou le travail domestique; mais elle ordonne ou permet l'action pour le général ou le service public (car l'homme *travaille* pour la famille, et *agit* pour l'Etat), dans les fonctions religieuses, et même, s'il le faut, dans les fonctions politiques de *juger* et de *combattre*. Cependant elle permet tout travail domestique nécessaire à la subsistance de l'homme, et quelquefois même à la conservation de ses biens. La religion juive faisoit vaquer les mains, la religion chrétienne veut occuper le cœur. Les Juifs retombés dans la servitude religieuse et politique, ont ajouté le ridicule rigorisme des observances pharisaïques à la rigueur de la loi; mais nos administrations soi-disant chrétiennes s'en écartent trop souvent sans nécessité. Il vaut mieux, disent quelques hommes peu éclairés, que l'homme travaille que de s'enivrer; à peu près, comme on dit en Angleterre, pour excuser l'imperfection des lois contre le vol, qu'il vaut mieux que l'on vole que d'assassiner. L'administration n'existe que pour empêcher tous les désordres, et les plus grands, et ceux qui le sont moins. On ne s'enivre pas en Espagne; et après tout, s'il faut choisir, un peuple d'ivrognes vaut mieux qu'un peuple d'athées. Des administrations foibles, inhabiles à gouverner les hommes, veulent les distraire, et ne font que les corrompre.

(*i*) L'existence d'une loi primitive, donnée par Dieu même, n'a pas été inconnue aux philosophes même païens. Les familles en se séparant, avoient emporté

emporté leur part de l'héritage paternel, dont elles ont retenu quelque chose dans l'état de peuple. « Il » est, dit Cicéron dans ce beau passage que Lactance » nous a conservé du Traité sur les Lois, il est une » loi véritable qui est le rapport vrai des êtres, loi » conforme à la nature, partout répandue et partout » la même, éternelle, immuable, qui nous porte au » bien par ses injonctions, qui nous détourne du mal » par ses prohibitions...... Il n'est permis ni de la » changer pour une meilleure, ni de l'abroger en en- » tier, ni même d'y déroger en la moindre chose.... » Ni le sénat, ni le peuple n'ont le pouvoir de nous » délier des obligations qu'elle nous impose....... » L'auteur, le promulgateur, l'interprète de cette loi » est Dieu même, maître universel et souverain du » genre humain ».

Est quidem vera lex, ratio recta, naturæ congruens, diffusa in omnes, constans, sempiterna, quæ vocet ad officium jubendo, vetando à fraude deterreat. Huic legi nec abrogari fas est, neque derogari ex hac aliquid licet, neque tota abrogari potest.... Nec verò aut per senatum, aut per populum, solvi hac lege possumus...... Unusque est communis quasi magister et imperator omnium Deus ille, legis hujus inventor, disceptator, lator, etc.

Mais Cicéron, qui a des idées si relevées de la loi divine, n'en avoit pas vu le texte; il la croyoit, comme nos philosophes, écrite seulement au fond des cœurs, et ne soupçonnoit pas que ce qu'il en savoit n'étoit venu jusqu'à lui que par cette tradition orale qui a précédé l'écriture chez tous les peuples, et qui, défigurée à la longue par la négligence des hommes, le malheur des temps, les variations du langage, la dispersion des familles, a produit les lois absurdes des Grecs et des Romains, comme celles de la Chine et du Japon. Car il faut une loi à l'homme, puisqu'il lui faut une société. Là où la loi vraie sera oubliée, il naîtra nécessairement des lois fausses et contre nature. Ainsi, si la loi religieuse et politique qui consacre l'enfant à Dieu par le baptême, venoit à être abolie, on verroit naître, même en Europe, l'horrible coutume de l'infanticide; et déjà nous avons vu porter atteinte à la loi qui le punit comme un homicide, et des juges ont distingué l'enfant de l'homme, dans la protection que la loi doit à tous. Qu'on y prenne garde, les lois humaines sont faites pour des hommes *égaux*, les lois chrétiennes pour les hommes *semblables*, et elles protègent la femme, l'enfant, l'indigent, le simple, partout le foible contre le fort, etc.

(*k*) La souveraineté est en Dieu; ou elle est dans l'homme, point de milieu. Les croyances des juifs et des chrétiens placent la souveraineté en Dieu; et parce que l'homme ne sait rien en morale qu'il ne l'ait *entendu* par les oreilles ou par les yeux, c'est-à-dire, qu'il ne l'ait appris par la parole orale ou écrite, elles lui montrent cette loi divine reçue avec la parole, alors comme aujourd'hui, conservée de génération en génération par une tradition orale que les pères transmettoient, et qu'ils transmettent encore aux enfans, et plus tard fixée par l'écriture, lorsqu'elle commençoit à s'effacer parmi les hommes, et à être remplacée par les erreurs grossières qui règnent encore chez quelques peuples. Certes, ce sont là des voies naturelles, puisqu'elles sont encore les seuls moyens qui nous soient connus, par lesquels les hommes se transmettent les uns aux autres leurs connoissances : et assurément il est naturel de penser que l'être qui a formé l'homme, n'a pas laissé les moyens de le conserver au hasard de ses inventions. Et comment le genre humain eût-il été jusqu'à la seconde génération, si la première n'eût eu tous les moyens nécessaires de conservation entre lesquels l'art de la parole, qui donne la connoissance de la règle, est le premier? « Car l'homme, dit la souveraine raison, » ne vit pas seulement de pain, mais de toute parole » qui vient de Dieu ». Ce qui veut dire que les lois sont aussi nécessaires que les alimens pour perpétuer le genre humain. Or, la raison repousse toute connoissance de la loi qui seroit *innée*, comme l'est le besoin de manger et de boire; car si la connoissance de la loi étoit ainsi innée ou gravée au fond des cœurs, nous saurions tous la loi, comme nous savons manger et boire ; et loin qu'il fallût nous faire violence pour l'observer, ce ne seroit qu'avec de grands efforts sur nous-mêmes que nous pourrions l'enfreindre, comme ce n'est qu'en nous faisant violence que nous nous abstenons de toute nourriture. Une autre preuve que la connoissance de la loi est acquise, comme toute autre, est que nous l'exprimons chacun dans la langue qui nous a été enseignée. Des philosophes qui, en théorie, ne nient pas la Divinité, ne croient pas nécessaire son intervention dans la société, et attribuent la souveraineté à l'homme, pris collectivement, ou au peuple. Mais ont-ils réfléchi aux conséquences de ces principes? Si le peuple est souverain légitime, toutes les lois faites par le peuple ou au nom du peuple, sont bonnes, et la loi de l'infanticide, que porte ou que souffre un peuple pour borner l'excès de sa population, est aussi bonne que celle qu'il porte pour encourager les mariages. Si l'on dit qu'il y a une loi naturelle à laquelle le peuple doit conformer ses lois, ce souverain reçoit des lois, et nous remontons à la Divinité souveraine du peuple souverain. Si l'on soutient que cette loi naturelle *est gravée dans le cœur de tous les hommes*, on se met dans l'impossibilité d'expliquer pourquoi les hommes lisent cette loi sous des versions si différentes, que ce qui est permis ou ordonné par les uns, est regardé avec horreur par les autres, et que les coutumes abominables pratiquées sans contradiction chez les peuples païens anciens et modernes, nous paroissent des crimes attentatoires à la loi suprême de la conservation. Il n'y a, j'ose le dire, qu'une issue pour sortir de ce labyrinthe, et Jurieu l'a trouvée : c'est de séparer la loi populaire de la raison générale, et de soutenir que « *le peuple est la seule autorité qui n'ait* » *pas besoin d'avoir raison* »: proposition répétée dans les mêmes termes à l'assemblée constituante, et qui sera éternellement reproduite par tous les raisonneurs conséquens qui admettront comme un dogme la souveraineté populaire ; proposition que Cicéron lui-même n'eût pu nier sans inconséquence, s'il eût entendu dans un sens absolu ces paroles d'un de ses discours : « *Populus Romanus penes quem est potestas* » *omnium rerum ;* le peuple romain qui a le pouvoir » sur toutes choses » ; assertion insensée, contre laquelle s'élève M. Bossuet avec son énergie foudroyante ; et « Dieu lui-même, si l'on peut le dire, *a besoin d'a-* » *voir raison*, puisqu'il ne peut rien faire contre la » raison ».

CHAPITRE II.

Des Lois particulières et subséquentes.

I. « LA loi est donc la volonté de Dieu » et la règle de l'homme ».

II. *La loi est la volonté de Dieu*, immédiatement dans la loi primitive, générale, fondamentale; primitive quant au temps; générale quant aux êtres; fondamentale quant à la société; loi-principe, *lex princeps*, dit Cicéron, et que l'on appelle communément *la loi naturelle*: médiatement dans les lois particulières, secondaires, locales, qu'on appelle quelquefois loi-*positive*, et qu'on pourroit appeler *lois-conséquences*, parce qu'elles doivent être la conséquence naturelle des lois fondamentales; c'est ce que veut dire Mably: « Les lois sont bonnes, » si elles sont le rejeton des lois naturelles »; et J.-J. Rousseau: « Les lois politiques sont » fondamentales elles-mêmes, si elles sont » sages ».

III. La loi est une *volonté*; elle est donc la pensée de l'être qui *veut*, du pouvoir.

L'expression de cette pensée, la déclaration de cette volonté est donc la *parole* du *pouvoir;* ainsi la loi générale est la parole du pouvoir souverain, de Dieu même, et la loi locale est la parole de l'homme, pouvoir subordonné à Dieu dans le lieu et dans le temps; *Homme-Dieu* dans la religion, *homme-prince* dans l'Etat, *homme-père* dans la famille; et de là vient que la langue hébraïque donne *ab*, père et roi, pour racine d'*aba*, je veux (*a*).

IV. Les lois *sont la règle de l'homme*, soit qu'elles prescrivent, soit qu'elles prohibent. La loi générale est la règle de la généralité, et les lois particulières sont la règle de la localité. Les lois religieuses sont la règle de l'homme dans ses rapports avec la Divinité, et les lois politiques sont la règle de l'homme dans ses rapports avec les hommes. Les lois de la morale sont les règles de ses volontés, et les lois de la *police* (1) sont la règle de

---

(1) J'entends par *police* toute règle des actions humaines. C'est dans ce sens que les Grecs le prenoient. Ils tiroient le mot *police* du mot *polis*, ville, parce

ses actions. Les lois civiles sont la règle qui conduit l'homme à l'ordre, et les lois criminelles sont la règle qui le ramène à l'ordre; les lois domestiques sont la règle de la famille, les lois publiques la règle de l'Etat, les lois *du droit des gens* la règle des nations, etc. etc. (*b*).

V. Les lois, générale et particulière, religieuses et politiques, civiles et criminelles, privées et publiques, impératives et prohibitives, semblables dans leur *cause* première ou pouvoir souverain qui est Dieu; dans leur *moyen* ou organe, ministre, cause seconde, pouvoir subordonné qui est l'homme; dans leur effet, ou leur sujet qui est le peuple, semblables dans leur principe, qui est la raison suprême, dans leur fin qui est le bien absolu, ne peuvent être contraires les unes aux autres dans leurs dispositions, parce qu'il ne peut y avoir en Dieu des volontés contradictoires, et que l'homme

---

que la cité chez ces petits peuples étoit toute la société. De là vient que chez nous la *police* est la loi politique de la ville, et la loi politique est la police de l'Etat.

ne peut, dans le même état de société, obéir à la fois à des règles opposées (*c*).

VI. *La loi est la règle de l'homme*, puisqu'elle le conduit par le chemin le plus court au bien où il tend, en lui apprenant ce qu'il doit faire et ce qu'il doit éviter. Elle est la pensée de Dieu pour former la pensée de l'homme, la raison de Dieu pour éclairer la raison de l'homme, la volonté de Dieu pour diriger les actions de l'homme; qui suppose en Dieu l'intelligence qui peut enseigner, parce qu'elle sait tout d'elle-même, et dans l'homme, l'intelligence qui doit apprendre, parce qu'elle ne sait rien d'elle-même, en Dieu le pouvoir de commander, dans l'homme le devoir d'obéir, et par conséquent la faculté de ne pas obéir, ou le libre arbitre (*d*).

VII. La *légitimité* des actions humaines consiste dans leur conformité à la loi générale, et leur *légalité* dans leur conformité aux lois locales. *Légitimité* est perfection, bonté absolue, nécessité; *légalité* est convenance, bonté relative, utilité. L'état le meilleur de société est celui où l'état légitime est légal, et où l'état légal est légitime; c'est-à-dire, celui où les lois locales sont des conséquences naturelles de la loi générale : où tout ce qui est bon est une loi, et où toute loi est bonne. « C'est là ce que veut dire » J.-J. Rousseau dans ce passage déjà cité », où distinguant les lois fondamentales des lois politiques, il dit : « Les lois politiques » sont fondamentales elles-mêmes, si elles » sont sages (*e*) ».

VIII. Tout peuple dont les lois particulières ou locales, loin d'être des conséquences naturelles de la loi générale et fondamentale, permettent l'infraction de ces mêmes lois, comme l'idolâtrie, le culte barbare ou licencieux, le droit illimité de la guerre, la polygamie, n'est pas un peuple civilisé, quelque poli qu'il soit d'ailleurs par ses progrès dans les arts et dans le commerce (*f*). La civilisation n'a donc commencé que chez les Juifs ; elle n'a été consommée que chez les chrétiens, et l'on peut avancer comme un fait attesté par l'histoire de tous les temps, qu'à considérer l'Univers ancien ou moderne, IL Y A OUBLI DE DIEU ET OPPRESSION DE L'HOMME PARTOUT OU IL N'Y A PAS CONNOISSANCE, ADORATION ET CULTE DE L'HOMME-DIEU. Toute la science de la société, toute l'histoire de l'homme, toute religion et toute politique, sont dans ce passage sérieusement médité.

IX. Il est temps de passer à l'application du Décalogue aux divers états de société, et de suivre le développement de la loi générale par les lois locales et subséquentes, puisque le germe de toutes les lois particulières se trouve dans le Décalogue, et qu'il renferme, selon M. Bossuet, « les premiers principes du culte de Dieu et de la société humaine ». Ce n'est pas sans raison que ce grand homme, profond dans la science de la société, réunit ici le culte de Dieu et la société des hommes; il avoit connu l'identité de leur constitution, lorsqu'il avoit dit : « Jésus-Christ en formant son église, en établit l'unité sur ce fondement, et nous montre quels sont les principes de la société humaine ».

Notes du Chapitre II.

(*a*) Les lois subséquentes ou locales, pour être bonnes, doivent être, jusqu'aux moins importantes, des conséquences plus ou moins prochaines, mais toujours naturelles, des lois fondamentales. Ce principe se lie à celui que nous avons énoncé ailleurs, qu'aucune vérité ne commence dans la société, qu'elle se développe, et ne s'invente pas. Ainsi, de conséquence en conséquence, on descendroit de la loi qui défend de tuer, à la plus petite loi de police qui défend d'incommoder ses voisins. La religion chrétienne va plus loin; elle ordonne de le *servir*, et porte la loi plus générale encore que celle du Décalogue, parce que la religion chrétienne est elle-même plus générale que la religion judaïque, la loi de l'amour du prochain, loi qui supplée toutes les lois civiles, comme la loi de l'amour de Dieu renferme tous nos devoirs envers Dieu. *Ama et fac quod vis*. Dans nos sociétés politiques, les lois civiles tiennent de l'esprit des lois judaïques, et se contentent de défendre et de punir le mal; mais les institutions politiques dans lesquelles des hommes se dévouent au service des autres, tiennent de l'esprit du christianisme. L'Evangile distingue d'une manière admirable l'obéissance due aux lois principales et aux lois secondaires. « Il faut, » dit-il, observer les unes, et ne pas négliger les » autres ».

(*b*) Les lois même de l'ordre physique, sont la volonté de celui qui a créé les corps avec les *moyens* nécessaires de leur conservation, et la *règle* de l'homme dans l'usage qu'il en fait. L'homme ne pourroit faire croître du blé en contrariant les lois de la végétation, bâtir en contrariant celles de la pesanteur, marcher en contrariant celles du mouvement, etc.

(*c*) La loi qui permet le célibat n'est point opposée à la loi qui règle le mariage. La fin du mariage est de conserver le genre humain par la reproduction ; la fin du célibat social est de donner à la société des ministres uniquement occupés de leurs fonctions, et qui conservent les hommes, les uns en leur communiquant la force morale de vivre en paix avec leurs semblables, les autres en les empêchant par la force physique de troubler la paix. Ce sont des lois de conservation des familles, et la société se perpétue et s'accroît bien plus par la perpétuité des familles, que par la fréquence des mariages.

Plus un peuple est constitué, plus il fait de ses lois politiques des lois religieuses, et de ses lois religieuses des lois politiques, non pas en *civilisant* la religion, mais en *consacrant* la politique. Ceux qui veulent sans cesse séparer l'une de l'autre, n'ont jamais compris l'homme ni la société : ils peuvent être des savans ou de beaux-esprits, mais ils ne sont pas des philosophes.

(*d*) Le franc ou libre arbitre, qui consiste dans la faculté de choisir entre le bien ou le mal, ne peut pas être en Dieu, souverainement libre, c'est-à-dire, nécessairement parfait et déterminé par sa nature, à ne vouloir et à ne faire que le bien. C'est le sens de cet axiome des Thomistes que Malebranche cite avec complaisance ; *moins la volonté est suspendue, plus elle libre.* Ainsi l'homme, à mesure qu'il est plus vertueux, et qu'il conforme plus sa volonté à la volonté divine, gagne en liberté ce qu'il perd de la faculté de choisir le mal, comme en devenant vicieux, il perd de sa liberté à mesure qu'il perd en faculté de choisir le bien.

La liberté pour un être consiste dans la faculté de parvenir à sa fin naturelle; elle est donc pour l'être intelligent dans la raison et dans la vertu.

(*e*) Cette distinction de *légitime* et de *légal* est d'une haute importance, et résout de grandes difficultés. La loi générale et fondamentale est l'état légitime; les lois locales et particulières sont l'état légal. La loi générale est éternelle, immuable, et ne peut admettre de dispense, parce qu'elle est d'une bonté absolue. Les lois particulières sont temporaires, sont locales, et susceptibles de dispense, parce qu'elles sont d'une bonté relative. La loi générale participe de l'immutabilité de Dieu; les lois particulières de la mutabilité de l'homme qui les promulgue. Ainsi, la loi d'adorer Dieu, d'honorer son père, de respecter la femme d'autrui, est généralement obligatoire, et ne peut admettre de dispense, et la loi qui prescrit la manière d'adorer Dieu en entendant la messe le dimanche, en solennisant les fêtes, ou même de n'avoir qu'une femme, est conditionnellement obligatoire, suppose certaines circonstances de temps, de lieu et de position, et elle est susceptible de dispense; car la polygamie, permise aux premières familles, est plus contraire à la nature de l'état public de société, qu'à celle de l'état purement domestique. Un mariage contracté avec pleine puissance morale et physique, est *légitime*; mais s'il est contracté sans les formes établies, ou les règles locales, il n'est pas légal. L'autorité ne peut légitimer un mariage forcé ; elle peut légaliser un mariage clandestin. Dans les sociétés bien constituées, le *légitime* se confond avec le *légal*, et la loi locale avec la loi générale. De là ces expressions qui appeloient indifféremment *illégitime* ou *naturel*, un enfant né hors du mariage, comme s'il y avoit quelque chose de plus naturel que le légitime, ou de plus légitime que le naturel. Un enfant né de personnes libres, quoique non mariées, est naturel sous le rapport domestique, puisque le père et la mère n'ont point d'empêchement à s'unir ; mais il n'est pas naturel sous le rapport public, puisque la loi publique n'a pas élevé ce commerce purement physique à la dignité de lien moral. L'enfant né d'un commerce entre personnes libres de s'unir par un lien subséquent, est plutôt illégal qu'illégitime ; mais l'enfant né de personnes séparément engagées dans le mariage, est *adultérin*, ou absolument illégitime, illégal, et contre la nature de la société domestique et publique : de là vient que le bâtard peut être reconnu par le pouvoir public, ou légitimé, et que l'adultérin ne peut pas l'être. La loi générale veut que le mariage, pour être valide, soit contracté sans nul empêchement de *volonté* et d'*action;* des lois locales ajoutent, comme conditions obligatoires, le consentement des parens et la présence du propre pasteur. Si l'indissolubilité du lien conjugal est la loi générale et primitive, il est évident que chez les peuples qui admettent le divorce, la société domestique, formée par le mariage, n'est qu'un état légal, puisqu'il est contraire à la loi générale de l'indissolubilité du lien conjugal. Les fausses religions, les gouvernemens mal constitués, sont un état légal de société; les gouvernemens et les religions constitués sur les lois naturelles des sociétés, sont l'état légitime. Une société parfaitement civilisée seroit celle où le légitime se confondroit avec le légal, c'est-à-dire, où toutes les lois locales seroient des conséquences naturelles des lois générales. Ainsi, l'homme parfaitement vertueux seroit celui dont la volonté particulière seroit en tout conforme à la volonté générale de l'auteur de tout ordre.

(*f*) La loi locale qui permet à la femme de répudier son mari et de lui arracher ses enfans, est manifestement contraire à la loi générale, qui a dit à la femme comme aux enfans : *Honore le père* de la société; car le mari est père, c'est-à-dire, pouvoir, ou chef même à l'égard de la femme ; la loi locale qui permet la dissolubilité du lien conjugal, et qui sépare les enfans de leur mère, porte atteinte à la fois à la loi générale, qui dit à l'enfant, *honore ta mère*, et à celle qui défend de désirer la femme de son prochain, puisqu'elle permet de l'obtenir. Ces lois font déchoir un peuple de la civilisation.

CHAPITRE

CHAPITRE III.

Constitution et Administration de la Société.

I. « La société définie en général, est la » réunion des êtres semblables pour leur re- » production et leur conservation ».

II. La société définie d'une manière moins générale, est « l'ordre des rapports naturels » entre les personnes sociales (*a*) ».

III. Les personnes sociales peuvent être considérées sous deux rapports; de volonté et d'action. Le pouvoir *veut* avec le conseil des ministres; le ministère *agit* sous la direction du pouvoir. La volonté et l'action ont pour terme le bien du *sujet*.

IV. De là deux espèces de lois ou de déclarations de rapports. 1°. Lois constitutives qui fixent la manière d'*être* des personnes, ou leur état; 2°. lois administratives ou réglémentaires, qui règlent la manière d'*agir* des personnes, ou leur action. La constitution donne la mesure du pouvoir (car le pouvoir étant réglé, règle toutes les autres personnes) ; l'administration est la règle des devoirs (*b*).

Ainsi la question si un enfant est légitime, est une question d'état ; car s'il ne l'est pas, le père et la mère n'étoient pas époux, et il n'y a ni pouvoir, ni ministre, ni sujet, ni société : la question si un enfant a manqué ou non à la révérence filiale, intéresse l'administration de la famille, et a rapport aux devoirs.

V. La constitution est l'ordre intrinsèque, et comme l'âme de la société ; l'administration en est l'ordre extrinsèque, et peut en être regardée comme le corps.

Quelquefois on prend *gouvernement* pour constitution, souvent pour administration, presque toujours pour les deux ensemble.

VI. Une société, pour être parfaitement constituée, devroit avoir toutes les lois nécessaires à sa conservation, et toutes naturelles. Là, il n'y auroit plus de lois à porter, et il suffiroit de les maintenir par l'action continuelle de l'administration, contre l'action continuelle du temps et des hommes qui tendent à les détruire. Ainsi dans cette société, le pouvoir législatif devroit être toujours en repos, et les fonctions exécutives toujours en action.

VII. La société est mieux ordonnée, à mesure que la constitution y est plus en harmonie avec l'administration, et le pouvoir législatif avec la fonction exécutrice : ainsi l'homme est plus vertueux, à mesure qu'il y a plus d'accord et d'harmonie entre sa raison et ses actions (c).

VIII. Il y a constitution et administration, ordre intérieur, ordre extérieur, lois, en un mot, et leur exécution, dans toute société religieuse ou politique, domestique ou publique, où les personnes sociales sont distinguées les unes des autres, et sont toutes à la place que la nature de la société leur assigne.

Il y a donc constitution et administration dans la religion, dans la famille, dans l'Etat; et les lois constitutives et administratives de toutes ces sociétés, pour être naturelles, doivent être des applications plus ou moins étendues de la loi générale.

Notes du Chapitre III.

(*a*) Ces deux définitions ont été précédemment expliquées. L'être physique se *conserve* par la reproduction, l'être moral par la connoissance de la vérité; et l'on peut dire que Dieu lui-même cesse d'être conservé pour l'homme, lorsque l'homme perd la connoissance de Dieu.

Voyez sur la seconde définition le Discours préliminaire.

(*b*) Les lois de l'unité de pouvoir, de la successibilité au pouvoir, de la fixité du pouvoir, de l'émanation du pouvoir aux ministres, de la dépendance où les ministres doivent être du pouvoir, et de l'indépendance où ils doivent être des sujets, sont des lois constitutives ou constitutionnelles de toute société; les lois de discipline ecclésiastique, militaires, judiciaires, civiles, rurales, municipales, sont les lois administratives ou réglémentaires de la religion, de l'Etat, de la famille; ces deux sortes de lois étoient parfaitement distinctes en France, où elles étoient appelées lois et ordonnances. La constitution est le tempérament de l'Etat, l'administration en est le régime; et effectivement, on dit indifféremment, en parlant de l'homme, constitution et tempérament. L'homme est d'une constitution forte, et il use d'un mauvais régime, ou bien il est d'une constitution foible, et il use d'un régime sage; de même un Etat peut être fortement constitué, et avoir une administration vicieuse, ou être d'une constitution vicieuse, et avoir une administration sage; car la constitution est l'*être* de la société, et l'administration son *avoir*. Ainsi la France, la plus fortement constituée des sociétés de l'Europe, a été trop souvent administrée avec mollesse et imprévoyance. Ainsi la Suisse, l'Allemagne, la Hollande, même l'Angleterre, foibles de constitution, ont été administrées presque toujours avec sagesse. C'étoit la force de la France au milieu des fautes de son administration, qui faisoit dire à Benoît XIV, « que la France étoit gouvernée par la Providence ». Ce sont, en effet, les hommes robustes qui se permettent des excès, et les gens foibles qui vivent de régime. Une société se préserve de troubles intérieurs avec une administration sage; mais elle ne peut se tirer d'une révolution, et résister à des crises violentes que par la force de sa constitution : la Suisse auroit vécu tranquille avec son administration économe et vigilante; mais sa constitution foible et factice ne pourroit résister à l'orage, et elle y a péri sans retour. La France au contraire, tombée en révolution par des désordres d'administration, s'en relevera par la force de sa constitution. Ainsi un homme sage éloigne les maladies, mais un homme robuste supporte de grands travaux. Ces sociétés sans constitution, dont on vantoit la force lorsqu'il ne falloit vanter que la sagesse de leur administration, (telles que la Hollande et la Suisse, que M. de Montesquieu croyoit *éternelles*,) trop foibles pour de grands événemens, ressemblent à ces hommes qui se portent bien tant qu'ils ne sortent pas de chez eux, ou qu'ils ne vont ni trop loin, ni trop vite; ou mieux encore, elles ressemblent à ces honnêtes gens dont la vertu sans principes fixes a fait naufrage dans les orages de la révolution.

La perfection de la société est la force de la constitution unie à la sagesse de l'administration, comme la perfection de l'homme physique consiste dans un tempérament sain et fort, conservé par un régime tempérant.

(*c*) Là où les sujets confèrent périodiquement le pouvoir, comme dans les démocraties; là où les ministres le confèrent à toutes les vacances, comme en Pologne; là où ils en jouissent en commun, comme à Venise, les rapports des personnes se confondent, et il n'y a, à proprement parler, ni pouvoir, ni ministres, ni sujets distincts. La loi politique qui déclare inaliénables les domaines du chef de l'Etat, lorsqu'il est perpétuel, est une loi d'administration en harmonie parfaite avec la loi constitutive du pouvoir. La loi qui ordonne au père de partager par égale part entre tous ses enfans ses biens immeubles, est une loi d'administration destructive de la constitution de la famille agricole. M. de Montesquieu a méconnu la vérité fondamentale de l'union intime et nécessaire du pouvoir législatif et de la fonction *exécutrice*, et il a même consacré, comme un dogme, l'erreur opposée, *la division et l'équilibre des pouvoirs;* c'est pour cette raison qu'il fait de la fonction exécutrice un pouvoir à part, le *pouvoir exécutif*. J.-J. Rousseau, au contraire, à qui il n'a manqué pour être le premier publiciste de son temps, que de n'avoir pas l'esprit faussé par les principes religieux et politiques qu'il avoit sucés avec le lait, a aperçu la vérité que j'énonce ici. « Pour que l'Etat soit légitime, dit-il, il ne faut pas » que le *gouvernement* se confonde avec *le souverain*, » mais qu'il en soit le *ministre*. Alors la monarchie » elle-même est république ». Cet écrivain qui ne reconnoît d'autre souverain que l'homme, appelle *souverain* ce que nous avons appelé *pouvoir*, et *gouvernement*, ce que nous avons appelé *ministre*. Il a professé la même doctrine dans le gouvernement de Pologne, où il veut que le pouvoir exécutif soit toujours aux ordres du pouvoir législatif, *qu'il en soit le ministre*; et il s'applaudit de cette idée. Il en étoit ainsi en France, où le législateur étoit éclairé par les remontrances des magistrats, et où les magistrats jugeoient; et les guerriers combattoient au nom et sous la direction du législateur. Ainsi, dans la religion, le pouvoir dit à ses ministres : « Allez, enseignez, » baptisez.... et Je suis tous les jours avec vous jus» qu'à la fin des temps ».

CHAPITRE IV.

Constitution et Administration de la Religion chrétienne.

I. La constitution de la religion s'appelle le *dogme*, son administration s'appelle *culte* et *discipline*.

II. Les lois dogmatiques de la religion, et de toute religion, ne sont que l'application vraie ou fausse de cet article de la loi générale : « Je suis le Seigneur ton Dieu; tu » n'auras point d'autre Dieu devant ma face; » tu ne te feras point d'image ni figure tail- » lée, pour les adorer et pour les servir; tu » ne prendras point le nom du Seigneur » en vain ». Et ailleurs : « Tu aimeras le » Seigneur ton Dieu de toute ton âme, de » tout ton cœur et de toutes tes forces ».

III. Les lois de tout culte et de toute discipline religieuse, ne sont que l'application vraie ou fausse de cet autre article de la loi générale : « Souviens-toi de *sanctifier* le » jour du repos (*a*) ».

IV. La religion la plus parfaite et la mieux ordonnée, est celle où le dogme et le culte sont l'application la plus naturelle et la plus étendue de la loi générale, c'est-à-dire, celle où Dieu est le mieux *adoré*, et le jour du repos le plus *sanctifié*.

V. Ces caractères conviennent éminemment à la religion chrétienne, seule religion des peuples civilisés, puisqu'elle est le premier moyen de toute civilisation, et c'est uniquement à sa perfection, qui est *vérité* dans ses dogmes et *sainteté* dans son culte, qu'il faut attribuer la raison de sa force, c'est-à-dire, de la durée de ses croyances et des progrès de son culte (*b*).

VI. La nature de cet ouvrage ne permet pas d'entrer dans le détail du dogme et du culte de la religion chrétienne. Nous avons montré qu'*elle* a comme toute société constituée, un pouvoir *envoyé* par le souverain qui est Dieu, des ministres envoyés par le pouvoir, des *fidèles* ou sujets qui doivent être *un* avec les ministres et même avec le pouvoir. Ce ministère appelé *sacerdoce*, ordonné pour la fin de la gloire de Dieu et de la sanctification des hommes, suivant une hiérarchie déterminée de grades et de fonctions, sous un chef vicaire, *vices gerens*, du pouvoir, sert (*ministrat*) au pouvoir dont il accomplit l'action dans le sacrifice, sert aux hommes, en leur rendant propre et fructueuse l'action du pouvoir, et exerçant sur eux la double fonction de *juger* l'erreur et de *combattre* le vice, soit dans l'homme, par la censure secrète, soit dans la société, par les censures publiques (1).

VII. Le culte de la religion chrétienne est une conséquence nécessaire et naturelle de ses dogmes, caractère d'une religion bien ordonnée. Car la fin d'une religion véritable étant d'adorer Dieu autant que le mérite un être infiniment parfait, et de sanctifier l'homme autant qu'un être imparfait et borné en a besoin, un culte qui adore Dieu et qui sanctifie l'homme par le ministère, le moyen, la médiation d'un Homme-Dieu, est le seul qui honore Dieu, et qui sanctifie l'homme d'une manière proportionnée à la grandeur infinie de l'un, et aux besoins immenses de l'autre, puisqu'il réunit tous les hommes dans un homme pour l'adoration de Dieu, et qu'il

(1) Tout ministère, religieux ou politique, s'appelle *milice*, de *milito*, ou *me lito*, je me dévoue.

fait servir Dieu lui-même à la sanctification de l'homme. Là est tout le christianisme (*c*).

VIII. Toutes les croyances propres au christianisme, et toutes les pratiques de son culte dérivant de la connoissance du médiateur, étoient implicitement contenues dans la religion patriarcale, où le médiateur étoit annoncé, et elles étoient *figurées* dans la religion judaïque où le médiateur étoit attendu.

Notes du Chapitre IV.

(*a*) L'idolâtrie est l'application fausse, et contre la nature des êtres, du dogme de l'existence de la Divinité; comme l'immolation des victimes humaines pratiquée chez tous les peuples, le juif excepté, étoit une application fausse de la loi du culte ou de la sanctification. L'auteur a fait voir dans sa *Théorie du Pouvoir*, que le sacrifice sanglant ou mystique, intérieur ou extérieur de l'homme coupable ou de l'homme parfait, est le caractère essentiel de toute religion vraie ou fausse, parce que le *don de soi* est la condition nécessaire de toute société. Il est certain que le sacrifice de l'homme a été connu dans toutes les religions, ou réel comme chez les païens et les chrétiens, ou *figuré* comme chez les Juifs, à qui il étoit ordonné de racheter le sang de l'homme par le sang de l'animal.

Le sacrifice figuratif a cessé dans l'Univers, et il se retrouve tout au plus dans la religion mahométane, imitation grossière de la religion judaïque, et qui immole aussi annuellement l'animal à la Divinité. Mais le sacrifice réel de l'homme est pratiqué partout ailleurs, mystique chez les chrétiens, réel ou sanglant dans les sociétés idolâtres à la Chine, au Japon, aux Indes, à Otaïti, et chez tout peuple en société politique dont le culte est public ou politique: et n'a-t-on pas vu le sacrifice même sanglant de l'homme reparoître en France en 1793, à l'instant que le sacrifice mystique du christianisme a été aboli? et n'étoient-ce pas de véritables immolations à la déesse de la *liberté*, que ces sanglantes exécutions qui se faisoient journellement aux pieds de sa statue? Le mahométisme, pur déisme, ne sacrifie pas l'homme sur les autels; mais il le détruit par la mutilation, par la polygamie, par la barbarie dont cette religion est la cause, car elle opprime l'homme plus encore qu'elle ne déshonore Dieu. Si le mahométisme ne sacrifie pas l'homme sur les autels, la haine religieuse qu'il inspire à ses sectateurs contre les chrétiens, les idolâtres, les Juifs, n'est-elle pas une disposition constante à les sacrifier, qui très-souvent a été jusqu'aux plus cruelles exécutions?

(*b*) Le mahométisme a de la durée sans progrès; les sectes séparées du christianisme ont eu des progrès sans durée. Le mahométisme cependant fait des progrès sur l'idolâtrie, plus fausse que le mahométisme, en ce qu'elle n'a pas conservé, comme lui, le dogme de l'unité de Dieu, et qu'elle n'a aucune connoissance du médiateur ; mais il n'en fait pas sur le christianisme, malgré la dure condition où se trouvent les chrétiens soumis à sa domination. Les Grecs restent fidèles au christianisme, quoique séparés de la chrétienté : si les Turcs étoient soumis à la domination d'une puissance chrétienne, les missionnaires les gagneroient aisément au christianisme. La force de la religion chrétienne est de triompher de l'erreur orgueilleuse comme de l'ignorance stupide ; du glaive des tyrans et des sophismes des faux sages ; du mépris et de la pauvreté, comme des honneurs et des richesses ; de la corruption de ses enfans, et même de celle de ses ministres ; des hommes enfin, et même du temps ; et parce qu'elle *honore le père et la mère*, le pouvoir et le ministre, *elle vit long-temps sur la terre que Dieu lui a donnée.*

La religion chrétienne a fini l'homme et la société, *virum perfectum in mensuram ætatis plenitudinis Christi;* elle a tout consommé, *consummatum est*, dit en mourant son fondateur. La parole de Dieu, *faite homme* pour les hommes, a exprimé les *idées* de tout ce que les Juifs ne pensoient qu'*en images*, et n'exprimoient qu'en figures ; et la raison de l'âge mûr a remplacé l'imagination foible et mobile de l'enfance.

Pour les païens, ils ne connoissoient ni Dieu, ni l'homme, ni la société, ni même la nature ; ils ne connoissoient que les passions.

Leur Dieu, *optimus maximus*, ou même sa

sagesse, fille de sa pensée, et sortie tout armée de son cerveau; cette Minerve, raison et force tout à la fois, offrent des emblêmes assez justes de quelques dogmes de la religion chrétienne; mais ce *D. opt. max.* ne se trouvoit que sur le frontispice de leurs temples; les dieux *réels*, les dieux de la société, les dieux proposés à l'imitation de l'homme; en un mot les dieux *faits chair*, pour rendre toute ma pensée, étoient des brigands, des prostituées, des hommes de mauvaise compagnie, ou des femmes de mauvaise vie. *Det vitam, det opes, animum æquum mî ipse parabo*, dit Horace : « Que Jupiter » me donne la santé et les richesses, je me charge » tout seul d'acquérir la vertu ». Le christianisme dit tout le contraire : « Cherchez la vertu, et le reste vous » sera donné par surcroît »; d'abord parce que la vertu est la substance, le nécessaire de l'homme, et que *le reste* n'est qu'accident et surcroît; ensuite parce que la vertu de la tempérance, par une suite des lois naturelles, donne la santé, et la vertu du travail la propriété. Leur vertu n'étoit qu'une froide égalité d'âme, comme celle de nos modernes sophistes, *animus æquus;* elle consistoit en retranchemens, et non en actions, et ils craignoient beaucoup plus de s'incommoder eux-mêmes, que de nuire aux autres. Ces philosophes impassibles qui déclament contre la colère qui leur échauffoit le sang, alloient, pour se le rafraîchir, voir couler celui des gladiateurs, ou défendoient à leurs enfans de vivre lorsqu'ils en craignoient le nombre pour leur repos ou leur aisance.

Ce qu'il y a d'extraordinaire, est que ces mêmes hommes qui rejetoient le secours des dieux pour obtenir la vertu, les faisoient auteurs de leurs vices, et ne présentoient sur la scène que des malheureux, conduits aux plus grands forfaits par une invincible nécessité, dogme affreux qu'on voit reparoître sous des formes plus ou moins adoucies dans toutes les fausses doctrines. Les mœurs étoient dignes de pareilles croyances; et les mœurs des Grecs dans tous les temps, et des Romains dans leurs derniers temps, passent en abomination tout ce qu'il est possible d'imaginer.

Les païens ne connoissoient pas la société; ni la société religieuse, dont les dogmes n'étoient qu'absurdité, et le culte qu'horreurs, licence ou sottise; ni la société politique, où l'on ne voyoit que lois des pères contre les enfans, des maris contre les femmes, des maîtres contre les esclaves, des citoyens contre les citoyens, lutte éternelle du peuple contre les grands, arène sanglante où toutes les passions se disputoient tous les pouvoirs.

Enfin, ils ne connoissoient pas même la nature physique qu'ils peuploient d'une infinité de dieux chèvres, serpens, poissons, pierres, plantes, fleuves, etc.; populace de divinités qu'il a fallu chasser de la nature pour pouvoir étudier la Divinité même de la nature; je veux dire les merveilles de la végétation, de la fécondation, les propriétés des élémens, le cours des astres, les lois générales du monde matériel, sur lesquelles les plus graves des anciens nous ont transmis tant de puérilités et d'extravagances ; et sans parler de Tite-Live, qui pour tout événement a un prodige, Tacite lui-même, le grave Tacite, ne rapporte-t-il pas sérieusement qu'au delà de la Germanie est une mer immobile où le soleil va se plonger ; que lorsqu'il en sort, on entend le bruit de son lever, et on voit la tête du dieu couronnée de rayons ? C'est là, dit-il, que finit la nature ; et il s'abstient d'affirmer, comme n'en étant pas bien sûr, que certains peuples situés sur les rivages de cet Océan merveilleux, ont des têtes d'hommes sur des corps d'animaux.

La religion chrétienne nous fait connoître Dieu et l'homme, et parce qu'elle nous révèle la connoissance de la *cause* de tout, et du *moyen* de tout, elle nous prépare à la connoissance de tous les *effets* ; et c'est à cette généralité qu'elle a mis dans nos idées qu'est dû ce génie de méthodes générales, à l'aide desquelles nous avons fait tant de progrès dans la connoissance des lois générales des corps. Elle nous fait connoître de Dieu tout ce qui suffit à notre raison, ou plutôt tout ce à quoi notre raison suffit, et de l'homme tout ce qui suffit à son bonheur. Elle ne retranche rien dans nous ; elle y règle tout, et même les affections les plus impétueuses : *Corpus non domandum sed regendum*, dit saint Jérôme, et elle met en *action* tout ce qui y est *passion*. Elle règle la société présente par la société future ; elle punit ou récompense tout ce que les hommes, par ignorance

rance ou par foiblesse, laissent ici-bas sans récompense ou sans châtiment, et elle est en un mot *vraie* dans ses croyances comme Dieu, *réelle* dans son culte comme l'homme.

(*c*) L'analogie est évidente entre cette vérité de raisonnement : que *cause*, *moyen*, *effet*, embrassent l'ordre universel des êtres et de leurs rapports, et cette vérité de foi, que les dogmes de la *Trinité*, de l'*Incarnation*, de la *Rédemption*, embrassent l'économie entière de la société religieuse. En effet, la Divinité dans ses trois personnes, est *cause* créatrice. « Faisons l'homme », dit-elle au livre des révélations ; l'incarnation est le *moyen* de salut ou de conservation, puisque le médiateur est venu *pour* éclairer et sauver les hommes ; la rédemption des hommes en est l'*effet*, puisque les hommes sont conservés, c'est-à-dire, éclairés et sauvés *par* lui.

Arrêtons-nous ici un moment, pour présenter au lecteur une vue générale du système de vérités que je viens d'exposer à son intelligence. J'établis comme une vérité philosophique incontestable, que ces trois idées générales, *cause*, *moyen*, *effet*, comprennent l'ordre universel des êtres et de leurs rapports, et l'on peut défier tous les savans de trouver, ou même d'inventer un être qui soit hors de cette *catégorie* fondamentale. J'établis ensuite que ces trois idées générales, *pouvoir*, *ministre*, *sujet*, comprennent l'ordre général des personnes et de leurs rapports, appelé *société*, et il ne sauroit exister un homme, un seul homme hors de cette *catégorie* sociale. Ces personnes, *pou-*

voir, *ministre*, *sujet*, qui prennent divers noms, selon l'ordre de société auquel elles appartiennent, correspondent une à une aux idées universelles *cause*, *moyen*, *effet*, et cela doit être, pour qu'il y ait de l'harmonie dans l'Univers; car l'harmonie générale n'est autre chose que l'accord entre tous les systèmes de vérités.

Cet ordre ou système universel des êtres compris sous ces trois idées universelles, *cause*, *moyen*, *effet*; ce système général de la société, compris sous ces trois idées moins générales, *pouvoir*, *ministre*, *sujet*, nous les avons retrouvés dans le système individuel de l'homme considéré en lui-même. Son opération intellectuelle et physique nous présente aussi, dans sa volonté, une *cause* ou *pouvoir*; dans ses organes, un *moyen* ou *ministre*, et un *effet* ou *sujet* dans les objets soumis à son action, et qu'elle modifie suivant l'ordre de la volonté. Cette vérité est renfermée dans la belle définition que le célèbre *Stahl* donne de notre âme, *ens activum*, *movens*, *intelligens*; *activum* pour déterminer la volonté, *movens* pour mouvoir les organes, *intelligens* pour diriger leur action. Ainsi la raison philosophique du christianisme se trouve dans les perceptions de notre raison, telles que le langage, expression fidèle d'idées vraies, nous les présente, et qu'il renferme dans la *catégorie* la plus générale et la plus simple; *catégorie*, mot célèbre, idée vaste, connue du plus fameux *sage* de l'antiquité païenne; mais dont, faute d'avoir entendu la *parole de vie*, il a fait un usage si arbitraire, si obscur et si inutile.

Ainsi l'homme, la famille, l'Etat, la religion, l'Univers, Dieu même, nous présentent, chacun dans l'ordre de son être et le système de ses relations, trois personnes, trois opérations ou trois rapports, partout *la trinité dans l'unité* (1), partout similitude, proportion, harmonie. Ainsi l'homme est contenu dans la famille, la famille dans l'Etat, l'Etat dans la religion, la religion dans l'Univers, l'Univers et tout ce qu'il renferme dans l'immensité de Dieu, centre unique auquel tout se rapporte, circonférence infinie qui embrasse tout, principe et fin, *alpha* et *omega* des êtres. Ainsi mille cercles *inscrits*, semblables en nombre de parties, inégaux en grandeur, *identiques* en propriétés ou rapports de parties, ont tous un centre commun, et sont tous compris dans une même circonférence.

C'est dans ces considérations générales, dont le langage nous présente la pensée et nous affirme la vérité, que nous avons trouvé la *nécessité* du médiateur, *moyen* universel entre les deux *extrêmes* de la société, Dieu et l'homme; et appliquant à ces hautes recherches les règles des *proportions* générales ou *mathématiques*, comme le langage nous y autorise, nous en avons

(1) On voit la raison de l'importance que tous les peuples ont attachée au nombre *trois*, et dont on trouve la preuve dans les philosophes de l'antiquité comme dans ses poëtes. *Trois* est le nombre *nécessaire* de toute proportion entre les êtres, et la société n'est qu'un ensemble de proportions et de rapports.

conclu la nécessité métaphysique de cet être ineffable, dont la religion nous enseigne l'existence, et de qui l'on peut dire : l'homme est au *médiateur*, ce que le *médiateur* est à Dieu.

Mais il y a encore des considérations importantes à tirer du langage lui-même ; car si l'art de la parole n'est pas inné dans l'homme, comme une expérience continuelle nous le fait voir, s'il ne peut être inventé par l'homme, comme on peut le prouver en considérant le rapport de notre pensée et de nos organes, l'art de la parole est nécessairement acquis, il est reçu, reçu d'un être qui est intelligent par lui-même, puisqu'il a par lui-même l'expression de la pensée. Un être qui *est* et qui *a* par lui-même, est un être nécessaire ; donc infini, puissant, bon, etc. etc. De là la nécessité rigoureuse de la *révélation* ou de la transmission que Dieu a faite à l'homme des connoissances bonnes et nécessaires ; transmission connue ou soupçonnée de tous les peuples, *révélation* d'abord orale, plus tard écrite ou fixée pour la conserver dans la mémoire des hommes ; « Parce que, dit Varion, » le peuple n'est pas maître de l'écriture comme de la » parole » ; révélation enfin, source de toutes nos connoissances morales, et fondement des lois de tous les peuples.

Ainsi je n'ai pas prouvé l'existence de la révélation, mais la nécessité de la révélation, qui emporte la certitude de son existence ; je n'ai pas prouvé l'authenticité matérielle des livres saints, mais la nécessité des livres saints qui emporte la certitude de leur authenticité; je n'ai pas prouvé la Divinité de la mission du médiateur, mais la nécessité même du médiateur qui emporte la certitude de sa divinité et de son humanité, *nécessité* qu'il ne faut pas entendre d'aucune *contrainte*, mais d'une conformité parfaite à la nature des êtres qui sont en rapport de société et en proportion de similitude. Ces preuves sont nouvelles peut-être; mais si les nuages répandus sur la religion les demandent, les progrès de notre raison les permettent, et surtout les plus grands intérêts de la société les réclament.

On peut voir à présent à quels termes simples se réduit la célèbre question, si la raison fournit des preuves suffisantes de l'existence de Dieu, de l'immortalité de l'âme, des peines ou des récompenses de l'autre vie, ou si ces vérités fondamentales ne peuvent être prouvées que par la révélation. Car, comme il n'y a que deux espèces d'êtres, les êtres intellectuels et les êtres solides, et deux manières de les connoître, les idées et les images; tout ce qui ne peut pas être connu par une *image*, ne peut être connu que par une *idée*, et *vice versâ*. Or l'existence de Dieu, l'immortalité de l'âme, ne peuvent être l'objet d'aucune figure ou image; donc elles ne sont perceptibles que par leur idée. Mais l'idée elle-même n'est perceptible que par son expression ou la parole, et nous avons prouvé que la parole étoit *révélée;* donc toutes les vérités morales ne nous sont connues que par la *révélation*, orale ou écrite, comme l'existence des corps ne nous est connue que par leur image. Et même remarquez que l'existence des corps absens, et qui ne nous transmettent point d'*image* directe, ne nous est connue que par l'autorité d'une révélation ; car, comment sais-je autrement que par voie d'autorité et par le rapport qu'on m'en a fait, que César et Babylone ont existé, qu'Alexandre a vaincu Darius, et qu'il y a des sauvages dans les forêts de l'Amérique ? C'est ce qui fait qu'on se sert de l'expression *croire* pour rendre cette connoissance, et qu'on dit : *Je crois qu'Alexandre a existé ;* comme on dit : *je crois que Dieu existe*. Ainsi, demander si l'existence de Dieu, l'immortalité de l'âme nous sont connues par la simple raison ou par la révélation, ce n'est pas proposer d'alternative ; parce que la connoissance des vérités morales, qui forme notre raison, est une *révélation orale*, et que la révélation proprement dite, est la *raison écrite*.

CHAPITRE V.

De la Société politique en général.

I. La société de Dieu et des hommes, ou la religion, est universelle; elle peut et doit comprendre les hommes de tous les temps et de tous les lieux, parce que des rapports d'intelligence, ou des intelligences en rapport, n'occupant ni lieu, ni temps (1), peuvent toutes se réunir dans une pensée générale et une affection semblable. Mais la société des hommes entre eux, considérant les êtres sous des rapports physiques, ne peut être que locale et temporaire, parce qu'à cause des lois des corps, l'action physique est nécessairement limitée à un temps, à un lieu, et à un nombre déterminé.

II. Cette société, qu'on appelle *politique*,

(1) Espace et temps sont des idées de même nature; de là vient qu'on dit indifféremment à la distance d'une heure, ou d'une lieue, l'espace d'un jour, ou de dix toises. *Espace* est contiguité, *temps* est continuité; l'un et l'autre sont *succession*.

pour la distinguer de la société *religieuse*, est plus ou moins étendue ; elle est domestique ou publique, *famille* ou *Etat*.

III. Ces deux états, domestique ou public de société, ont une constitution semblable, formée de trois personnes domestiques ou publiques ; d'un pouvoir, émané de la souveraineté de Dieu ; d'une autorité subordonnée, ou d'un ministère *par le moyen* de qui le pouvoir, dans la famille, reproduit et conserve l'individu, et dans l'Etat, conserve, et même multiplie et fait prospérer les familles (*a*).

IV. Ces deux états, domestique ou public de société, ont une administration semblable, domestique aussi ou publique, et qui consiste pour l'une et pour l'autre dans la direction des personnes et le soin des propriétés (*b*).

V. Ainsi la société politique (domestique ou publique), a ses lois constitutives, qui fixent l'état ou la manière d'être des personnes, et ses lois réglémentaires ou d'administration, qui règlent leur action, les unes qui fixent le *pouvoir*, les autres qui règlent les *devoirs*.

VI. Les lois constitutives de la société politique ne sont toutes que le développement de cette loi fondamentale de toute constitution de pouvoir et de ministère : *Honore ton père et ta mère*, parce que *père et mère* désignent tout pouvoir et toute autorité qui en découle, et que la fin de toute constitution est de faire *honorer le pouvoir* dans lui-même et dans ses ministres (*c*).

VII. Les lois réglémentaires ou d'administration, c'est-à-dire, les lois civiles et criminelles qui fixent les devoirs ou les facultés des hommes, des familles, et même des nations entre elles, ne doivent être que le développement plus ou moins généralisé de ces lois fondamentales de tout gouvernement de société : « Tu ne tueras » point. Tu ne déroberas point. Tu ne com» mettras point d'adultère. Tu ne porteras » point de faux témoignage contre ton pro» chain, etc. »; parce que la fin de tout gouvernement et de tout ordre parmi les hommes, les familles et les peuples, est de garantir à l'homme social sa vie et ses propriétés morales et physiques.

VIII. La société la mieux constituée est

celle où le pouvoir est le plus *honoré* en lui-même, et dans ceux qui le représentent; et la société la mieux administrée est celle où la vie et les propriétés de l'homme sont le mieux défendues contre l'oppression. La société dont la constitution est la plus naturelle et qui a l'administration la plus sage, est la plus civilisée (*d*); et alors *elle vit long-temps sur la terre*, parce que la durée d'une société qui est *sui juris*, est proportionnée à la force de sa constitution et à la sagesse de son administration.

Notes du Chapitre V.

(*a*) Ceux qui ne voient dans l'Etat que ce qu'on appelle communément les ministres, c'est-à-dire, les secrétaires d'Etat, amovibles à la volonté du pouvoir, transportent cette idée dans la famille, et en concluent que d'après ces principes la femme est amovible. Ils ne font pas attention que dans un Etat constitué sur les lois naturelles, il y a, comme dans la religion, un *ordre* de citoyens attachés au service public, et dont le caractère est inamovible. En France, quand le chef de l'Etat disgracioit un *ministre* secrétaire d'Etat, celui-ci conservoit toujours le caractère de ministre : c'étoit comme la femme séparée de corps et de biens, qui conserve le titre d'épouse. Le caractère de la noblesse, ou du ministère politique, étoit indélébile, sauf quand on dégradoit la famille.

(*b*) La société est établie pour l'avantage général, et non pour le bien particulier, puisqu'il faut au contraire que le particulier souffre pour le bien général. Les sophistes qui ont traité de la société n'y voient que l'individu, et Pufendorff lui-même dit que les lois sont faites pour l'avantage du chef : erreur grossière, puisque le chef doit le premier s'immoler pour le salut des membres. Toute société, dans ce sens, est une république, *res-publica*, la chose de tous, et non la chose de chacun; et alors, dit J.-J. Rousseau, « la monarchie elle-même est répu- » blique ». Dans le siècle dernier, les bons auteurs appeloient toute forme d'Etat, *république ;* ce n'est que dans ce siècle, qu'on a donné exclusivement cette dénomination au gouvernement populaire, de tous les Etats celui où chacun est le plus occupé de soi, et où tous sont le moins occupés du public.

(*c*) M. Bossuet donne, comme tous les interprètes, ce sens à ce passage, et dans toutes les langues, *père* et *roi* sont synonymes, ou dans le mot comme en hébreu, ou dans l'idée. En effet, si tout pouvoir est une paternité (et il est appelé ainsi dans les livres saints, et dans le langage usuel des peuples), toute autorité subordonnée ou ministère est une maternité, ou le moyen *par lequel* le pouvoir domestique, religieux, politique, reproduit ou conserve les êtres : car reproduction et *conservation* sont des idées semblables; la conservation n'étant, selon tous les philosophes, qu'une création continuée. Aussi, si le ministère public ou la magistrature est une maternité, la maternité a toujours été regardée comme une magistrature; et chez les Romains, le *mater-familias* avoit une grande dignité, même à côté du père de famille. On ne peut assez le dire. La société des êtres moraux n'est formée que de rapports de personnes, et non de rapports d'animalité. Il y a des rapprochemens entre les corps; mais il n'y a de réunion, et par conséquent de société qu'entre les êtres intelligens. Les brutes se rapprochent, et ne sont pas en société.

(*d*) La civilisation d'un peuple est la perfection de ses lois, sa politesse est la perfection de ses arts. Les Romains et les Grecs, avec leurs lois atroces ou licencieuses, étoient de vrais barbares, malgré toute leur politesse, leur urbanité, leur atticisme; et les Germains (s'ils étoient tels que nous les peint Tacite), avec leurs lois naturelles, étoient des peuples plus civilisés, malgré leur état inculte et grossier. La perfection des lois amène nécessairement la politesse des manières; et le peuple de l'Europe qui avoit les meilleures lois, avoit les manières les plus aimables et le caractère le plus aimant. La différence des nations anciennes aux peuples modernes, sous ce rapport, est que les anciens commencèrent par les arts, et furent polis sans être civilisés; et que les peuples modernes ont commencé par les lois, et ont été civilisés avant d'être polis. Les anciens furent comme ces fruits qui pourrissent sans mûrir, et ne laissent point après eux de germe qui puisse les reproduire; et les modernes, au contraire, sont comme les fruits qui ne se corrompent qu'après leur maturité, et qui renferment dans leur sein des germes de reproduction. En un mot, les révolutions des sociétés païennes avoient pour terme leur anéantissement et l'établissement du christianisme; les révolutions des sociétés chrétiennes ont pour terme leur perfection par les progrès du christianisme; où l'on voit combien est insensé le reproche que Gibbon fait à la religion chrétienne, d'avoir détruit l'Empire romain : comme si un culte contre la nature des êtres pouvoit ou devoit subsister, et n'entraînoit pas à une perte inévitable les gouvernemens qui le professent; ou que le genre humain dût regretter ce grand scandale de la domination romaine, qui, sous quelque forme qu'elle ait paru dans l'Univers, et quelque éclat qu'elle ait répandu, n'a jamais été que licence au centre, et tyrannie aux extrémités!

CHAPITRE VI.

De la formation de la Société domestique, ou du Mariage.

I. LA société domestique ne peut être formée que par le mariage.

II. Le mariage, dans l'état civilisé, est l'engagement de former une société domestique, que contractent librement et volontairement, et sous l'obligation mutuelle de leurs personnes et de leurs biens, un homme et une femme qui jouissent des facultés suffisantes de l'esprit et du corps.

III. Il n'y a point de mariage, et par conséquent point de société, si le lien est formé, 1°. sans facultés suffisantes d'esprit et de corps dans les personnes; 2°. sans volonté dans l'engagement; 3°. sans liberté dans le choix.

IV. La religion légitime le mariage, en en consacrant le lien; l'Etat le légalise, en y apposant certaines conditions nécessaires pour constater la volonté des parties, et garantir leur liberté morale et physique de surprise, de séduction et de violence : unique motif des lois sur les *empêchemens dirimans*, portées par l'église, et reconnues par l'Etat.

V. Le lien du mariage légitimement et légalement contracté, est indissoluble, parce que les parties réunies en un corps social, intérieurement uni par la religion, extérieurement lié par l'Etat, ont perdu leur individualité, et n'ont plus de volonté particulière qui sépare, à opposer à la volonté sociale qui réunit. Tous les motifs contre le divorce peuvent se réduire à cette raison : Le divorce suppose des individus, et, le mariage fait, il n'y en a plus : *Et erunt duo in carne unâ* (*a*).

Note du Chapitre VI.

(*a*) On trouvera dans l'ouvrage du même auteur, *le Divorce considéré au dix-neuvième siècle*, tout ce qu'on auroit pu ajouter à ce chapitre de notes explicatives (1).

(1) Chez Le Clere, imprimeur-libraire, quai des Augustins, no. 39.

CHAPITRE VII.

Constitution de la Société domestique.

I. La société domestique est formée nécessairement de trois personnes domestiques présentes ou supposées, actuelles ou éventuelles, rapprochées par les manières d'être physiques et individuelles, de père, de mère, d'enfans, unies par les rapports sociaux ou généraux de *pouvoir*, de *ministre* et de *sujet*, qui sont les mêmes que les relations universelles ou rationnelles de *cause*, de *moyen* et d'*effet*.

II. Ces rapports, et les lois qui les déclarent, forment la constitution de la société domestique.

III. Le pouvoir est *un*, fort de sexe et d'âge, indépendant, immuable, et même il peut survivre à l'homme jusqu'à être perpétuel dans ses dernières volontés et ses dispositions testamentaires (*a*).

IV. Le père de famille a le pouvoir de manifester sa volonté par des lois ou ordres, et de les faire exécuter. Mais comme il n'est

que

que le ministre immédiat de la Divinité, pour la reproduction et la conservation des êtres, il ne peut porter des lois que comme des conséquences naturelles des lois fondamentales, ni employer les personnes et les propriétés de la famille que pour des fins de reproduction et de conservation.

V. Le père de famille sera *honoré*, c'est-à-dire, aimé et respecté, et ses volontés obéies comme celles de Dieu, dont son pouvoir émane, lorsqu'elles ne sont pas évidemment contraires à des lois d'un ordre supérieur à l'ordre domestique.

VI. La mère de famille participe du pouvoir domestique, dont elle est l'agent nécessaire, ou le moyen naturel. Son autorité est non-égale, mais semblable à celle de son époux, et lui est subordonnée; elle est inamovible, parce que le lien conjugal est indissoluble. La séparation de corps et de biens, qui suspend l'exercice de son autorité, ne peut lui en ôter le caractère (*b*).

VII. La mère de famille sera *honorée* comme le père, et ses ordres respectés, comme ceux de son époux.

VIII. Les enfans n'ont dans la famille que

des devoirs à remplir, et ils sont toujours *mineurs* ou sujets dans la famille, même alors qu'ils sont *majeurs* dans l'Etat (*c*).

IX. Les devoirs des enfans sont d'*honorer* leurs parens, ou ceux qui les représentent, et de leur obéir en tout ce qui n'est pas évidemment contraire à des lois d'un ordre supérieur.

X. Les parens ascendans, à raison de leur proximité du père et de la mère, participent du pouvoir domestique; et les enfans leur doivent à tous, dans la même proportion, honneur et déférence.

XI. Les vieillards participent de la paternité, à raison de leur âge; et les plus jeunes leur doivent, en cette qualité, de la déférence et du respect.

XII. Les hommes foibles d'esprit ou de corps, de sexe, d'âge, de condition ou de conduite, participent tous des infirmités de l'enfance, et ont besoin de protection. Les hommes plus forts de moyens naturels ou acquis, doivent être pour eux comme des pères de famille, ministres de la Providence pour leur faire du bien : *Unicuique Deus mandavit de proximo suo.* La société est toute *paternité* et *dépendance*, bien plus que *fraternité* et *égalité*.

XIII. Les hommes, quels qu'ils soient, ayant tous la même origine et la même fin, quelques-uns dans la même famille, plusieurs dans le même Etat, tous dans la religion, pères et frères les uns des autres, et sujets aux mêmes besoins, sont tous, les uns à l'égard des autres, dans un état de société mutuelle, qui met, entre eux tous, des rapports de service, d'affection, de dépendance: unique raison, non-seulement de l'assistance réciproque, mais même des signes extérieurs d'honnêteté et de bienveillance que les hommes se doivent les uns aux autres dans le commerce de la vie (*d*).

Notes du Chapitre VII.

(*a*) Cocceciji, rédacteur du code *Frédéric*, fonde sur trois raisons le droit d'un père sur ses enfans: 1°. les enfans sont procréés dans une maison dont le père est le maître; 2°. ils naissent dans une famille dont il est le chef; 3°. ils sont une partie de son corps. Bentham prouve que ces trois raisons sont fausses ou insuffisantes, et que *le droit du père* est une expression qui manque de justesse. Il met à la place *le prin-*

cipe de l'utilité générale. Il a raison, s'il l'entend de la conservation des êtres; mais il s'arrête là, et ne sent pas qu'il y a une raison *nécessaire* de cette conservation, autre que notre plaisir ou notre peine, et que toutes les *nécessités* ne se trouvent que dans l'être *nécessaire*, auteur de la création, et par conséquent législateur de la conservation.

Les peuples les plus fortement constitués ont donné à l'aîné des mâles la survivance et l'expectative du pouvoir domestique. De là la consécration religieuse de l'aîné des mâles chez les Hébreux, et presque partout les prérogatives de la primogéniture. Autrefois en France, la mère, à la mort du père, alloit saluer l'aîné, et lui présenter les clefs; et les enfans alors étoient plus soumis à leurs mères. Encore aujourd'hui, dans les provinces soumises à la loi romaine, l'aîné avoit une part plus forte dans le patrimoine, et même dans le respect des frères. Cette loi et celle des substitutions étoient pratiquées dans les familles nobles, et étoient la raison de leur perpétuité. Sans inégalité de partage, point de familles agricoles. Le gouvernement a rendu hommage à ce principe méconnu aux jours de délire et de déraison.

Dans l'état de famille qui précède l'état public, à la mort du père et de la mère, lorsque les enfans étoient en bas âge, le pouvoir revenoit à la parenté, qui nommoit un tuteur ou régent; dans l'état public de société, à la mort du père et de la mère, le pouvoir domestique remonte au pouvoir public, qui nomme le tuteur sur la présentation des parens: car celui qui confirme nomme, et même le pouvoir public seul nomme d'office, s'il n'y a point de parens.

(*b*). Des époux qui divorcent, brisent de leurs propres mains le sceau du pouvoir domestique, et leurs enfans sont des orphelins, qui, ne retrouvant plus la famille qui leur a donné le jour, devroient tomber sous l'empire du pouvoir public. Sur la fin d'une nation, c'est avec des lois fortes qu'on fait de bonnes mœurs, comme dans ses commencemens, c'est avec de bonnes mœurs qu'on a fait des lois fortes.

(*c*) Un enfant n'est jamais émancipé que pour jouir de facultés civiles, et jamais pour acquérir l'indépendance des devoirs domestiques, indépendance qui seroit contraire à la loi fondamentale d'honorer le père et la mère.

(*d*) Rien n'est plus contraire à la morale et à l'humanité, que de faire servir l'homme de spectacle à l'homme, dans ses difformités morales et physiques. Cet usage barbare peut conduire à des crimes. Il est révoltant de voir montrer des hommes pêle-mêle avec des animaux. On ne devroit pas non plus permettre d'aller voir les loges des fous, ni les laisser vaguer dans les rues, objet de risée et sujet de malignité pour les enfans.

CHAPITRE VIII.

Administration de la Société domestique.

I. Au pouvoir domestique du père et de la mère, appartient exclusivement l'administration domestique, qu'ils exercent conjointement dans la proportion de leurs facultés, l'ordre de leurs rapports, et selon la nature des objets à régir (*a*).

II. Les enfans doivent obéir au père et à la mère, pour la direction de leurs personnes, et l'administration des biens communs.

III. La famille peut avoir besoin du service extraordinaire de personnes à gages, serviteurs, apprentis, compagnons de métier, personnes domestiques, mais accidentelles, et dont les rapports avec la famille sont purement temporaires.

IV. Les serviteurs et hommes à gages, les apprentis et compagnons de métier, et généralement tous ceux qui engagent librement, et pour un temps déterminé, leur travail au service de la famille, sous la stipulation d'un avantage quelconque, font partie de la famille pendant le temps de leur engagement. Ils n'ont dans la famille que des devoirs à remplir, et un service à faire; et comme, sous ce rapport, ils participent de la dépendance des enfans, ils doivent participer aux soins, à la sollicitude et à la protection du père et de la mère.

V. Les personnes de la famille sont naturellement justiciables du pouvoir domestique, pour les délits domestiques ou leurs différends particuliers. Mais si l'autorité domestique est insuffisante, si les délits sont publics, si l'homme qui exerce le pouvoir domestique est lui-même coupable, ou partie, la société domestique est justiciable de la société publique.

VI. Si la paix entre les familles est troublée par des discussions relatives aux personnes ou aux biens, la famille lésée en état purement domestique, et antérieurement à tout état public, auroit le pouvoir, et même le devoir de veiller elle-même à sa conservation, en repoussant par la force l'agression injuste. Mais une fois que la société civile est formée par le passage de l'état purement domestique à l'état public, tout exercice de la force privée est suspendu, et la famille appelle à son secours la force publique de l'Etat.

Note du Chapitre VIII.

(*a*) Au père appartient la direction des affaires extérieures, à la mère celle des soins intérieurs. Plus les enfans sont jeunes, plus le soin en appartient à la mère. L'agriculture, le premier besoin et la première occupation de l'homme, distribue ses travaux en trois parts, dont chacune appartient à une personne de la famille. L'homme cultive la terre; la femme veille au soin de l'intérieur, et manufacture les productions nécessaires à la subsistance et au vêtement; l'enfant garde les troupeaux. De là vient que dans la hiérarchie de la domesticité, les valets de labour sont les premiers, et les bergers les derniers.

CHAPITRE IX.

Formation de la Société publique, ou de l'Etat.

I. TOUTE famille propriétaire forme à elle seule une société domestique, naturellement indépendante de toute autre famille dans ses personnes et dans ses propriétés.

II. Telles sont les passions des hommes et la force des circonstances, que cette indépendance naturelle de la famille est souvent troublée par quelque autre famille. Ces familles ainsi divisées sont constituées en état d'opposition réciproque; état légitime dès qu'il est nécessaire à leur conservation, et que l'on appelle l'*état de guerre*.

III. Cet état de guerre entre les familles, dont aucune force ne pourroit limiter la durée ou la violence (si l'on suppose qu'il n'y eût pas d'autre force que celle de la famille), ameneroit inévitablement la destruction de toutes les familles, s'il ne s'élevoit au-dessus d'elles, en vertu des lois générales et nécessaires de la conservation du genre humain, un être qui eût le *pouvoir* de soumettre à un ordre général de devoirs, c'est-à-dire, aux lois d'*une* constitution et à l'action d'*une* administration, ces sociétés partielles et divisées (*a*).

IV. Cet état est appelé l'état général ou public de société, qui est formé de plusieurs sociétés particulières ou domestiques; et ces familles ainsi réunies en un corps, forment une *nation* sous le rapport de la communauté d'origine, un *peuple* sous le rapport de la communauté de territoire, un *Etat* sous le rapport de la communauté de lois.

Note du Chapitre IX.

(*a*) Les familles trouvent dans l'Etat la force qui empêche leurs dissensions; l'homme trouve dans la religion la force qui comprime ses passions, et que l'on appelle la *grâce*.

Ce chapitre est presque entièrement opposé aux opinions philosophiques de ce siècle, opinions qui ne sont que des conséquences de principes posés dans des siècles antérieurs.

Nos philosophes veulent que l'homme naisse bon, et que la société se forme par intérêt, et pour accroître la somme de ses jouissances; et l'homme naît avec des penchans mauvais, et la société se forme par nécessité, et pour empêcher la destruction de l'homme : de là suit, pour le dire en passant, que la fin de tout gouvernement doit être plutôt d'empêcher le désordre, que de hâter la population, et que c'est moins d'hommes en général que d'hommes bons et heureux qu'il faut peupler la société. La philosophie moderne professe le principe contraire, et les gouvernemens modernes le pratiquent, et quand ils ont forcé la population, ils cherchent comment ils pourront la faire subsister, et la mettent à *la soupe économique*. Les publicistes modernes veulent que la société déprave l'homme ; et l'homme ne trouve sa perfection que dans la société, puisqu'il ne trouve que dans la société la lumière qui éclaire son ignorance, et la règle qui redresse ses penchans. Ils veulent que la société soit volontaire, et le produit d'un contrat ; et la société est obligée, et le résultat d'une force, soit de la force de la persuasion, soit de la force des armes ; car Orphée étoit un conquérant comme Alexandre. Ils veulent que le pouvoir ait reçu la loi du peuple ; et il n'existe pas même de peuple avant un pouvoir, et des hommes qui délibèrent sur une proposition, ont déjà reconnu le pouvoir au moins d'un orateur, et en ont reçu la loi. Ils veulent que le pouvoir soit conditionnel ; et le pouvoir n'est conditionnel qu'à l'égard de Dieu, dont il émane ; car s'il étoit conditionnel à l'égard des hommes, il ne seroit plus leur pouvoir, mais leur sujet, ou tout au plus leur ministre, leur instrument. Ils veulent que les hommes aient cédé une portion de leur liberté, de leur pouvoir, etc. etc., et les hommes n'ont rien cédé que la faculté de se détruire, qui n'est pas une liberté, et la puissance de se nuire, qui n'est pas un *pouvoir*. La liberté est même mieux assurée, parce qu'elle est mieux réglée, et le pouvoir plus absolu, parce qu'il est moins arbitraire.

CHAPITRE X.

Constitution de la Société publique.

I. PUISQU'IL y a un pouvoir public, il y a des sujets publics et des ministres publics; il y a une société publique, parce que les manières d'être sont essentiellement relatives, et les personnes sociales nécessairement homogènes entre elles (*a*).

II. Les rapports des personnes publiques entre elles, exprimés dans les lois, forment la constitution de l'Etat ou de la société publique.

III. Le pouvoir public doit être, comme le pouvoir domestique, *soumis* à Dieu seul et indépendant des hommes; c'est-à-dire, qu'il doit être *un*, masculin, propriétaire, perpétuel; car sans unité, sans masculinité, sans propriété, sans perpétuité, il n'y a pas de véritable indépendance.

IV. Le pouvoir public porte les lois, et les fait exécuter par ses ministres. Ses lois doivent être aussi *l'expression de la volonté générale*, c'est-à-dire, qu'elles doivent être des conséquences plus ou moins éloignées, mais toujours naturelles, des lois fondamentales, qui sont la volonté de l'Etre suprême, dont il est l'organe et le ministre immédiat, et qui assurent la conservation de l'ordre public comme de l'ordre domestique.

V. Les ministres, dans un État constitué, participent des fonctions, et par conséquent de la nature du pouvoir, et pour être indépendans des hommes et ne dépendre que du pouvoir, ils doivent, comme le pouvoir lui-même, être du sexe fort, être *uns*, c'est-à-dire, former *un* corps perpétuel et propriétaire.

VI. Leurs fonctions se réduisent à deux, à la fonction de *juger* les infractions faites aux lois, et à la fonction de *combattre* ou punir les infracteurs. (Voyez la constitution de la société religieuse).

VII. Les sujets publics, ou le peuple, est le terme de la volonté du pouvoir et de l'action du ministère; et c'est à son utilité que tout se rapporte dans la société, constitution et administration.

VIII. Le pouvoir et ses ministres doivent être *honorés*; et tout ce que nous avons dit du pouvoir domestique, doit être appliqué au pouvoir public (*b*).

Notes du Chapitre X.

(*a*) Dans les démocraties, la personne domestique devenue momentanément homme public, revient à la société domestique; l'artisan devient juge, et le juge redevient artisan. L'homme n'y a jamais l'esprit, ni de la famille, ni de l'Etat : le peuple y aime la domination, et le magistrat la vie privée.

(*b*) Je ne fais qu'indiquer les principaux objets dont le développement seroit un traité complet de tous les rapports et de toutes les lois. Je ne présente que le plan d'un édifice, ou, si l'on veut, une table de matières. Mon seul but a été de donner aux jeunes gens, non des notions complètes, mais des idées justes sur des objets qu'ils ne peuvent ignorer sans honte, et sur lesquelles ils ne peuvent se tromper sans danger. Qu'on ne s'exagère pas la difficulté de la méthode analitique que j'ai suivie; elle ne pénètre difficilement que dans des esprits obstrués d'erreurs, ou qui ont accoutumé leur esprit à ne saisir la vérité que dans un certain ordre et d'une certaine manière. Mais les jeunes gens, dont l'esprit s'ouvre à la vérité, ont plus de facilité qu'on ne pense à la saisir telle qu'elle leur est présentée, et même sous des formes qui rebutent quelquefois des esprits plus exercés.

CHAPITRE XI.

Administration de la Société politique, relativement aux personnes.

I. Les rapports d'état ou de pouvoir entre les personnes, forment la constitution de l'Etat ; les rapports d'action et de devoir entre les personnes, forment l'administration dont l'exercice appartient au pouvoir public, et aux ministres sous ses ordres et par sa direction.

II. Le pouvoir public, nécessaire pour conserver les familles, et constitué à cette fin, remplit cette destination en les défendant au dedans contre les passions de leurs membres, et y maintenant l'exercice du pouvoir et l'observation des devoirs ; et en les défendant au dehors de toute violence de la part des autres familles, et réglant entre elles leurs intérêts respectifs.

III. Les lois par lesquelles le pouvoir public assure la constitution des familles, en maintient le gouvernement et y règle les intérêts, sont les lois sur les personnes et sur les

les biens, sur la possession et la transmission des propriétés; ordonnances civiles, commerciales, rurales, municipales, etc. etc. etc., dont il fait l'application par ses ministres.

IV. Si le pouvoir public n'a pu prévenir la guerre entre les familles, il leur permet le combat devant ses tribunaux, et il en fixe les règles dans les ordonnances sur la plaidoirie : car un procès est un débat légal et judiciaire, où les parties belligérantes mettent les voies de droit à la place des voies de fait (*a*).

V. L'homme, ou la famille qui a recours sans nécessité aux voies de fait, tend à faire redescendre la société dans l'état natif et imparfait, et à la faire déchoir de la civilisation, puisque la société n'a passé à l'état public de société civile, que lorsque les voies de droit ont pris la place des voies de fait, et que la vindicte publique a remplacé la vengeance personnelle.

VI. Les voies de fait peuvent être dirigées contre la famille, contre l'Etat, contre la religion.

VII. Les voies de fait dirigées contre la famille, peuvent attaquer les hommes ou les propriétés de la famille. Elles peuvent être portées contre les propriétés jusqu'à leur soustraction par le vol, ou leur destruction par bris, par incendie, etc. Les voies de fait peuvent être portées contre l'homme jusqu'à l'homicide, contre l'époux jusqu'à l'adultère, contre le père jusqu'au rapt ou à la séduction de ses enfans, contre la femme jusqu'au viol, contre l'enfant jusqu'à l'abandon (*b*), etc. etc.

VIII. Les voies de fait contre les hommes et les propriétés de la famille, s'appellent des *crimes* ou des *délits*; les voies de fait contre les hommes et les propriétés de l'Etat, sont des crimes d'Etat, tels que la rébellion, la trahison, le faux monnoyage, etc.

IX. Les voies de fait contre les hommes ou les propriétés de la religion, reçoivent un degré de gravité de la généralité et de l'importance de l'ordre auquel elles attentent : de là vient qu'elles portent dans nos anciennes lois le nom de *sacrilége*. Elles doivent être empêchées par le pouvoir public, gardien de tout l'ordre extérieur de la société, comme dépositaire de toute sa force extérieure (*c*).

X. La connoissance et la poursuite des

délits contre l'ordre domestique, public ou religieux, et leur punition afflictive ou infamante, personnelle jusqu'à être capitale, pécuniaire jusqu'à confiscation entière, sont l'objet des lois criminelles, appliquées par le pouvoir public, représenté par ses ministres (*d*).

Notes du Chapitre XI.

(*a*) Puisque l'Etat est institué pour préserver les familles de leur destruction, il ne doit pas lui-même les détruire par des frais de justice exorbitans, des impôts ou un service excessifs.

(*b*) C'est une voie de fait contre les enfans de la part du père et de la mère, que leur séparation volontaire, et plus encore leur divorce, qui prive les enfans de la double assistance sur la foi de laquelle ils ont reçu le jour, et qui les livre sans nécessité naturelle à des soins étrangers, et même, en cas de secondes noces, à des soins ennemis.

(*c*) Les philosophes modernes n'ont cessé de nous dire que c'est à Dieu à venger les injures faites à son culte, et qu'il faut souffrir tout ce qu'il souffre. On pourroit en dire autant du parricide. Dieu ne souffre rien de mal, et il ordonne au pouvoir humain de tout punir, comme ma pensée ordonne à mon bras de me défendre : c'est à cette fin que le pouvoir est armé. Si Dieu punissoit toujours d'une manière visible, l'ordre intellectuel seroit transporté dans l'ordre visible, l'homme n'auroit plus de libre arbitre, il ne seroit plus l'homme, le monde présent ne seroit plus. Le grand mal de l'impunité, dans la société, est de faire douter au peuple de la Providence. C'est aux gouvernemens une impiété de ne pas punir; mais ils ne doivent pas créer des délits. Les criminalistes modernes se sont élevés contre la distinction que faisoient nos anciennes lois des attentats contre les choses religieuses appelées *sacriléges*. Ils n'ont pas vu que plus l'ordre auquel on attente est général, plus on est coupable. Ainsi le faux monnoyage est un plus grand crime que le simple vol.

(*d*) La peine de mort, contre laquelle les philosophes s'élèvent, n'est pas une compensation pour l'ordre social que le coupable a troublé; car il n'y a nulle proportion entre la mort d'un homme qui doit mourir tôt ou tard, et l'ordre social qui ne doit jamais être troublé. Cette compensation ne peut se faire qu'avec l'âme immortelle de l'homme, et par les peines de l'autre vie, auxquelles elle peut être condamnée par le juge souverain, devant lequel le pouvoir humain renvoie le coupable. Mais la peine de mort est le moyen qu'emploie la société, pour empêcher un homme convaincu par ses actions de vouloir troubler l'ordre, de persister dans ses tentatives criminelles. Or, comme la société est un être nécessaire, elle ne peut employer pour se conserver que des moyens infaillibles.

Il n'y a pas aujourd'hui en Europe d'homme éclairé

qui ne regarde l'institution du jury en matière criminelle comme une institution de l'enfance de la société, et qui ne convient pas plus aux progrès de la corruption de l'homme, qu'aux progrès de sa raison. Quand le crime est devenu un art, la fonction de le juger est une étude qui suppose l'instruction de plusieurs années et la pratique de toute la vie, et qui demande des hommes retirés comme dans un sanctuaire, loin de l'influence des intérêts et de la séduction des passions. L'esprit de l'ancienne jurisprudence étoit de venger la société; l'esprit de la nouvelle est de sauver l'accusé. Le jury, sorte de machine intermédiaire entre le juge et le coupable, et qu'il faut faire jouer, ne peut que condamner sur des faits consommés, ou absoudre sur des intentions présumées. Le juge, instrument de la loi et non pas son ministre, s'attache servilement à une lettre qui tue ou qui absout. Il n'y a que des évidences physiques, et point de motifs moraux. Selon les matérialistes, le coupable est une machine, et le jury, le juge, l'instrument même du supplice ne sont aussi que des machines, dont le coupable ne peut, quoi qu'il fasse, être atteint, pourvu qu'il ne se meuve pas dans leur direction. Nous connoissions en France le jugement par *jury*, lorsqu'il falloit prononcer sur la façon et sur le prix d'un ouvrage ou travail mécanique. Alors les juges appeloient des experts *jurés*, et l'ouvrier étoit jugé par *ses pairs*, parce qu'il étoit question d'un fait que des *pairs* seuls pouvoient connoître. Mais les pairs d'un voleur, d'un assassin!

CHAPITRE XII.

Administration de la Société publique, relativement aux choses.

I. L'ADMINISTRATION a rapport, non-seulement à la direction des personnes publiques, mais encore au soin des choses publiques (*a*).

II. Toute chose abandonnée, tout homme qui n'appartient pas à une famille, délaissé, sans propriétés, sans moyen ou sans volonté d'en acquérir au moins par un travail légitime, appartient à toutes les familles ou à l'Etat, qui doit prendre soin des hommes, et jouir des choses pour l'avantage commun.

III. Ainsi, les enfans exposés, les mendians, les vagabonds et gens sans aveu, etc., et généralement tous ceux qui n'ont aucune famille, ou qui troublent celle des autres, appartiennent à la grande famille de l'Etat, et doivent être reçus temporairement ou viagèrement dans des maisons publiques de charité ou de correction, où ils puissent trouver la discipline, l'instruction, le travail et la subsistance.

IV. L'Etat remplissant, à l'égard des personnes foibles et délaissées, les devoirs d'un père, en acquiert sur elles le pouvoir, et peut les faire servir à ses besoins, suivant leur force et leur capacité (*b*).

V. L'Etat permettra, facilitera même dans tous les sujets, le développement de l'industrie honnête, propre à chaque sexe, et l'emploi de tous les moyens naturels et acquis par lesquels tout homme puisse s'occuper, et toute famille acquérir quelque propriété. L'Etat, à cet effet, fondera des établissemens publics d'éducation, de police, d'arts, de communication par terre et par eau; il veillera à la sûreté des personnes, à la salubrité des lieux, à l'abondance des subsistances; et, pour renfermer ses devoirs en peu de mots, il fera peu pour les plaisirs des hommes, assez pour leurs besoins, tout pour leurs vertus (*c*).

VI. Dans une société constituée, toutes les familles, en travaillant à accroître leur fortune par des voies légitimes, doivent se proposer pour terme à leur industrie, de sortir de l'état purement privé, pour se consacrer au service de l'Etat dans l'exercice des fonctions publiques; et l'Etat doit y admettre toutes les familles qu'une fortune suffisante et une conduite irréprochable rendent dignes de cette honorable promotion. C'étoit l'esprit et le motif de ce qu'on appeloit autrefois en France l'*ennoblissement*.

VII. Le pouvoir public conserve l'Etat comme il conserve les familles; il y empêche les dissensions intestines, en suspendant l'action des forces privées; et il le défend contre l'invasion étrangère, en rendant une et régulière l'action de la force publique.

VIII. Ainsi, l'Etat se réserve les voies de fait, et laisse les voies de droit à la famille; et par cette disposition, les familles peuvent vider leurs débats sans que l'Etat en soit agité, et les nations se combattre sans que les familles en soient troublées (*d*).

IX. Le pouvoir public emploie à la défense de l'Etat une partie seulement des hommes et des propriétés de la famille.

X. Quelquefois il y dévoue des familles entières, dont il forme un ordre particulier soumis à des lois spéciales; mais partout il a recours à un service extraordinaire d'hommes et de choses, dont la levée gratuite ou exigée s'appelle *conscription* ou *engagement* pour les hommes; *don gratuit*, *contribution*, *subvention*, *impôt* pour les choses.

XI. La levée et le service des hommes, la perception et l'emploi de l'impôt, sont l'objet de règlemens ou d'ordonnances militaires et fiscales, etc. etc. etc.

Notes du Chapitre XII.

(*a*) Dans les Etats modernes, l'administration des choses s'est perfectionnée aux dépens de celle des hommes, et l'on s'occupe en général beaucoup plus du matériel que du moral. Il y a peu de gouvernemens qui mettent à faire fleurir la religion et la morale l'attention qu'ils portent à faire prospérer le commerce, ouvrir des communications, surveiller la comptabilité, procurer au peuple des plaisirs, etc. On s'attache surtout beaucoup à inventer des machines, et l'on ne prend pas garde que plus il y a dans un Etat de machines pour soulager l'industrie de l'homme, plus il y a d'hommes qui ne sont que des machines, et à cet égard la différence est sensible entre l'intelligence d'un montagnard, qui fait tout lui-même dans sa maison, et celle d'un artisan de ville qui tourne toute la vie une manivelle, ou fait courir une navette. Smith lui-même en convient. Son ouvrage est la bible de cette doctrine matérielle et matérialiste.

(*b*) Les gouvernemens modernes veulent beaucoup de commerce, de fabriques, de luxe, de plaisirs, de population surtout, et ils cherchent à bannir la mendicité. Ils veulent la cause, et rejettent l'effet. Le pays de l'Europe où il y a le plus de fortunes colossales, est celui où il y a le plus de pauvres. Qu'on prenne garde qu'au milieu de notre richesse, de notre luxe de table surtout, de notre mollesse, de l'abondance de nos denrées, et de la perfection de notre agriculture, l'Europe a dressé des autels à l'homme qui a enseigné au peuple à se contenter d'une soupe maigre à un sou, et qu'on propose de lui faire manger des os bouillis. On ne feroit pas mieux après un siége de trois ans. On n'y pense pas; la société en Europe est dans un état violent.

(*c*) Jadis en France, chez cette nation si frivole, on pensoit que les plaisirs publics ne conviennent qu'aux hommes privés, et que les hommes publics doivent se contenter de plaisirs domestiques. Les magistrats et les gens d'église n'alloient pas au spectacle.

(*d*) Au contraire, chez tous les peuples non civilisés ou peu civilisés, les guerres d'Etat à Etat entraînent la désolation de la famille; et il suffit de la querelle de deux familles puissantes pour troubler l'Etat. On peut remarquer que les voies de fait sont aux deux extrêmes de la société, dans l'état purement de famille et l'état de nation; celles qui n'ont l'une et l'autre que Dieu pour juge d'appel.

CHAPITRE XIII.

De la Société générale des Nations civilisées, ou de la chrétienté.

I. Le genre humain peut être considéré tout entier, comme réuni en une société universelle, sous le pouvoir suprême de Dieu et les lois générales de l'humanité; mais les nations chrétiennes ou civilisées, forment une société spéciale sous les lois particulières du christianisme, appliquées aux relations ou rapports des nations entre elles.

II. Les relations que l'humanité en général, et la religion chrétienne en particulier, établissent entre les nations, sont exprimées dans les lois appelées *lois du droit des gens, jus gentium* (*a*).

III. Ainsi, les rapports entre les nations sont l'objet du droit des gens, comme les rapports entre les familles sont l'objet du droit civil.

IV. La société générale des nations chrétiennes, régie par les lois du droit des gens, s'appelle la *chrétienté*, ou la république chrétienne.

V. Les nations, comme les familles, sont entre elles dans des rapports de guerre, ou des rapports de paix. Il y a donc les lois de la guerre et les lois de la paix (*b*).

Notes du Chapitre XIII.

(*a*) « C'est une erreur blâmable, dit le célèbre » Bacon, de penser qu'il n'y a entre les nations d'autre » lien que celui d'un même gouvernement ou d'un » territoire commun. Il y a entre elles une confédéra- » tion implicite et tacite, qui dérive de l'état de so- » ciété ». *De Bello sacro.*

(*b*) Le droit de guerre ou de paix entre les familles, formoit le droit des petites nations ou des familles, *jus minorum gentium*. Le droit de guerre ou de paix entre les nations, forme le droit des grandes familles, ou des gens, *jus majorum gentium*, ou *jus gentium*. Voyez *Filanghieri*, de la Législation.

CHAPITRE XIV.

De l'état de guerre.

I. Tout ce qui a été dit de l'indépendance réciproque, et des rapports des familles entre elles, peut s'appliquer à l'indépendance et aux rapports des nations entre elles, avec cette différence toutefois, que les familles en état civil, ont au-dessus d'elles le pouvoir public, qui les ramène à l'ordre par la force des lois; et que les nations n'ont au-dessus d'elles que le pouvoir universel ou divin, qui les ramène à l'ordre par la force des événemens.

II. Chaque nation forme donc une société naturellement indépendante de toute autre nation, à moins que détournée de la constitution naturelle des sociétés, et soumise à des lois foibles et variables, elle ne soit obligée de demander à d'autres nations la garantie de sa propre existence (*a*).

III. Telles sont les passions des hommes et la force des circonstances, que cette indépendance de droit de chaque nation est souvent troublée de fait par une agression à force ouverte de la part de quelqu'autre nation.

IV. Comme le pouvoir public ne défend pas le débat entre des familles, mais qu'il en fixe les règles, ainsi le pouvoir suprême de Dieu ne défend pas le combat entre les nations, mais il en fixe les lois (*b*).

V. La guerre que se font entre elles les nations pour maintenir l'honneur de leur indépendance, ou l'intégrité de leur territoire, même celle qu'une nation peut faire à une autre pour étendre la civilisation, sont, comme les procès entre les familles, un état légitime, s'il est nécessaire pour maintenir l'ordre général de la société; légal, s'il est réglé par les lois propres à cette circonstance de la société (*c*).

VI. Les conquêtes qu'une nation peut faire dans une guerre commencée par des motifs légitimes, et soutenue par des voies légales, et les indemnités qu'elle peut exiger, sont légitimement acquises, comme les dommages et les dépens que les tribunaux accordent à une partie contre l'autre dans les affaires civiles.

VII. Les manifestes justificatifs de leurs griefs que publient les puissances à la veille de commencer la guerre, sont un hommage rendu à la justice éternelle, souveraine des nations; et les déclarations de guerre qui avertissent les sujets respectifs de prendre des précautions pour la sûreté de leurs personnes et de leurs biens, sont une mesure que prescrit l'humanité *(d)*.

VIII. La première loi du droit de guerre entre les Etats, et la plus sacrée, est que l'Etat ne fait la guerre qu'à l'Etat, et non à la famille. Ainsi l'Etat belligérant doit respecter l'honneur et la vie des personnes de la famille, ne point en exiger de service personnel militaire, préserver ses propriétés de destruction et d'enlèvement gratuit, sauf le cas d'absolue nécessité. Il doit conserver les familles dans la jouissance des propriétés communes, morales et physiques, établissemens de religion, d'éducation, de police, de subsistance, de salubrité, etc. *(e)*.

IX. La famille par conséquent ne doit pas, sous des peines graves établies dans le droit public et l'usage des nations chrétiennes, prendre part à la guerre que se font entre elles des armées campées sur son territoire, ni directement, ni indirectement, par l'espionnage, l'embauchage, etc.

X. La course sur mer contre les bâtimens de commerce n'est point une violation du droit des gens, parce que le commerce, quel que soit son objet, public autant que domestique, ajoute aux moyens que l'Etat a de continuer la guerre, et peut être regardé comme une propriété nationale (*f*).

XI. Le vainqueur étranger peut exiger, des peuples qu'il a soumis, des contributions, et même des sermens de fidélité à son gouvernement, comme le prix de la protection qu'il accorde aux personnes et aux biens, protection que le vaincu accepte par cela seul qu'il en jouit : domination de la force, que le traité subséquent peut convertir en pouvoir légal.

XII. Les lois de la guerre, qui ne sont que les lois naturelles de l'humanité appliquées à cet état particulier des nations, interdisent de faire aucun mal aux hommes dont il ne puisse pas résulter un plus grand avantage pour celui qui le fait; elles défendent d'aggraver les maux de la nature, et

de

de détruire l'homme lorsqu'on l'a mis hors d'état de nuire. Ainsi elles défendent de faire mourir le prisonnier de guerre, de se servir d'armes inusitées et cruelles, d'empoisonner les sources, de bombarder une ville affligée de la peste, de tirer en mer sur un vaisseau qui brûle, ou de refuser des secours à un navire en péril. De là l'obligation à toute puissance en état de guerre de nourrir les prisonniers, de faire panser les blessés, et inhumer les morts de l'ennemi que le sort de la guerre a fait tomber entre ses mains. De là enfin ces procédés en pleine guerre, et même au milieu des combats, qui n'ont été connus que des peuples chrétiens, et où la générosité va souvent plus loin que les lois même de l'humanité (*g*).

XIII. La loi d'empêcher les maux inutiles et excessifs, ne permet pas de pousser l'opiniâtreté de la défense plus loin que la probabilité du salut, à moins que le plus grand bien de la société ne rende nécessaire et exigible le sacrifice de quelques hommes; et ce don de soi, que tout homme doit à la société.

XIV. La puissance belligérante qui se

permet de manquer la première aux lois de la guerre, autorise de justes représailles que l'humanité permet, et quelquefois prescrit, pour empêcher la continuation ou le retour des mêmes excès.

Notes du Chapitre XIV.

(*a*) On peut voir ce que sont devenues les garanties accordées par le *Traité de Westphalie*, et par les traités subséquens. L'auteur a considéré le traité de Westphalie sous ce point de vue (1).

(*b*) Ceux qui ont voulu établir un tribunal pour juger les querelles des nations, et établir ainsi entre elles une paix perpétuelle, ont proposé une chose contre nature : car un tribunal suppose une force supérieure à celle des parties, qui puisse les soumettre au jugement prononcé contre elles, et ce tribunal composé de nations, n'auroit aucune force contre les nations. Ce seroit la constitution germanique appliquée à l'Europe en général : constitution forte contre les foibles, et plus foible contre les forts. Les philosophes modernes ont beaucoup déclamé contre la guerre, jusqu'au moment où elle s'est faite pour leur compte, et pour étendre leurs opinions.

(*c*) Bacon met au nombre des motifs légitimes

---

(1) Du Traité de Westphalie et de celui de *Campo-Formio*.

de guerre celui d'étendre la civilisation, et de tirer un peuple de la barbarie; et il a fait un traité exprès pour le soutenir. C'est un dialogue entre des interlocuteurs de différentes religions, et il fait l'honneur au catholique de lui donner à défendre la cause de la civilisation.

(*d*) Les déclarations de guerre sont la première assignation dans un procès. Les gouvernemens se dispensent sans aucune raison de ce procédé d'humanité, de générosité, de religion même, comme s'ils ignoroient l'influence de tout ce qui est de morale publique sur la morale privée.

(*e*) Chez les Mahométans et les sauvages, comme autrefois chez les païens, la guerre se fait à la famille autant ou plus qu'à l'Etat. On la réduit en esclavage, on détruit ou l'on enlève ses propriétés. De là vient que les guerres que se font entre elles les nations chrétiennes, sont bientôt oubliées, et leurs désastres bientôt réparés. Je ne sais quel auteur dit qu'il y a des pays en Europe qui ne sont pas remis des ravages des Romains; et l'on peut voir dans les provinces qui confinent à l'Empire turc, des traces de dévastation irréparable.

(*f*) Si le commerce ne perdoit pas à la guerre, il y gagneroit. Si les commerçans y gagnoient, la guerre seroit interminable; et l'humanité peut-être demande que, dans une guerre entre deux nations, la course sur mer soit autorisée. Rien de plus humain que de bien traiter les prévenus de crimes détenus en prison. Mais si les prisonniers sont aussi commodément dans la maison de détention que le citoyen dans la sienne, la prison sera l'asile de la fainéantise et de la mauvaise foi. Il n'y a pas de terme à la vérité, il y en a un à la vertu.

(*g*) Les guerriers d'Homère se prodiguent l'insulte avant le combat, et l'injure après la victoire. Les Romains faisoient passer au fil de l'épée des villes et des armées entières. Le christianisme a fait disparoître toutes ces horreurs de l'état de guerre ; car ce ne sont pas des guerriers qui ont détruit, à la Nouvelle-Espagne, les malheureux Indiens, ce sont des marchands.

CHAPITRE XV.

De l'état de paix.

I. La guerre ne pouvant avoir d'autre terme que la paix, l'humanité commande de l'accélérer; et il doit être permis, même au fort de la guerre, à tous envoyés ou messagers de paix de passer et repasser librement à travers les pays occupés par les armées; et toute cessation d'hostilités par armistice, trève ou capitulation, cartel d'échange, conventions préliminaires ou définitives, doit être religieusement exécutée.

II. La cessation de la guerre entre deux nations les fait rentrer dans l'ordre général des relations pacifiques, qui avoit été suspendu par les hostilités réciproques, et quelquefois dans un ordre particulier d'alliance offensive et défensive.

III. Les ambassadeurs et envoyés des puissances étrangères doivent, en se conformant aux lois, jouir auprès de la nation où ils résident, des honneurs attachés au caractère public dont ils sont revêtus, et auquel la guerre même ne peut porter atteinte (1).

IV. Ce caractère étant essentiellement pacifique, leur interdit, comme une violation du droit des gens, toute démarche hostile contre la nation qui les reçoit, et toute infraction à ses lois.

(1) Les Turcs seuls, en Europe, renferment jusqu'à la paix les envoyés des puissances avec lesquelles ils sont en guerre. L'usage qui s'introduit, un peu tard, dans leur politique d'envoyer des ambassadeurs résider dans les cours étrangères, doit mettre fin à cette coutume barbare; au reste, les puissances chrétiennes n'usoient jamais de représailles.

CHAPITRE XVI.

Des Traités entre les Nations.

I. CETTE partie de la législation du droit des gens, soumise à l'influence de circonstances particulières, ne peut être réglée par des considérations générales. Elle est toute comprise dans les traités eux-mêmes, véritables lois entre les nations jusqu'à révocation expresse : lois passagères et variables, si elles ont été imposées par la violence contre l'ordre naturel, politique et religieux des sociétés : lois durables, si cet ordre naturel a été respecté par la modération, qu'on peut appeler la sagesse de la force (*a*).

II. Les puissances chrétiennes commencent leurs traités d'alliance et de paix par une formule religieuse qui les met sous la protection de l'Être trois fois saint, présent aux conventions solennelles des peuples, comme aux pensées intimes des hommes : usage vénérable, *aveu de foi et hommage* envers la Divinité, et le seul acte public de religion que puissent faire les peuples réunis en un corps.

Note du Chapitre XVI.

(*a*) On peut voir dans l'écrit déjà cité sur la paix de Westphalie, inséré à la fin de cet ouvrage, que ce traité célèbre renfermoit le germe des guerres qui depuis ont désolé l'Europe; parce qu'il y fondoit la démocratie politique et religieuse, qui sont contre l'ordre naturel des sociétés, et qui ne pouvoient s'affermir, parce que rien ne s'affermit contre la nature.

CHAPITRE XVII.

Surveillance et bienveillance envers les Étrangers.

I. Tel est le vœu de la nature, que l'homme reste auprès des parens qui lui ont donné le jour, et sur le sol qui l'a vu naître, que la qualité d'étranger est regardée chez tous les peuples ou comme une présomption de fuite, qui autorise un gouvernement à demander à l'étranger des preuves légales de bonne conduite, ou comme un malheur qui mérite de sa part une protection particulière (*a*).

II. De là à la fois le droit d'hospitalité, sacré chez tous les peuples; et les violences exercées autrefois, ou la surveillance exercée aujourd'hui, non-seulement envers l'homme étranger à la nation chez laquelle il voyage, mais même, dans certains cas, envers le citoyen étranger à la *commune* où il se trouve.

III. Lorsque le gouvernement s'est assuré de la probité d'un étranger, il doit lui accorder protection et assistance, et se regarder comme remplaçant à son égard son gouvernement naturel, et même sa famille ; mais comme il ne peut pas l'assujettir à tous les devoirs de citoyen, il ne doit pas lui en permettre toutes les facultés.

IV. Les facultés de citoyen appartiennent aux familles indigènes, et particulièrement celle de posséder exclusivement, et comme leur patrimoine, le sol natal qu'elles ont fécondé par leurs sueurs dans la vie domestique, et défendu par leurs soins, et souvent de leur sang, dans la vie publique.

V. L'étranger qui a rendu ou qui peut rendre à l'Etat des services distingués, par une industrie productive, ou dans des fonctions publiques, partage les devoirs de citoyen, et l'Etat doit lui en accorder les facultés par des lettres de naturalisation (*b*).

VI. L'étranger prévenu d'un délit dans son pays, et réclamé par son gouvernement, doit lui être rendu, mais seulement dans des cas spécifiés d'avance, et pour des crimes manifestement attentatoires aux lois fondamentales des sociétés, et punis chez tous les peuples civilisés de peines capitales : l'extradition ne doit pas être accordée pour des délits locaux et politiques, et si le droit d'asile n'est plus attaché aux temples, l'Univers entier est un temple pour l'homme infortuné.

VII. Toute introduction d'étrangers qui, par leur constitution morale ou physique, peuvent détériorer les mœurs d'une nation, ou même en altérer la race, doit être resserrée dans d'étroites limites, si elle ne peut être entièrement empêchée. De là venoient les difficultés que les gouvernemens apportoient à l'admission des races d'une couleur différente de la couleur européenne, ou de religions ennemies de la religion chrétienne.

Notes du Chapitre XVII.

(*a*) Chez les anciens, étranger étoit synonyme d'ennemi : *Hostis apud majores nostros is diceba-tur quem nunc peregrinum dicimus*, dit Cicéron. Il faut remarquer que chez les anciens la famille étoit hospitalière, et l'Etat inhospitalier. C'est tout le contraire chez les peuples modernes. L'hospitalité ancienne de la famille s'est partagée entre les hôpitaux et les hôtelleries ; et l'on peut assurer en général que là où les auberges sont les meilleures, et le métier d'aubergiste plus considéré, l'homme est moins hospitalier envers l'étranger.

(*b*) Il faut craindre plus qu'il ne faut la désirer l'affluence des étrangers en France. Tout esprit national, première défense d'un Etat, se perd par ce contact des mœurs étrangères ; et ce sont les Anglais voyageurs, autant que les Français armés, qui ont perdu la Suisse. Le dirai-je? il y a des choses en Europe qui périssent par leurs propres excès, comme la philosophie, les spectacles, le commerce peut-être : et ce cosmopolite, qui rendoit les *citoyens de l'univers* étrangers à toute religion et à toute patrie, n'a-t-il pas influé sur des événemens dont le résultat sera d'isoler les peuples les uns des autres? Ne voyons-nous pas déjà les gouvernemens se montrer plus difficiles sur l'admission des étrangers, et la qualité seule de voyageur soumettre partout un homme à des formalités rigoureuses? L'Europe revient, sans s'en douter, à beaucoup de vieilles idées dont le temps a démontré la justesse. Nous croyons mal à propos nos pères peu habiles à gouverner les hommes, parce qu'ils s'entendoient beaucoup moins bien que nous à administrer les choses. Nous nous trompons, et les gouvernemens modernes ont perdu toute connoissance des hommes, par une attention exclusive sur les choses.

CHAPITRE XVIII.

Des Codes des Lois, ou corps de droit.

I. Il résulte de tout ce qu'on vient de dire, que toute la législation est renfermée dans trois codes de lois, ou *corps de droit*, relatifs aux trois états de société.

1°. Un code domestique, ou code des familles, qui compose le *corps de droit civil* ou privé, et qui comprend les lois domestiques, qui fixent le rapport des personnes domestiques dans la famille, et les lois civiles, qui fixent les rapports des familles entre elles dans l'Etat. La connoissance de ces lois est l'objet de la jurisprudence.

2°. Un code public, ou des nations, qui compose le *corps de droit public*, et qui comprend les lois politiques ou publiques, qui fixent les rapports des personnes publiques dans l'Etat, et les lois du *droit des gens*, qui règlent les rapports des nations entre elles dans la chrétienté. La connoissance de ces lois est l'objet de la science du publiciste.

3°. Un code religieux, appelé *corps du droit canonique* (1), qui comprend les vérités dogmatiques, loi ou *règle* de la pensée de l'homme dans ce qu'il peut connoître de Dieu et des personnes divines; les vérités de culte et de discipline, *règle* des rapports de l'homme avec la Divinité, et les vérités morales, *règle* des rapports des hommes entre eux à cause de Dieu. La connoissance de ces lois est l'objet de la science du théologien.

II. On voit, en comparant ces diverses lois, que les lois dogmatiques, les lois domestiques, les lois politiques fixent la constitution du pouvoir; et que les lois de discipline, les lois civiles, et les lois du droit des gens, règlent l'exercice des devoirs (*a*).

III. Ainsi les lois du droit des gens sont aux nations, ce que les lois civiles sont aux familles (*b*).

IV. Les lois civiles sont les règles de la

---

(1) Ce mot *droit canonique* a souvent un sens plus restreint. *Canon* veut dire *règle*, et convient par excellence à la religion.

paix que la société met entre les hommes; les lois criminelles sont les règles de la guerre que le pouvoir déclare aux ennemis de l'ordre social.

V. Les lois criminelles sont domestiques, politiques, religieuses, comme la société; elles ont un effet passager ou irrévocable, comme le délit.

VI. Les châtimens que le père de famille inflige à ses enfans pour des fautes légères, sont les peines passagères de la société domestique; l'exhérédation, et autrefois la malédiction, en sont les peines irrévocables (c).

VII. La société politique inflige, suivant la gravité et l'espèce des délits, des peines passagères, afflictives ou pécuniaires, telles que la prison, l'exil, l'exposition, l'amende; et des peines irrévocables, afflictives et pécuniaires, telles que la peine de mort, et la confiscation.

VIII. Il y a dans la société religieuse, suivant la gravité et l'espèce des délits, des peines passagères, appelées *satisfactions*, *pénitences*, *censures*, et des peines irrévocàbles, qui sont les peines de l'autre vie, connues chez tous les peuples (*d*).

IX. Ainsi, rapports des individus entre eux dans la famille, des familles entre elles dans la nation, des nations entre elles dans le monde; des hommes, des familles, des nations entre elles, du genre humain tout entier avec Dieu dans la religion; lois domestiques et civiles, lois publiques, et du droit des gens, lois de la religion et de la morale; lois criminelles dans la famille, dans l'Etat, dans la religion, forment la société en général, ou l'ordre moral de l'Univers.

Notes du Chapitre XVIII.

(*a*) Les lois domestiques et les lois politiques, en France, n'étoient pas écrites pour la plupart. Les lois domestiques non écrites s'appellent les *mœurs ;* les lois politiques non écrites s'appellent des *usages*, des *coutumes*. Dieu parle à la première famille, il écrit pour le premier peuple, et les lois domestiques deviennent des lois publiques, lorsque la famille devient l'Etat. Le même ordre de choses se renouvelle sous nos yeux ; les peuples naissans n'ont rien d'écrit, ni sur la société domestique, ni sur la société publique. A mesure qu'ils avancent, ils écrivent leurs lois politiques ;

litiques ; plus tard ils écrivent jusqu'aux lois domestiques, ou aux mœurs. C'est là que nous en sommes. Ainsi le vieillard ne se rappelleroit de rien, s'il n'écrivoit tout. Malheur peut-être à une nation obligée d'écrire, et de faire des lois même de ses mœurs!

(b) Il faut nous arrêter un moment sur le mot *droit*. Droit vient de *dirigere*, *directum*, et désigne une rectitude absolue. En hébreu, *droit* et *coutume* sont synonymes, sans doute parce que la coutume étoit droite et bonne. Mais nous en avons fait l'équivalent du mot latin *jus*, qui vient de *jubere*, commander, et qui eût été beaucoup mieux rendu par le mot *jussion*. Les anciens ne connoissoient que des *commandemens*, ou des volontés arbitraires de l'homme. Les modernes ne doivent connoître que des *règles*, ou lois naturelles de l'ordre. Et voilà pourquoi les uns disoient *jus*, et les autres disent *droit* ou règle ; car le *jus* n'est pas toujours le droit ; et le *jus belli*, chez les anciens, n'étoit pas assurément le droit naturel de l'état de guerre entre les hommes. C'est parce que les volontés humaines doivent être conformes aux volontés divines, que le mot *ordre*, dans la langue la plus juste de l'Europe, exprime également les deux idées, et que l'on dit, l'ordre ou les ordres du général, et les lois de l'*Ordre*. Burlamaqui, p. 1re., ch. V, a fait une observation à peu près semblable sur le mot *jus*. *Jura*, selon Festus, se disoit autrefois *jusa* ou *jussa*.

(c) La religion chrétienne repousse du cœur et des lèvres du père de famille le terrible droit de maudire;

et la société politique ne lui permet plus la peine de mort. Mais tout délit contre l'ordre domestique, qui eût encouru autrefois la malédiction paternelle, seroit aujourd'hui puni, par le pouvoir public, du dernier supplice. La religion, comme on voit, a adouci les peines.

(*d*) On voit pourquoi toutes les lois criminelles de la famille, de l'Etat, de la religion, sont ébranlées à la fois, et pourquoi dans le même temps qu'on nie l'éternité des peines, on veut abolir la peine de mort, et introduire dans la famille une éducation sans vigueur. Les lois rendues en France pendant la révolution, ne permettoient pas au père de déshériter son fils.

CHAPITRE XIX.

Accord de la Religion et de l'État.

I. La religion est la raison de toute société, puisque hors d'elle on ne peut trouver la raison d'aucun pouvoir, ni d'aucuns devoirs. La religion est donc la constitution fondamentale de tout Etat de société.

II. La société civile est donc composée de religion et d'Etat, comme l'homme raisonnable est composé d'intelligence et d'organes.

III. L'homme est *une intelligence* qui doit faire *servir ses organes* à la fin de son bonheur et de sa perfection. La société civilisée n'est autre chose que la religion qui fait servir la société politique à la perfection et au bonheur du genre humain.

IV. Si la constitution du pouvoir politique a sa raison dans la religion, qui nous le présente comme le ministre de la Divinité, *minister Dei in bonum*, l'administration politique a sa règle dans la morale.

V. Ainsi la société la plus parfaite est

celle où la constitution est la plus religieuse, et l'administration la plus morale.

VI. La religion doit donc constituer l'Etat ; et il est contre la nature des choses que l'Etat constitue la religion (*a*).

VII. Mais afin que l'Etat soit constitué par la religion, il est nécessaire qu'il en règle les ministres, dont les passions pourroient altérer la religion, et ébranler ainsi la constitution de l'Etat.

VIII. Ainsi l'Etat doit obéir à la religion, et les ministres de la religion doivent obéir à l'Etat, dans tout ce qu'il ordonne de conforme aux lois de la religion ; et la religion elle-même n'ordonne rien que de conforme aux meilleures lois de l'Etat.

IX. Par cet ordre de relations, la religion défend le pouvoir de l'Etat, et l'Etat défend le pouvoir de la religion (*b*).

Notes du Chapitre XIX.

(*a*) Il faut laisser dire les esprits superficiels, et les publicistes anglicans : le plus grand ennemi du pouvoir politique du roi d'Angleterre est sa suprématie religieuse, parce qu'il n'y a pas dans un Etat de moyen de destruction plus efficace qu'une institution contre nature. La religion est nécessaire au faîte de la société, inutile ou funeste partout ailleurs ; et c'est d'elle que l'on peut dire : *Il vaut mieux n'être pas, que de vivre avili.*

(*b*) La religion n'abandonne jamais la première l'Etat ; mais si elle en est abandonnée, elle laisse périr le gouvernement, assez insensé pour la regarder, non pas comme la souveraine nécessaire, ou même comme une alliée utile, mais comme une ennemie cachée, un mal inévitable, qu'il faut circonscrire ainsi que la peste, de peur qu'il ne gagne, ou tolérer comme les jeux publics et les prostituées, de peur qu'on ne fasse pis. Les États où cette opinion est répandue et mise en pratique ne sauroient subsister ; et il n'est pas douteux que la tolérance, pour ne pas dire la protection accordée depuis cinquante ans en France, à des hommes et à des opinions impies, n'ait, même politiquement, été la première cause de ses malheurs. Il y a des désordres impunis ailleurs que la France ne peut pas se permettre, et elle n'est pas dans le monde une société *sans conséquence*. Si Dieu est le pouvoir suprême de la chrétienté, la France est son premier ministre : elle a été le grand moyen de la civilisation en Europe, et elle peut encore y rétablir les vraies maximes. On a toujours devant les yeux quelques entreprises surannées de la cour de Rome ; et l'on ne sait pas que les progrès, la force, la civilisation, l'existence même des Etats de l'Europe est due à l'intervention perpétuelle de la cour de Rome, et même à ses écarts; et qu'elle a été la mère qui a allaité, élevé et souvent corrigé ces enfans à demi-sauvages. Quand on écrira l'histoire avec cette pensée, au lieu de se traîner sur les pas de nos historiens soi-disant philosophes, qui se sont traînés eux-mêmes sur les pas de Wiclef et de Luther, et qui ont rappelé, exagéré, commenté jusqu'au dégoût les vices de quelques papes (1), on sera étonné des nouveaux points de vue qui s'ouvriront en histoire et en politique. On est confondu lorsqu'on pense aux livres qu'il faut refaire, surtout en histoire, et même en histoire de France, où nous n'avons presque que Daniel, et Hénault, qui rend au P. Daniel la justice qu'on a refusée à la robe du Jésuite. L'Europe depuis long-temps fait fausse route; et malheur aux gouvernemens que la révolution n'aura pas remis dans le bon chemin! Il est vrai que tout le mal fait depuis un siècle ne peut pas être réparé dans dix ans, comme il y a des maux faits dans l'espace de dix ans qui ne peuvent pas être réparés dans un siècle; mais quand le pouvoir commence bien, le temps achève; car le temps est le premier ministre de tout pouvoir qui veut le bien.

Tous les gouvernemens anciens donnoient ou laissoient donner des biens à la religion. Les gouverne-

---

(1) Leibnitz, tout luthérien qu'il est, avance qu'aucun trône n'a été occupé par un plus grand nombre d'hommes éminemment vertueux, savans et polis, que le trône papal.

mens modernes tendent tous à la dépouiller de toute propriété, et à la réduire à l'état précaire et avilissant de mercenaire. De grands désordres, dont le premier sera l'asservissement de la religion, et l'avilissement de la morale, seront la suite de ces théories où les gouvernemens sacrifient tout aux systèmes de quelques beaux esprits, et à l'avidité de quelques courtisans. La religion est un rempart que les gouvernemens en Europe cherchent à abattre, parce qu'il borne l'envie qu'ils ont de s'étendre. Quand ils l'auront renversé, ils seront tout étonnés de trouver au delà l'abîme sans fond de la souveraineté populaire qu'il leur cachoit. Ils voudront le relever; il ne sera plus temps : hélas! seroit-ce des peuples qu'il faudroit entendre cette parole terrible de saint Paul, qu'on ne peut à la lettre entendre de l'homme? « Il est impossible, une fois qu'on a goûté le don » céleste de la vérité, et qu'on l'a rejeté, d'y revenir »; et un peuple chrétien une fois corrompu, le seroit-il sans retour?

CHAPITRE XX.

Considérations générales.

SOCIÉTÉ domestique, ou famille; société publique, ou Etat; société universelle, ou religion chrétienne, à la fois domestique et publique, sont, non égales, mais semblables dans leur constitution, ou dans le nombre et le rapport des personnes; semblables dans leur gouvernement, qui est la direction des personnes et l'administration des propriétés pour l'utilité commune; semblables dans leur principe, qui est la raison, dans leur moyen, qui est l'ordre, dans leur fin, qui est le bien, *alpha* et *omega* des êtres; mais elles sont différentes d'étendue, et telles que des cercles concentriques, qui ont le même nombre de parties, et également disposées, et qui ne diffèrent que de grandeur : elles ont toutes le pouvoir au centre, le sujet à la circonférence; le ministre, semblable au rayon qui joint le centre à chaque point de la circonférence, placé entre le pouvoir et le sujet, pour lier la volonté de l'un à l'obéissance de l'autre. Telles sont les lois générales de toute société, et les harmonies du monde moral. Tout y est *vrai* dans les principes, tout y est *réel* dans les personnes. Les lois n'y sont pas *écrites au fond du cœur des hommes*, comme le veulent les sophistes, car l'homme pourroit les méconnoître ou les nier ; elles ne sont pas uniquement confiées à la tradition, car l'homme pourroit les oublier ; mais une fois révélées à l'homme par la parole, moyen unique et nécessaire de toutes ses connoissances morales, elles sont fixées par l'écriture pour les nations, et elles deviennent ainsi une règle universelle, publique, invariable, extérieure ; une *loi* qu'en aucun temps et en aucun lieu, personne ne peut ignorer, oublier, dissimuler, altérer ; et, pour me servir des expressions de Bossuet et de Leibnitz, deux des plus beaux génies qui aient honoré l'intelligence humaine, différens de nations, divisés peut-être (1) de croyance sur certains points, mais se réu-

(1) Je dis peut-être, car Leibnitz en fait à tout moment les aveux, et avance les assertions les plus favorables à la doctrine de l'Eglise romaine.

nissant à proclamer, à défendre les vérités fondamentales de l'ordre social. « Dans cette » parole de Dieu, (le Décalogue) dit Bos- » suet, sont les premiers principes du culte » de Dieu et de la société humaine »; et dans sa Politique sacrée, expliquant ces paroles, il fonde sur cinq motifs tous les devoirs de la société. « 1°. Les hommes n'ont tous » qu'une même fin, qui est Dieu : tu aime- » ras le Seigneur de tout ton cœur, de toute » ton âme, etc. 2°. Cet amour de Dieu » oblige tous les hommes à s'aimer les uns » les autres. Dieu est notre père commun, » et son unité est notre lien. Il est naturel » que celui qui aime Dieu, aime aussi pour » l'amour de lui tout ce qui est fait à son » image. 3°. Tous les hommes sont frères, » enfans d'un même Dieu. Ils naissent tous » d'un même homme, qui est leur père com- » mun, et *qui porte en lui-même l'image* » *de la paternité de Dieu*. 4°. Chaque homme » doit avoir soin des autres hommes; car si » nous sommes tous faits à l'image de Dieu, » et également ses enfans; si nous sommes » tous une même race et un même sang, » nous devons prendre soin les uns des au-

» tres : *Unicuique Deus mandavit de pro- » ximo suo.* 5°. Les hommes ont besoin les » uns des autres. Dieu veut que chacun » trouve son bien dans la société : c'est pour- » quoi il a donné aux hommes divers talens; » par cette diversité de dons, le fort a be- » soin du foible, le grand du petit, chacun » de celui qui paroît le plus éloigné de lui, » parce que le besoin rapproche tout et rend » tout nécessaire. *Jésus-Christ en formant » son église, en établit les principes sur ce » fondement, et nous montre quels sont » les principes de la société humaine* ».

Enfin, Leibnitz, dans ce passage d'une haute philosophie et d'une profonde connois- sance des principes de l'ordre, passage qui n'est que l'expression généralisée ou anali- tique de celui de M. Bossuet : « La collec- » tion de tous les esprits constitue *la cité de » Dieu*, et le monde moral dans le monde » physique. Rien dans les œuvres de Dieu de » plus sublime et de plus divin : *c'est la mo- » narchie vraiment universelle, et l'Etat » le plus parfait sous le plus parfait des » monarques* ».

Nous sommes parvenus au terme de notre

carrière. Nous avons considéré, par les seules lumières de la raison, la législation générale de l'ordre social; nous en avons fait l'application aux lois particulières des sociétés; nous en avons trouvé la raison dans l'homme et le principe dans Dieu : car la société, si l'on s'obstine à n'y voir que l'homme, n'est qu'un long supplice, un lieu de confusion et d'horreur; et certes, ils sont conséquens à eux-mêmes les publicistes modernes, qui, ne voulant pas admettre Dieu dans la société humaine, la regardent comme un état contraire à la nature de l'homme, et celle où il est le plus malheureux et le plus dépravé.

Nous ne pouvions parler de Dieu et de l'homme, sans considérer leurs rapports, dont l'ensemble et l'ordre s'appellent la *société religieuse*, rapports qui sont la règle de la mesure de ceux des hommes entre eux dans la société politique; car les hommes, s'il n'existe pas de Dieu, ne peuvent légitimement rien les uns sur les autres, ne se doivent rigoureusement rien les uns aux autres, et tout *devoir* cesse, entre les êtres, là où cesse le *pouvoir* sur tous les êtres.

Mais en considérant la société, même religieuse, *semblable* en tout à la société politique, et composée de personnes semblables dans leur nombre et dans leurs rapports, nous avons dû considérer l'accord des vérités fondamentales que la religion propose à notre foi, avec les conceptions les plus générales de la raison, « parce que le temps est » venu de considérer ainsi la vérité, que nos » erreurs le demandent, et que nos lumières le » permettent ». Ici nous avons à craindre que les mêmes hommes qui ont jusqu'à présent accusé la foi des chrétiens d'être trop simple et trop crédule, ne l'accusent aujourd'hui d'être trop haute et trop raisonnée. Cette inconséquence ne devroit pas surprendre. On nous a contesté la raison, lorsque nous n'opposions que la foi; on nous contestera peut-être la foi, lorsque nous opposerons la raison, parce qu'on ne sait pas que pour toute connoissance, même profane, la foi précède la raison pour la former, et que la raison suit la foi pour l'affermir. Il seroit temps cependant de faire cesser cette guerre civile, et même domestique, entre la foi et la raison, où tout périt, raison et foi, et ce combat opiniâtre entre les esprits, qui ne laisse sur le champ de bataille que des morts.

C'est parce que la foi commence la raison et que la raison achève la foi, qu'il a paru de siècle en siècle des écrits solides et lumineux, dans lesquels les motifs de la foi ont été prouvés par la raison de l'autorité, et qu'il en paroîtra à l'avenir où ces motifs seront prouvés par l'autorité de la raison; et il ne faut pas regarder cette expression opposée en apparence, *raison de l'autorité*, *autorité de la raison*, comme une vaine antithèse; car il est vrai de dire que la seule autorité qui ait pouvoir sur l'être raisonnable, est la raison. Ces discussions, il est vrai, n'éclairent la raison que des hommes instruits; mais cela suffit pour le bon ordre de la société, parce que l'exemple des gens instruits, est la seule raison de ceux qui ne peuvent pas l'être.

Que les analogies que j'ai cru apercevoir entre les idées générales de la raison, et les dogmes fondamentaux de la religion, et qu'il seroit aisé de porter plus loin, soient ou ne soient pas justes, toujours est-il certain qu'il y a dans ce genre des vérités à découvrir, parce qu'il y a des erreurs à combattre, et qu'il y a des explications à donner, tant qu'il y a des obscurités à dissiper; que si les explications que j'ai données ne sont pas suffisantes, d'autres iront plus loin ; mais, si je ne me trompe, en suivant la même route, et profiteront même des erreurs de ceux qui les auront précédés; car rien n'est perdu pour les progrès de la vérité, et dans la science des rapports moraux comme dans celle des rapports numériques, on parvient à des résultats vrais, même par de *fausses positions.*

Les hommes exercés à la méditation, me pardonneront la forme dialectique que j'ai suivie dans quelques endroits de la première partie. C'est sous cette forme que la vérité, ou ce que j'ai pris pour elle, s'est développée dans mon esprit, et je l'ai exprimée dans le même ordre, pour la faire mieux entrer dans l'esprit des autres. Peut-être aussi que me défiant de moi-même, car l'homme ne doit jamais accorder à ses jugemens une confiance sans réserve, j'ai laissé au raisonnement cette forme rigoureuse, comme un appui nécessaire à la raison, ainsi qu'un architecte qui a construit une voûte d'un trait hardi, laisse les cintres pour s'assurer contre les accidens. Il me seroit possible, sans doute, d'écrire d'une manière plus oratoire; mais j'ai toujours pensé qu'il ne faut chercher à entraîner le lecteur, que lorsque la conviction a applani les voies dans lesquelles on veut le faire marcher, parce qu'alors on l'entraîne à bien moins de frais, et qu'il se précipite de lui-même là où vous voulez le mener. A la vérité, il est beaucoup d'hommes qui se piquent de raison, et même d'instruction sur d'autres objets, qui ne veulent être ni convaincus de certaines vérités, ni entraînés dans de certaines voies, et qui prennent le parti très-peu raisonnable de nier ce qu'ils n'osent pas approfondir. Ces personnes ont pu se donner le titre d'*esprits forts*, dans un temps où ceux qui vouloient se délivrer d'une règle fâcheuse à l'amour-propre, et incommode aux passions, se contentoient de quelque chose qui ressemble à des raisonnemens; mais aujourd'hui que ces matières sont plus approfondies, et rendues sensibles par des expériences décisives, le titre de *philosophe* sera à plus haut prix, on

ne

ne l'obtiendra pas en répétant les sophismes de J.-J. Rousseau, les sottises d'Helvétius, les logogryphes du baron d'Holbac, ou les sarcasmes de Voltaire (1). Et les chrétiens aussi ont étudié l'homme et son *esprit*, la société et son *contrat*, *la nature et son système*, et ils savent *sur quelles voies se trouve la lumière, et quel est le lieu où habitent les ténèbres* (2).

---

(1) J.-J. Rousseau, auteur du *Contrat Social*, Helvétius, auteur du livre de *l'Esprit*, le baron d'Holbac, auteur du *Système de la Nature*.

(2) Job, XXXVIII, 19.

DISSERTATION

Sur la pensée de l'homme et sur son expression, à rapporter au chapitre Ier. du livre Ier.

La dissertation suivante, nécessaire pour l'intelligence des premiers chapitres de la première partie de cet ouvrage, ne pouvoit, à cause de sa longueur, entrer dans le texte, ni même l'accompagner ; on a préféré de la rejeter à la fin de l'ouvrage, comme une *pièce justificative* des propositions qui y sont avancées.

J'espère rendre *sensibles* au lecteur, des vérités, ce semble, purement intellectuelles, et le faire convenir qu'ainsi que la *théorie* des principes de la société devient évidente par une *application* continuelle aux faits extérieurs et sensibles de la société, de même la *théorie* des principes de l'être intelligent reçoit un haut degré de certitude des faits extérieurs et sensibles de l'être lui-même, faits qui sont l'*expression* naturelle de ses pensées.

Dans ces deux théories, celle de l'être et

celle de ses rapports en société, consiste toute la métaphysique. Elle est donc une science de *réalités;* et si certains auteurs qui ont traité de l'être, sont vagues et obscurs, et si certains écrivains qui ont traité de ses rapports sont faux et dangereux, c'est que les premiers ont voulu expliquer l'être pensant par l'être pensant, au lieu de l'expliquer par l'être parlant, qui est son *expression* et *son image*, puisque la parole n'est que la pensée rendue extérieure, et que les autres ont voulu expliquer la société par des hypothèses de leur imagination, au lieu d'en chercher les principes dans les faits historiques qui rendent la société extérieure et sensible; car les événemens de la société expriment la nature bonne ou mauvaise de ses lois, comme les actions de l'homme expriment la nature bonne ou mauvaise de sa volonté.

Cette dissertation, toute abrégée qu'elle est, est donc aux principes de l'homme, ce que l'ouvrage qui la précède est aux principes de la société, et peut-être de bons esprits y puiseront-ils quelques idées salutaires, propres à rattacher à un centre commun les opinions flottantes dans le chaos des contradictions et le vague des incertitudes. Ainsi, après une défaite qui a dispersé les combattans, le soldat se rallie autour du premier drapeau qui lui indique un moyen de défense, en lui annonçant un commencement d'ordre et de disposition.

L'homme *parle* de ce qu'il *imagine*, qui fait *image*, qui est l'objet de ses sensations, et qui tombe sous ses sens : il *parle* de ce qu'il *idée* (1), qui ne fait pas *image*, et qui ne tombe pas sous ses *sens*. J'*imagine* ou j'*image* (car c'est le même mot) ma *maison*; j'*idée*, je *conçois*, je *connois* ma *volonté*; j'*imagine* l'effet, j'*idée* la cause.

Le mot *penser*, *pensée*, convient à la fois à l'opération intellectuelle d'*imaginer* et à celle d'*idéer*, puisqu'elle exprime l'attention que l'esprit donne aux *images* et aux *idées* pour en combiner les rapports.

Si l'homme qui *pense* ne peut avoir pour objet de sa pensée que des *images* ou des *idées*, l'homme qui *parle* ne peut *exprimer*

---

(1) Le mot *idéer* me paroît préférable à ceux de *comprendre* et de *concevoir*, parce qu'exprimant une connoissance moins parfaite, il rend avec plus de vérité les opérations de l'intelligence humaine ou *finie*.

que des *images* ou des *idées* : c'est ce qui compose le discours, véritable expression de l'être intelligent, c'est-à-dire, de l'homme qui imagine et qui idée.

Si je faisois un traité *sur l'entendement humain*, je distinguerois les images qui viennent des différentes sensations, ou même les sensations qui ne produisent point d'images au moins *figurables*, telles que les sensations du *goût*, *de l'odorat* et du *tact*, sens de l'homme animal et physique, si on les compare aux sensations figurables de l'ouïe et de la vue, sens de l'homme moral et social : mais cette distinction n'est ici d'aucune utilité.

Je prononce *ville*, *arbre*; je reçois par le sens de l'ouïe la sensation d'un son; j'imagine ou *j'image* un objet, et cette image intérieure est *vraie*, puisque je peux la rendre *réelle* (1)

(1) Les anciens n'avoient pas deux mots qui répondissent aux mots *vrai* et *réel*, sans doute parce qu'ils n'avoient pas les idées qu'ont sur cet objet les peuples chrétiens chez qui la *vérité essentielle s'est réalisée*. Aussi les mots *realis* et *realitas* ne sont pas de la latinité païenne, et n'ont été introduits que par nos théologiens.

et *présente* aux sens par le geste ou le dessin, le dessin qui fixe le geste, comme l'écriture fixe la parole.

Un Allemand a reçu la sensation des mêmes sons, puisqu'il les répète; mais il n'imagine rien à *l'occasion* de ces sons, puisqu'il ne trace par le geste ou le dessin aucune image.

Il prononce à son tour, *stadt*, *baum*. J'ouïs les sons et les mêmes sons, puisque je les répète, mais je n'*imagine* rien; lui il *imagine*, puisqu'il *figure*, par le geste ou le dessin, des villes et des arbres; où je vois clairement que les mots allemands *stadt*, *baum*, et les mots français *ville*, *arbre*, expriment la même *image*.

Donc des sons différens peuvent exprimer une même image.

Je prononce *volonté*, *cause*; je *n'imagine* ni une *cause*, ni une *volonté*, puisque je ne puis exprimer rien de semblable par le geste ou le dessin, qui expriment l'action, et non la volonté, l'effet, et non la cause; cependant *j'idée* quelque chose, puisque j'exprime mon idée, c'est-à-dire, que je parle, que je m'entretiens, que je raisonne enfin avec moi-même ou avec les autres d'après cette idée, et que j'agis d'après ce raisonnement.

Mon Allemand a ouï les mêmes sons; mais il n'*idée* pas, puisqu'il n'exprime aucune idée par aucune parole, ni par aucune action.

A son tour, il prononce *will*, *ursach* (1),

---

(1) Un grand nombre de mots qui désignent cause, origine, source, commencent en allemand par *ur* : *ursach*, *ursprung*, *urquell*, *urbild*, etc., et en latin par *or*: *origo*, *ortus*, *oriri*, c'est le même radical; car les voyelles ne sont rien dans la comparaison des langues. « Les langues, dit très-bien l'auteur du *Mé-* » *canisme des langues*, diffèrent entre elles par les » consonnes, et les dialectes par les voyelles ». Les voyelles ne sont qu'un remplissage qui varie d'une contrée à l'autre, et l'on sait que la langue hébraïque s'écrit avec des points au lieu de voyelles, dont la valeur n'est pas fixée. *Ott*, prononcé à la manière gutturale et forte des peuples du Nord, a fait *gott*, *gut*, qui signifie chez eux l'*Être bon*, ou la Divinité; et cette même racine *ott*, qu'on croit celtique, se retrouve, avec sa signification de *bonté suprême*, dans *ottimus* ou *optimus*, superlatif de *bonus*. Malgré l'esprit de système de quelques étymologistes, et le ridicule jeté sur quelques étymologies, les langues seront regardées comme les archives du genre humain. C'est l'opinion des hommes les plus célèbres.

j'ouïs des sons, mais je *n'idée* rien, absolument rien, puisque je *n'exprime* aucune *idée*. Mon interlocuteur *idée* quelque chose, puisqu'il parle et qu'il agit d'après cette idée, où je vois clairement que *will* et *ursach*, *volonté* et *cause*, expriment une même idée.

Donc des sons différens peuvent exprimer une même idée.

Mais je prononce *cabricias*, ou tout autre mot forgé. Un Allemand, un Espagnol, un Français entendent tous le même son, le répètent ou l'écrivent ; mais ils n'*imaginent* rien, ils n'*idéent* rien, puisqu'ils n'*expriment* rien, c'est-à-dire, qu'ils ne *figurent* aucune *image*, et ne font aucune *action*.

Donc il y a des sons ou des mots qui peuvent n'exprimer ni images, ni idées, qui n'expriment rien.

Il est évident que pour les objets qui font *image*, et qui servent à l'homme physique, l'homme peut se faire entendre de son semblable par le geste au lieu de parole, et par le dessin au lieu d'écriture. On ne trouve donc pas dans l'homme physique ou animal, ni même dans la société purement *physique* des hommes entre eux, la raison de la nécessité du langage, ni par conséquent la raison de son invention.

La faculté d'*imager*, celle d'*idéer*, celle même d'*articuler*, ne sont pas une raison suffisante de l'invention de l'art de parler, puisque les animaux ont des images, ont des idées, selon Condillac, et même des idées abstraites; qu'ils ne sont pas tous privés de la faculté d'articuler, que plusieurs apprennent même à parler nos idées, et que cependant rien ne nous indique qu'ils parlent les leurs, ni même qu'ils aient besoin de parler, parce qu'égaux en instinct, dans chaque espèce, comme en appétits, ils se rencontrent par la réciprocité et la correspondance de leurs mouvemens, sans qu'il leur soit nécessaire de s'entendre par une communication de pensées.

On voit, pour tirer des conclusions-pratiques de tout ce qui a précédé, la raison pour laquelle l'homme enfant et les peuples enfans parlent beaucoup par *images*, c'est-à-dire, par le *geste* et le dessin, ou l'écriture *hiéroglyphique*. C'est qu'ils pensent beaucoup par *images*, qu'ils *imaginent* beaucoup, ont beaucoup d'*imagination*, et s'occupent plus des effets que des causes, du particulier que du général. L'homme plus instruit, et les peuples plus avancés dans la civilisation, s'occupent de *causes* ou d'objets généraux et intellectuels, autant ou plus que d'*effets* ou d'objets particuliers et sensibles; ils pensent beaucoup par *idées*, *idéent* beaucoup, ont beaucoup d'esprit, expriment aussi beaucoup d'idées avec la parole et l'écriture des idées, ou l'écriture vocale, celle des Hébreux, qui est la nôtre. Mais lorsqu'un peuple fait marcher de front les *images* et les *idées*, qu'il cultive à la fois son *imagination* et sa *raison*, il emploie aussi dans son expression ou son discours beaucoup d'*images* ou de *figures*, non des *figures* matérielles, comme celles qui se font avec le geste ou le dessin; mais des *figures idéales* qu'on appelle *oratoires*, celles qui forment le style *figuré* et métaphorique. C'est ce qui fait que la langue française est, dans sa simplicité, la plus métaphorique des langues, et que le peuple qui la parle, malgré la modestie de son élocution simple et sans geste, est, dans son expression, le plus *figuré* de tous les peuples.

Ainsi, un enfant a des *images* avant d'avoir des *idées*; ainsi un peuple cultive son *imagination* avant de développer sa raison; ainsi, dans l'Univers même, la société des *figures* ou des *images*, le judaïsme, a précédé la société des idées, ou le christianisme, qui adore l'Être suprême en *esprit* et en *vérité*.

On voit donc, en comparant ensemble l'expression naturelle des images et l'expression naturelle des idées, que le geste est la *parole* de l'imagination, et que le dessin en est l'*écriture*. Et de là vient que les progrès des arts d'imitation prouvent bien moins chez un peuple ou dans un homme, l'étendue de l'esprit que la vivacité de l'imagination.

La correspondance nécessaire des idées aux mots, et des mots aux idées, raison de toute communication de pensées par la parole, entre des êtres qui pensent et qui parlent, devient évidente par la méthode usitée dans l'enseignement d'une langue étrangère.

Un enfant qui fait un *thème* a des idées

dont il cherche les mots, et celui qui fait une *version* a des mots dont il cherche les idées. Le premier va de l'idée connue au mot inconnu; le second, du mot connu ou du son, à l'idée inconnue. Ainsi, l'enfant qui trouve dans son thème le mot *ravager*, a une idée; et le dictionnaire *français-latin* qu'il consulte, lui indique le mot *populari* pour le mot cherché. Celui qui, dans sa *version*, trouve le mot *parere*, a un mot sans idée, ou plutôt un son; et le dictionnaire *latin-français* lui donne *obéir* pour l'idée qu'il cherchoit, et qui correspond à ce son; en sorte que le dictionnaire est pour l'un un recueil d'idées, et pour l'autre un recueil de mots. Ce double exercice est également utile à l'acquisition des mots et au développement des idées, motif pour lequel il étoit pratiqué dans l'ancien système d'éducation, et ne peut être remplacé par aucun autre. L'enfant qui annonce le plus d'esprit, c'est-à-dire, de facilité à développer ses idées et à en saisir les rapports, doit donc réussir dans la *version* mieux que dans le *thème*; et c'est aussi ce qui arrive presque toujours.

Mais le mot a-t-il produit la pensée dont

il est l'expression? Non assurément, 1°. par la raison que tout objet est nécessairement antérieur à son image; 2°. parce que si le mot produisoit l'idée, on ne pourroit expliquer pourquoi certains sons n'exprimeroient ou ne produiroient aucune pensée; car, dans cette hypothèse, le mot étant l'unique raison de la pensée, une pensée devroit correspondre à chaque combinaison de son; 3°. parce qu'il suffiroit d'*ouïr* une langue pour l'entendre.

La raison qui fait que les mots *volonté* et *maison* réveillent en moi une pensée (idée ou image) est que volonté *est* et que maison *existe*; et la raison qui fait que le mot *cabricias* ne réveille aucune pensée (ni idée, ni image) est que *cabricias* n'*est* point et n'*existe* point, et n'*est* ni intellectuellement, ni physiquement.

Ainsi, si je n'avois vu aucune *maison*, et que je ne susse pas ce que c'est que *volonté*, je ne m'entendrois pas moi-même lorsque je prononce *volonté*, *maison*; et ceux à qui j'adresserois ces mots ne m'entendroient pas davantage, s'ils n'avoient vu préalablement le même objet, et acquis la même connoissance.

Donc, toutes les fois qu'un homme parle à d'autres hommes, et qu'il est entendu d'eux, il trouve nécessairement dans leur esprit des *idées* d'être ou des *images* d'existence revêtues des mêmes sons que ceux qu'il leur fait entendre, et l'on peut défier tous les philosophes ensemble de faire comprendre des sons qui expriment directement et autrement que par une *négation*, ce qui n'*est* pas et ce qui n'*existe* pas, et de parler à un être intelligent de quelque objet dont il n'ait aucune pensée, de manière à en être compris.

Des exemples mettront ces propositions à la portée de tous les esprits, mais il faut s'arrêter encore sur cette correspondance nécessaire des mots et des pensées.

La pensée, avons-nous dit, précède le mot : de là vient qu'on dit *attacher* une idée, un sens à une expression ; et lorsqu'on ne peut *attacher* d'idée au mot, il ne vaut que comme son, et ne sert point au discours, semblable à ces monnoies étrangères ou décriées qui ne sont pas reçues dans le commerce, et ne valent que par le poids.

Mais, si nous ne pouvons *parler* sans *penser*, c'est-à-dire, sans attacher une idée à nos paroles, ni être entendu des autres sans qu'ils attachent les mêmes pensées aux mots que nous leur adressons, nous ne pouvons *penser* sans *parler* en nous-mêmes, c'est-à-dire, sans attacher des *paroles* à nos pensées, vérité fondamentale de l'être social, que j'ai rendue d'une manière abrégée lorsque j'ai dit: *Que l'être intelligent pensoit sa parole avant de parler sa pensée.*

Ainsi penser, c'est parler à soi, comme parler, c'est penser pour les autres, penser tout haut; et de là vient qu'on dit *s'entretenir avec soi-même, s'entendre soi-même*; comme on dit, *s'entretenir avec les autres, être entendu d'eux.*

Parler une langue étrangère est donc *traduire*, puisque c'est parler avec certains mots ou termes, ce qu'on pense sous d'autres mots ou termes, qui cependant sont les uns et les autres une seule expression d'une même idée; de là, l'impossibilité de parler une langue étrangère aussi couramment que sa langue maternelle, jusqu'à ce qu'on ait acquis, par l'habitude, la faculté de penser sous les mêmes termes que ceux avec lesquels on exprime sa pensée.

Il faut donc des mots pour penser, comme il en faut pour parler; et J.-J. Rousseau en convient, et distingue nettement les objets qui font image, et peuvent s'exprimer par le geste, de ceux qui font *idée*, et ne s'expriment que par la parole, lorsqu'il dit: « Ce sont là des idées qui ne peuvent s'in- » troduire dans l'esprit qu'à l'aide des mots, » et l'entendement ne les saisit que par des » propositions; car sitôt que *l'imagination* » *s'arrête, l'esprit ne marche plus qu'à* » *l'aide du discours* ».

Mais s'il faut des mots pour penser ce que l'on exprime avec des mots, il est donc impossible, d'une impossibilité physique et métaphysique, que l'homme ait inventé la parole, puisque l'invention suppose la pensée, et que la pensée suppose la *concomitance nécessaire* de la parole; et c'est ce qui fait dire à J.-J. Rousseau, discutant le roman de Condillac, sur l'invention de l'art de parler, qui n'est pas même ingénieux: « Convaincu de l'impossibilité *presque* dé- » montrée que les langues aient pu naître

» et

» et s'établir par des moyens purement hu-
» mains, je laisse à qui voudra l'entrepren-
» dre la discussion de ce difficile problème »...
Et il conclut en disant : « La parole me pa-
» roît avoir été fort nécessaire pour inventer
» la parole ». *Disc. sur l'inégalité.*

La facilité de penser, ou l'esprit, est donc la facilité d'attacher des pensées aux mots ; et la facilité de parler est la facilité d'attacher des mots aux pensées ; qualités dont la dernière tient plus que l'autre à l'homme physique, et à la flexibilité de ses organes, et c'est ce qui fait qu'elle est plus commune.

Cette correspondance naturelle et nécessaire des pensées et des mots qui les expriment, et cette *nécessité* de la parole pour rendre présentes à l'esprit ses propres pensées, et les pensées des autres, peuvent être rendues sensibles par une comparaison, ou plutôt par une similitude telle, que je ne pense pas qu'il en existe une plus parfaite entre deux objets, et dont l'extrême exactitude prouveroit toute seule une analogie parfaite entre les lois de notre être intelligent et celles de notre être physique.

Si je suis dans un lieu obscur, je n'ai pas la vision oculaire, ou la connoissance par la vue de l'existence des corps qui sont près de moi, pas même de mon propre corps; et sous ce rapport, ces êtres sont à mon égard comme s'ils n'étoient pas. Mais si la lumière vient tout à coup à paroître, tous les objets en reçoivent une couleur relative, pour chacun, à la contexture particulière de sa surface; chaque corps se produit à mes yeux, je les vois tous; et je juge les rapports de forme, d'étendue, de distance que ces corps ont entre eux et avec le mien.

Notre entendement est ce lieu obscur où nous n'apercevons aucune idée, pas même celle de notre propre intelligence, jusqu'à ce que la parole, pénétrant par le sens de l'ouïe ou de la vue, porte la lumière dans les ténèbres, et appelle, pour ainsi dire, chaque idée, qui répond, comme les étoiles dans Job, *me voilà.* Alors seulement nos idées sont *exprimées;* nous avons la conscience ou la connoissance de nos pensées, et nous pouvons la donner aux autres; alors seulement nous nous idéons nous-mêmes, nous idéons les autres êtres, et les rapports qu'ils ont entre eux et avec nous ; et de même que l'œil distingue chaque corps à sa couleur, l'esprit distingue chaque idée à son expression, et fait distinguer aux autres leurs propres idées, en leur en communiquant l'expression. L'idée ainsi *marquée*, pour ainsi dire, a cours dans le *commerce* des esprits entre eux, je veux dire dans le discours où elle ne pourroit être reçue sans cette empreinte. C'est la vérité de cette analogie de la pensée à la vision corporelle, qui a produit chez tous les peuples ces locutions familières par lesquelles ils expriment les qualités naturelles ou acquises de l'esprit : *être éclairé*, *avoir des lumières*, *s'énoncer avec clarté*, etc. Et le mot *vision* lui-même s'applique à certains états de l'esprit, puisqu'on dit une *vision* mentale, comme l'on dit la *vision* oculaire ou corporelle.

Ainsi les Sourds-Muets pensent, mais seulement par *images*, et n'expriment aussi que des *images* par le geste ou le dessin ; ce qui fait qu'on ne peut les instruire que par le geste ou le dessin. Le mot même qu'on leur fait entrer par les yeux, comme aux autres par les oreilles, n'est pas pour eux une expression comme *son*, mais une expression comme *image* ou *figure*; et ce n'est pas non plus par la parole, mais par le *geste* ou l'action, qu'ils expriment le sens qu'ils y attachent.

Les bêtes, sans doute, ont des images, puisqu'elles ont des sensations, sensations bornées à leur état purement physique, et qu'elles n'expriment pas par des *gestes*, qui sont des actions délibérées, mais à l'occasion desquelles elles font des mouvemens, suite nécessaire de leur organisation et de leurs rapports avec les objets matériels. Elles ont des *images*, puisqu'il en résulte un mouvement correspondant à l'image *présente* par l'impression actuelle ou l'impression conservée, comme de courir après leur proie quand elles la voient, ou de la chercher quand elles ne la voient pas; mais elles n'ont point d'idées, puisqu'elles n'ont pas l'expression de l'idée ou la parole: elles n'ont pas de volonté *libre*, puisqu'elles n'ont pas l'expression de la *volonté libre*, ou l'*action spontanée*, et par conséquent variée; et comme elles n'ont qu'un *instinct* ou volonté forcée (si l'on peut allier ces deux mots), elles n'ont que l'expression de l'instinct, ou l'action invariable, uniforme et inévitablement déterminée (1).

La brute est donc un être *organisé* de manière à se mouvoir à l'occasion d'images présentes à son cerveau ou ailleurs, et l'homme est un être constitué de manière à se mouvoir, lorsqu'il pense, et à *agir*, parce qu'il *veut*.

Dans les écoles modernes de physiologie et d'anatomie, on enseigne publiquement et textuellement, *que les seuls caractères qui distinguent d'une manière absolue* l'homme de la brute, *sont la station bipède et directe, et l'angle facial*. La station bipède paroît renouvelée des Grecs, de qui nous avons déjà depuis dix ans renouvelé tant de choses, puisqu'un de leurs sages définissoit l'homme *un animal* à deux pieds, *sans plumes*; mais

(1) Le P. Gerdil dit que l'opinion qui fait des bêtes de pures machines, est peut-être un peu trop philosophique, et que celle qui leur suppose un principe distingué de la matière, quoique d'un ordre inférieur à l'âme humaine, ne l'est pas assez. Ce savant estimable est aujourd'hui cardinal.

l'*angle facial* est une sottise moderne, dont nous dirons un mot ailleurs.

J'ai avancé que l'esprit humain ne peut idéer ce qui n'est pas, comme il ne peut imaginer ce qui n'existe pas, et je commence par l'imagination, faculté de l'esprit plus dépendante des sens, et qui, pour cette raison, se développe la première dans l'homme comme chez un peuple. Je dois prouver cette assertion par quelques exemples.

Si une nourrice imprudente veut effrayer son enfant de l'apparition de quelque monstre hideux, de quelque *chimère* horrible, ou lui promettre, pour l'appaiser, qu'il viendra *une belle dame toute blanche* qui lui portera de beaux habits, que fait-elle, et que peut-elle faire autre chose, que de rassembler des parties d'homme, d'animal, de végétal, etc., parties réellement existantes en divers sujets de la nature physique, mais entre lesquelles cette femme suppose un rapport qui n'existe que dans son imagination et dans celle de l'enfant? Car jamais l'enfant ne comprendroit sa nourrice, et ne céderoit à la frayeur ou à l'espoir, s'il n'imaginoit, et par conséquent s'il n'avoit vu auparavant ou connu toutes les parties d'homme ou d'animal dont cette femme veut lui persuader le bizarre assemblage. Mais ce monstre existe ou en détail et séparément dans la nature, ou *intégralement* dans l'imagination, et l'image qui y est tracée est vraie, puisqu'elle peut être réalisée au dehors, et *figurée* par le dessin; et s'il n'avoit aucune existence, je le demande, de quel moyen compréhensible la nourrice pourroit-elle se servir pour en parler à son enfant?

Quand Epicure, pour expliquer à de grands enfans la formation de l'Univers, leur dit que des atomes crochus se mouvant en tout sens dans l'espace, avoient par leur concours fortuit formé tout ce qui existe, il n'inventa ni les corpuscules, ni les crochets, ni le mouvement, ni l'espace, ni l'Univers; mais il supposa seulement au dehors un rapport entre ces divers objets, un rapport qui n'existe que dans l'imagination, qui se *figure* aisément des *atomes* circulant, s'accrochant et s'agglomérant pour former des corps, mais qui ne peut exister pour la raison, parce que la raison, *seul juge des rapports*, en démontre la contradiction. Mais que le système de ce Grec fût absurde ou raisonnable, il n'eût parlé à ses auditeurs qu'un langage absolument inintelligible, si tous les élémens qui composent ce système n'eussent été imaginables et connus.

Prenons un exemple dans un sujet moins physique, pour arriver ainsi peu à peu jusqu'à l'objet le plus intellectuel.

Lorsque je parle de l'*hypoténuse* à un enfant qui a quelque teinture de géométrie élémentaire, mais qui ne connoît pas cette propriété du triangle rectangle, il ne m'entend pas, et ce son ne produit en lui aucune pensée. Mais si je décompose les divers rapports qui forment cette idée, que je lui parle de lignes, de perpendiculaire, d'angle, de triangle, de quarré, etc., il me comprend, parce qu'à chacun de ces mots il attache l'idée correspondante ; et réunissant toutes ces idées dans un jugement, il en conclut la démonstration demandée. Mais comme de toutes ces idées il a fait un jugement, de tous les mots qui les expriment il cherche à faire un mot, et celui de quarré de l'*hypoténuse*, emprunté du grec, et étendu, remplace tous ces mots : *Quarré fait sur la base d'un triangle rectangle, et qui est égal à la somme des quarrés faits sur les deux autres côtés.*

Appliquons tout ce qui a précédé à la croyance de l'existence de Dieu. Je vois dans toutes les sociétés une *action* générale ou sociale appelée *culte*, envers un être regardé comme la *cause* universelle, et j'en conclus que l'idée de cet être est dans toutes les sociétés; car si je ne pouvois pas conclure de l'*action* à l'*idée* qui la dirige, et qu'on appelle *volonté* lorsqu'on la considère dans son rapport avec l'*action*, toute société seroit impossible, et l'homme lui-même ne seroit pas, puisque l'homme et la société ne sont que le rapport d'une *volonté* à une *action*, et d'une âme à un corps. « C'est, » dit l'athée, un législateur qui, pour asser- » vir les peuples, a été prendre dans le ciel » et hors de l'homme, une force qu'il ne » trouvoit pas dans l'homme et sur la terre, » et a persuadé aux peuples l'existence de cet » être, qu'ils ont appelé chacun dans leur » langue d'un mot correspondant à celui de » *Dieu*, invention dont le souvenir, trans- » mis d'âge en âge, a produit notre théisme ».

On pourroit demander à l'athée où cet orateur apprit à parler ; et par cette seule considération on remonteroit jusqu'à la *nécessité* d'un être autre que l'homme, de qui l'homme a reçu l'art de parler, comme il a reçu l'existence, c'est-à-dire, de qui il a reçu *l'être* et *l'avoir*. Mais laissons au raisonnement plus de latitude, pour mieux convaincre la raison.

Ce législateur apprit donc aux hommes *qu'il existe un Dieu;* et obligé de leur expliquer la signification de ces mots, il développa, dans ses divers rapports ou conséquences, l'idée qu'il vouloit leur en donner, et leur dit, dans la langue qu'ils entendoient, que cet être qui s'appeloit *Dieu*, est *un être bon* et *puissant* plus *que l'homme*, *qui avoit fait tout ce qu'ils voyoient, qu'il falloit l'aimer, puisqu'il étoit bon, et qu'il avoit fait l'homme pour lui et l'Univers pour l'homme; qu'il falloit le craindre, parce qu'il étoit puissant, et qu'il pouvoit détruire l'homme et l'Univers; qu'il récompensoit les hommes bons, et punissoit les hommes méchans*, etc. Car c'est là le fond des croyances religieuses de tous les peuples. Leurs législateurs n'ont pu leur rien dire de plus intelligible; et certes nous avons connu des *législateurs* moins clairs dans leurs raisonnemens, et surtout moins heureux dans leurs inventions.

Mais il eût été entièrement égal de tenir aux hommes le discours qu'on vient de lire, ou de leur débiter, comme des bouffons de comédie, des mots forgés à plaisir, si les auditeurs n'eussent eu dans l'esprit, antérieurement aux paroles de l'orateur, les idées d'*être*, de *bonté*, de *puissance*, de *comparaison*, de *relation*, de *temps*, d'*action universelle*, de *devoir*, d'*amour* et de *crainte*, de *bien* et de *mal*, d'*action sociale*, de *châtiment* et de *récompense*, qui composent le discours qu'il leur tenoit; idées qu'ils attachoient dans le même ordre à chacun de ces mots, à mesure qu'ils étoient prononcés, *être*, *bon*, *puissant*, *plus que*, *qui*, *a*, *tout fait*, *il falloit*, *aimer*, *craindre*, *récompense les bons*, *punit les méchans*, etc. Sans ces idées, nécessairement antérieures aux mots, puisque les mots n'en sont que l'expression, l'orateur n'auroit produit sur ses auditeurs d'autre effet que celui que produiroit sur le peuple de Paris un *Talapoin* qui viendroit le prêcher dans la langue des *Mantcheoux;* et bien loin que de ce discours il eût résulté quelque changement dans les volontés des hommes en société, et une meilleure direction de leurs actions, ils n'auroient pas même conservé l'impression des sons qu'ils auroient entendus, et ne se seroient rappelé cet orateur que comme on se rappelle un fou ou un bouffon.

Ainsi, à quelque époque que l'on remonte dans la vie de l'homme, et dans l'âge des sociétés, ces mêmes mots, *être bon et puissant, qui a tout fait, qui récompense le bien et punit le mal*, n'entreroient jamais dans la pensée des hommes pour prendre place dans leur discours, ne correspondroient à aucune pensée, et ne produiroient aucune action, si ces mots ne trouvoient dans leur esprit des pensées correspondantes, qui n'attendoient pour se produire à l'esprit que l'expression qui vînt les distinguer, comme une pièce d'or attend dans l'atelier l'empreinte qui doit désigner sa valeur et lui donner cours, ou encore mieux, comme le corps attend dans le lieu obscur la lumière qui doit le colorer et le produire.

Cette idée d'*être*, plus ou moins développée dans ces rapports de bonté, de puissance, de volonté, d'action (car tous ces rapports découlent de l'idée d'être), n'est autre chose que l'idée de la Divinité : idée peu développée et incomplète, si, par exemple, le rapport de la *pluralité* des attributs se développe sans celui de l'*unité* d'essence, ce qui a produit le polythéisme (1); incomplète, si le rapport de *puissance* se développe sans celui de *bonté*, ce qui a produit la croyance des divinités malfaisantes adorées chez certains peuples ; incomplète, si le rapport de *volonté* créatrice se développe sans celui d'*action* conservatrice, ce qui produit le déisme asiatique ou européen, c'est-à-dire, l'*islamisme* et le *philosophisme*, qui tous les deux croient au Dieu

(1) Le polythéisme paroît n'avoir été qu'une idée confuse de la *pluralité* des personnes divines, ou bien des attributs divins. L'*unité* dans la *pluralité* semble exprimée dans cette locution étonnante, qui commence la *Genèse* : « Les dieux (*Elohim*) créa » ; et M. Bossuet « la trouve encore dans le mot Faisons l'homme ».

créateur ou souverain, et rejettent le Dieu conservateur ou réparateur, puisqu'ils obéissent à des lois, ou suivent des opinions qui leur ont été données par des hommes.

Mais l'idée générale, primitive, l'idée sociale ou fondamentale de la Divinité, fait toujours le fond de toutes les croyances particulières, et elle se retrouve, cette idée, au sein de ce paganisme absurde qui prostituoit l'adoration à des corps célestes ou terrestres, ou dans ces opinions vagues et foibles qui font de la Divinité une vaine théorie sans application à l'homme ni à la société, comme dans la religion chrétienne, véritable société constituée, qui adore l'Être suprême *en esprit et en vérité*, et qui développe à la fois tous les rapports de l'intelligence infinie avec l'ordre de l'Univers et les lois de la société.

Cette idée générale d'*être* et de ses rapports, est sans doute la première qui luit à la raison de l'homme naissant, et qui *éclaire tout homme venant en ce monde*, lorsque la parole qui l'exprime vient porter la lumière dans le *lieu obscur*, et je soutiens que l'enfant, oui l'enfant, qui bégaie *je suis sage*, a une idée aussi vraie *du moi, de l'être et de bonté*, et d'un rapport avec le *pouvoir*, que le philosophe lui-même; et la preuve en est évidente, puisqu'ils *expriment* l'un et l'autre leur pensée par la même *action*, et que l'enfant demande à son père, seul pouvoir qu'il connoisse encore, le prix qu'il a promis à sa sagesse, comme le philosophe s'humiliant devant l'Être suprême, pouvoir universel du genre humain, lui demande la récompense réservée aux efforts que l'homme fait pour la mériter.

L'enfant, à mesure qu'il cultivera sa raison, ne fera que développer cette idée sans prendre une *autre* idée d'être et de bonté : il la « développera, parce que toutes les vérités » morales sont enveloppées les unes dans les » autres »; et de même que le forgeron et l'horloger tirent de la même matière, l'un l'essieu d'un char, l'autre les rouages d'une horloge, l'enfant et l'homme instruit puisent dans la même idée, l'un le petit nombre de rapports dont la connoissance suffit à ses premiers besoins, l'autre la théorie entière des devoirs de l'homme et des lois de la société.

La facilité avec laquelle les sauvages sont convertis à la religion chrétienne, vient uniquement de ce qu'elle est la plus naturelle de toutes les religions, c'est-à-dire, celle qui développe les rapports les plus naturels des êtres entre eux dans la société ; car il est bien plus *naturel* à l'homme d'avoir une femme que d'en avoir *plusieurs ;* d'adorer *un* Dieu que d'en adorer *plusieurs* (1) ; d'être civilisé enfin, que d'être sauvage : et l'on peut dire en général que tout ce qu'elle *prescrit* de plus sévère, est ce qu'il y a de plus naturel. Et qu'on ne dise pas que cette adhésion des sauvages aux vérités sociales n'est ni motivée, ni éclairée ; car, je le demande, quelle *expression* plus forte d'une *pensée* distincte, d'une conviction profonde que la civilisation, la plus importante, la plus générale de toutes les *actions* sociales, l'action sociale par excellence, la civilisation, qu'on peut définir l'*application des lois générales de l'ordre à la société humaine ?* Les peuples du Paraguay

(1) *Sed tunc quidem ignorantes* Deum ; *iis qui* naturâ non sunt Dii *serviebatis*. Ep. ad Galat.

se sont civilisés en devenant chrétiens, et ils sont devenus chrétiens en se civilisant ; et ils étoient à l'opposite de la civilisation, ces peuples dont les faits exagérés sont le premier aliment de notre curiosité, et l'éternel objet d'une admiration puérile ; ces peuples de sophistes et de statuaires, qui, *cherchant la sagesse* (1) hors des voies de la nature, ont voulu faire à force d'art, la société qui doit être l'ouvrage de la nature ; peuples insensés qui opprimèrent, qui corrompirent avec leur législation purement humaine l'homme que protègent, que perfectionnent les lois naturelles des sociétés !

Je croirai, si l'on veut, que l'imagination, plus mobile chez les enfans et les peuples naissans, vient mêler ses images fantastiques aux idées pures de l'intelligence. Qu'importe après tout aux conceptions de la raison cet *anthropomorphisme* involontaire, cette illusion de nos sens dont l'homme même le plus sévèrement méditatif ne sauroit entièrement se défendre, et auquel la religion chrétienne, plus *humaine* que le philoso-

(1) *Græci sapientiam quærunt.* S. Paul.

phisme, se prête elle-même, lorsqu'elle nous enseigne un Dieu-homme, et lorsqu'elle nous permet de la figurer? Le sauvage qui se *figure* peut-être la Divinité sous les traits du vieillard vénérable qui la lui a annoncée, ne l'appelle pas moins le *grand esprit*, et ce qui est bien autrement décisif, n'en renonce pas moins à sa barbarie héréditaire et nationale, et prouve assez l'idée qu'il se forme de la sagesse et de la puissance de l'être qu'on lui révèle, en en prenant les leçons pour loi de ses volontés, et les exemples pour loi de ses actions.

« Les sauvages, dit Condorcet, sont dis-
» tingués seulement des animaux par quel-
» ques idées morales plus étendues, et un
» foible commencement d'ordre social ». *Ces idées morales, ce commencement d'ordre social*, sont des traces à demi-effacées des lois primitives des sociétés, et des semences de christianisme et de civilisation moins altérées par une ignorance héréditaire, qu'elles ne le furent chez les peuples les plus polis du paganisme par ces législateurs si vantés. *Ces idées morales*, germes précieux des vérités morales ou sociales, l'ins-

truction vient les *développer*, « parce que » toutes les vérités morales sont *enveloppées* » les unes dans les autres », et les conduire à une heureuse maturité. L'expression *seulement* dont Condorcet se sert en parlant de la distinction que mettent entre l'homme sauvage et la brute des *idées morales et un commencement d'ordre social*, est bien peu philosophique ; car la distinction des *idées morales* et de l'*ordre social*, est la distinction du néant à l'être, même pour si peu *étendues* que soient ces *idées morales*, et pour si *foible* que soit ce *commencement d'ordre social* ; et certes il est aussi absurde de remarquer qu'un peuple naissant à la société n'a qu'un *foible commencement d'ordre social*, qu'il le seroit d'observer qu'un enfant qui commence ses études n'a pas encore fait toutes ses classes.

Quant aux idées morales plus étendues chez le sauvage que chez la brute, on juge que l'homme le plus sauvage a quelques *idées morales*, parce qu'il fait quelques *actions morales* ; mais où est la *moralité* des mouvemens de la brute pour pouvoir en inférer quelque *moralité* dans ses idées ?

Au reste, on doit savoir gré à Condorcet d'assigner pour différence entre l'homme en état sauvage et la brute, *quelques idées morales et un commencement d'ordre social*, lorsque les physiologistes modernes enseignent dans leurs cours, les seuls qui soient suivis aujourd'hui, que l'*unique caractère qui distingue d'une manière absolue l'homme de l'animal, est la station bipède directe et l'ouverture de l'angle facial*. Il faut apprendre au grand nombre de nos lecteurs, que deux lignes, dont l'une tombe du front, l'autre venant de l'*occiput*, passe par l'extrémité inférieure de l'oreille, forment par leur rencontre à la lèvre supérieure un angle appelé *angle facial*, dont le plus ou le moins d'*acuité* sert à mesurer les divers degrés d'intelligence entre les êtres, depuis un être huître, jusqu'à un être (1)

(1) Le cerveau est l'organe, le moyen ou le ministre de la pensée, parce qu'il en reçoit l'expression, et cette vérité paroît à découvert dans les locutions familières de toutes les langues. Mais par quelle partie du cerveau, et comment s'exerce ce ministère, c'est ce qu'on ignore, puisque de fortes lésions au cerveau

homme. Car, entre ces diverses espèces il n'y a que du plus et du moins ; en sorte qu'on peut mesurer géométriquement l'étendue de l'esprit, comme on mesure l'élévation du pôle. Ces facéties, débitées gravement et en beaux termes, pour l'instruction, ou plutôt pour l'amusement d'une jeunesse sans connoissances, et dans l'âge des passions, ne font pas même des médecins, et l'art de guérir périra, comme l'art de vivre ou la morale, étouffé par ces rêveries soi-disant métaphysiques de gens qui croient que disséquer un cadavre c'est étudier l'homme, et qu'ils connoissent l'ensemble, parce qu'ils nomment des parties. « L'homme, dit la divine sa-
» gesse, n'a pas compris la dignité à laquelle
» il a été élevé, et en se comparant aux ani-

n'ont pas empêché la faculté de penser. Ch. Bonnet, fondé sur ces paroles de l'apôtre, *Surget corpus spiritale*, a cru que, même dans une autre vie, l'âme humaine ne seroit pas entièrement privée d'organe. — Leibnitz paroît incliner à la même idée. Nos physiologistes veulent que le cerveau digère les sensations pour en faire la pensée, comme l'estomac digère les alimens et en fait le chyle.

» maux sans raison, il est devenu semblable » à eux (1) ».

Mais si l'homme n'invente pas les êtres, que fait-il lorsqu'il se trompe? Il les déplace, et en intervertit les rapports. Ainsi, la nourrice qui suppose un monstre pour effrayer son enfant, Epicure qui supposoit que les corpuscules avoient formé l'Univers, celui qui suppose qu'Orléans est à cent lieues de Paris, n'invente rien, comme je l'ai dit, et ne fait que *déplacer* des objets qui existent, et intervertir les rapports qu'ils ont entre eux; et celui même qui supposeroit à dix lieues de Paris une ville qui n'y seroit pas, que feroit-il autre chose que de placer dans un lieu une chose qui est dans mille autres lieux ?

Il en est des êtres moraux de même que pour les êtres physiques. Ainsi, quand je dis, que le *peuple est pouvoir suprême*, je n'invente ni le *peuple*, ni le *pouvoir*, et je ne fais que les déplacer, et intervertir les rapports qu'ils ont entre eux.

---

(1) *Homo, cùm in honore esset, non intellexit; comparatus est jumentis insipientibus, et factus est similis illis.* Psal.

Et remarquez ici que non-seulement l'homme qui affirme la Divinité ne l'invente pas, mais que l'homme même qui la méconnoît ne la nie pas, et ne fait que la déplacer pour lui substituer un autre être.

En effet, comme l'intelligence infinie est cause du monde physique, et cause du monde moral ou social, deux rapports généraux d'où dérivent les rapports particuliers des hommes avec la Divinité, l'athée qui, subjugué par la présence de l'effet, avoue, à son propre insçu, la nécessité de la cause, suppose la matière comme *cause* du monde physique, et l'homme comme *cause* du monde social. C'est ce que veulent dire ces deux axiomes : *La matière est éternelle, et le peuple est le pouvoir souverain.* Car si la matière est éternelle, elle est cause d'elle-même, et n'a pas reçu l'être d'autre que d'elle-même ; et si le peuple est pouvoir, il est cause de lui-même, puisqu'il ne peut exister de peuple sans un *pouvoir* qui le conserve. Mais la matière ne nous est connue que comme une *succession* de formes *ordonnées* pour une *fin* de reproduction, et la société comme une *disposition* d'hommes *ordonnés* pour une *fin* de conservation. *Disposition* et *ordonnance* vers une fin est une *action*, et une action suppose une *volonté*, comme un effet suppose une *cause*. Aussi les mathématiques (1) démontrent l'impossibilité d'une succession *infinie* ou éternelle de formes matérielles, et l'histoire établit avec la même évidence l'impossibilité de la souveraineté du peuple; et c'est avec raison qu'on bannit aujourd'hui de la géométrie le terme d'*infini*, et qu'on effacera bientôt des titres des peuples celui de *souverain*.

Et remarquez que l'on peut dire que la matière est étendue, solide, impénétrable, etc., parce que nous pouvons affirmer du collectif ce que nous affirmons du partiel, et qu'il n'y a aucune partie de matière qui ne soit étendue, solide, impénétrable, etc. Mais nous ne pouvons affirmer que la matière soit éternelle, parce que nous ne voyons aucune par-

---

(1) Essai d'une démonstration mathématique *contre l'existence éternelle de la matière et du mouvement, déduite de l'impossibilité démontrée d'une suite actuellement infinie de termes, soit permanens, soit successifs*. A Paris, 1760. Par le P. Gerdil.

tie de matière qui soit éternelle, même quand nous supposerions qu'une fois formée, elle ne sera pas détruite, opinion que la religion elle-même ne défend pas à la philosophie; car nous ne pouvons affirmer de la matière que des qualités qui tombent sous nos sens, et des esprits, que des qualités qui ne tombent pas sous nos sens, et l'éternité n'est pas une modification, une manière d'être, ou qualité de la matière, qui n'est pour nous que continuité et contiguité, succession en un mot, et l'éternité n'en admet point. De même nous pouvons affirmer du peuple qu'il est sujet, puisque nous le voyons composé de sujets, et qu'il est même impossible qu'il exerce en corps la souveraineté, puisqu'il faut parler et agir pour être souverain, et qu'un peuple en corps ne pourroit physiquement parler et se faire entendre, et ne peut agir sans tout renverser. On dira que le peuple assemblé s'exprime par un organe ou le ministère d'un orateur; mais un organe doit être inspiré par celui qu'il représente; au lieu que dans ce cas, c'est l'organe qui inspire lui-même son mandataire, lui insinue ses desseins, que le peuple prend pour ses propres volontés, et de là tous les désordres des Etats populaires, et les extravagances de leurs résolutions. Or, une souveraineté qui ne peut parler et agir que par inspiration, n'est point une souveraineté, mais une obéissance déguisée ; en un mot, la matière est succession, continuité, contiguité, commencement par conséquent, et l'éternité exclut toute idée de commencement et de succession; la souveraineté doit être indépendante, et l'idée de peuple, surtout assemblé, entraîne avec soi l'idée de dépendance, et exclut toute idée de volonté et d'action libre de toute inspiration précédente. Donc, etc.

Je sais qu'on oppose des *arguties* aux principes, comme on jette des pierres contre une montagne; mais elles ne peuvent ébranler que ceux qui prennent tout syllogisme pour une objection.

Les partisans de *l'éternité de la matière* et de *la souveraineté du peuple* sont des hommes à *imagination*, qui ne se *figurent* dans l'Univers que des *images* de mers, de terres, de volcans, d'astres, de feu, d'air, de végétaux, d'animaux, et dans la société que des images d'assemblées, d'orateurs, de législateurs, de députés, etc., foibles esprits qui ne peuvent penser que des *images*, qui ne penseroient plus, si ces représentations intérieures leur manquoient; incapables, sans doute, de s'élever jusqu'aux idées générales, qui ne s'expriment que par la parole, et de voir dans la Divinité, *région éternelle des essences*, comme l'appelle Leibnitz, une *volonté* générale, infinie, toute-puissante, qui, agissant par les lois générales de l'ordre physique, produit cette *action* universelle qu'on appelle *Univers*, et agissant par les lois générales de l'ordre moral, produit cette action générale qu'on appelle *société*.

On peut donc conclure que l'erreur est *imaginable*, mais qu'elle n'est pas *idéable* ou compréhensible. « Le faux, dit Malebranche, est incompréhensible ». Et j'ai toujours admiré le bon sens de ce roi de l'Inde dont parle Voltaire, qui ne put jamais comprendre ce qu'un Hollandais lui racontoit du gouvernement démocratique de son pays, tout aussi étonné que nous le serions, si l'on nous parloit de quelque contrée éloignée où les familles sont produites par les enfans.

Et pour mettre dans un plus grand jour cette présence des idées générales à notre esprit, présence qu'éveillent en nous les idées particulières dont nos sens nous transmettent l'expression, l'image d'un cheval, par exemple, ne me présente rien de général ou de nécessaire, ni dans son existence, ni même dans son organisation, ni dans son être, ni dans ses manières d'être, puisque le cheval peut ne pas exister, qu'il n'existe pas partout, et qu'en le considérant comme destiné à porter et à traîner, tout autre animal, et l'homme lui-même en est un exemple, peut remplir la même destination avec une organisation différente. Il n'y a donc point de cheval en général ou nécessaire, il y a des chevaux, image collective dont je forme l'idée abstraite d'une espèce particulière d'animal. Mais lorsqu'on me démontre pour la première fois la propriété du cercle, et l'on peut en dire autant de toute autre figure, mon esprit découvre au delà de ce cercle linéaire dont les yeux lui transmettent l'image, un cercle en général partout le même, nécessaire par conséquent, et qui seroit en soi, même quand il n'existeroit au dehors aucun cercle. Bien mieux ; les propriétés de ce cercle général, mes sens ne m'en donnent qu'une idée très-imparfaite, ou même m'en donneroient plutôt une notion tout opposée : car si, me défiant de l'imperfection de mes organes, je voulois les aider d'instrumens, et que j'observasse un microscope, ou que je mesurasse avec des instrumens parfaitement justes, s'il pouvoit en exister, les lignes courbes ou droites qui composent le cercle, qui le coupent et entrent dans la démonstration de ses propriétés, je ne trouverois ni cercle rond, ni ligne droite, et je serois frappé des irrégularités de ces lignes si régulières. Je n'y verrois certainement pas cette *infinité* de côtés qui font de sa circonférence un polygone régulier, ni cette tangente qui ne touche le cercle qu'en un point, pas plus que je ne vois de point sans étendue, de ligne sans largeur, et de surface sans épaisseur. C'est là cette étendue *intelligible* différente de l'étendue *imaginable* que Malebranche voyoit en Dieu, région de toutes les généralités : système qu'il porta trop loin, comme tous ceux qui enchaînent des vérités à un plan général ;

car un esprit n'est pas propre à faire un système, lorsqu'il n'a pas la force de le dépasser, parce qu'on ne découvre jamais rien au physique, ni au moral, sans faire beaucoup de pas inutiles, et même sans revenir sur ceux que l'on a faits au delà de son objet.

Aussi il est à remarquer qu'on ne trouve point d'*athées* parmi les géomètres métaphysiciens, ou parmi ceux qui ont fait d'importantes découvertes dans ce monde des rapports, tels que Descartes, Pascal, Newton, Leibnitz, Euler, puissans génies qui se sont élevés jusqu'à la contemplation des *principes* même de cette science, qui pour le plus grand nombre ne commence qu'aux *élémens*, et qui n'offre à la plupart de ceux qui la cultivent, que des images aisées à saisir et à combiner, au moyen des lignes, chiffres ou lettres qui en figurent les rapports; art facile sous cet aspect, qui convient aux imaginations sans chaleur et aux esprits sans étendue, et qui, arrêtant la pensée de l'homme aux rapports des êtres matériels, devoit, dans ce siècle matérialiste, hâter la chute des autres études, et survivre aux connoissances qui règlent la société, et même aux arts de l'esprit qui l'embellissent.

Mais cette idée générale de l'être et de ses rapports, quand a-t-elle lui sur la société, sinon lorsque l'être par excellence, l'être suprême, l'être nécessaire, s'élevant lui-même (qu'on me permette d'emprunter de la géométrie cette locution qui convient si bien à mon sujet), *s'élevant* lui-même à une *puissance infinie* d'être, par cette expression sublime, *je suis celui qui suis*, a révélé à l'homme l'idée de l'*être*? Car il n'y a proprement d'*être* que celui qui en a l'*idée*, et qui en a l'*expression, je suis;* et elles ne *sont* pas, ou elles ne sont que comme le néant devant l'être, *tanquam nihilum ante te*, ces formes matérielles, vaines figures qui paroissent, qui disparoissent, et n'ont de constant que leur succession, *prœterit figura hujus mundi.*

L'homme donc qui enseigne, même un enfant, ne fait que développer les conséquences ou les rapports de l'idée fondamentale d'*être* qu'il trouve dans son esprit, point commun d'intelligence entre le maître et l'élève, sans lequel ils ne pourroient s'entendre. Le maître *développe* ces rapports « *en-* » *veloppés* les uns dans les autres, et que la » méditation parvient tôt ou tard à extraire », en donnant à l'élève le mot qui les exprime, et qu'il lui explique par des noms d'autres rapports antérieurement connus; en sorte que dans l'instruction, même la plus élémentaire, il y a nécessairement un premier moment où l'esprit du maître est devancé par celui de son élève. « Les hommes, dit Malebranche, ne peuvent pas nous instruire en » nous donnant des idées des choses, mais » seulement en nous faisant penser à celles » que nous avons *naturellement* (1). Un

(1) On croit communément que les sourds-muets parlent naturellement par gestes. Les sourds-muets apprennent les gestes par le commerce des hommes, comme les enfans apprennent la parole : des sourds-muets ensemble, sans communication avec des *entendans parlans*, et des enfans abandonnés dans les bois sans avoir la parole, ne penseroient rien, n'exprimeroient rien ni par geste, ni par parole. Ils auroient quelques mouvemens déterminés par leurs besoins; mais ils ne feroient point d'actions délibérées, n'en verroient point faire, et par conséquent n'auroient point le geste qui est l'expression de l'action,

» sourd-muet,

» sourd-muet, dit le père Gerdil dans son » *Traité des caractères distinctifs de l'homme et des brutes*, n'a, dit-on, aucune idée » de Dieu et de l'âme, ni du bien et du mal » moral. Soit. Je crois qu'il ne sait pas non » plus que les trois angles d'un triangle sont » égaux à deux droits. Que conclure de là, » sinon que son attention ne s'est pas encore » portée à ces objets, et qu'il n'a pas fait » usage *des idées qu'il a* réellement, et qui, » par de justes applications et quelques conséquences déduites l'une de l'autre, au» roient pu s'élever jusqu'à la connoissance » de la vérité? Ce n'est pas la voix du » maître qui imprime dans l'esprit du disci» ple l'intelligence des vérités qu'il enseigne.

comme la parole est l'expression de la pensée : ils auroient l'être sans l'*avoir*, et seroient bien au-dessous des brutes. Le sauvage de l'Aveyron n'a encore de gestes que pour ses besoins immédiats et journaliers, manger, sortir, etc.; mais il ne raconte pas par gestes, il exprime des appétits, et non des idées, à peu près comme un animal dressé; et cependant il est l'objet des soins assidus et intelligens de M. Itard, médecin, et d'une femme qui le garde.

» Un géomètre qui donne des leçons, ne fait » que présenter à son élève les objets sur les» quels il doit fixer son attention; il l'aide à » les démêler, pour qu'il ne prenne pas l'un » pour l'autre : mais c'est au disciple à voir » de lui - même ce qu'on lui met sous les » yeux. En vain le maître prêcheroit-il le » contraire de ce que l'écolier a conçu dé» monstrativement, celui-ci ne l'en croiroit » pas sur parole : c'est que la connoissance » du vrai n'est pas uniquement l'ouvrage de » l'instruction. L'homme a le plus souvent » besoin d'aide pour y parvenir; mais il n'y » parvient que par son intelligence, et c'est » par elle qu'il est réellement instruit et con» vaincu. Un géomètre n'auroit point dû être » étonné de ne pas trouver dans le sourd et » muet la moindre teinture des élémens de » géométrie, et pourtant l'ignorance de ce » sourd-muet ne lui auroit jamais fait soup» çonner que les connoissances géométriques » dont les hommes s'applaudissent à si juste » titre, ne sont fondées que sur l'éducation » et le préjugé ». De ces dernières paroles, l'auteur tire la conséquence naturelle, qu'on ne peut pas conclure qu'il n'y a ni Dieu dans l'Univers, ni âme dans l'homme, de l'ignorance où l'on trouve le sourd-muet sur l'existence de Dieu et sur celle de l'âme; et j'ajoute que les idées *naturelles* du sourd-muet sur les rapports des êtres moraux entre eux, ou vérités morales et sociales, comme sur le rapport des êtres physiques, ou vérités physiques et géométriques, ne peuvent, faute d'expressions, se rendre *présentes* à son esprit, pour être *présentées* à l'esprit des autres, et faire ainsi l'objet de sa réflexion et le sujet de sa conversation, jusqu'à ce que l'instruction l'introduise dans la société, dépositaire, en quelque sorte, de toutes les idées, puisqu'elle en conserve, par la parole et l'écriture, toutes les expressions. Il y a de quoi s'étonner des questions que firent des savans, théologiens et autres, à ce sourd-muet de Chartres, qui recouvra tout à coup l'ouïe à l'âge de vingt ans, et apprit la parole, dont Condillac parle d'après le Journal des Savans, de 1714, et que M. le cardinal Gerdil a pris pour sujet des réflexions qu'on vient de lire. Ces savans lui demandèrent quelles avoient été ses *idées* sur Dieu et sur l'âme jusqu'à cette époque. C'étoit demander à quelqu'un qui n'auroit jamais vu son visage, de quelle couleur sont ses yeux; et il étoit étrange assurément qu'on voulût que cet enfant connût ses idées lorsque ces idées ne s'étoient rendues sensibles à son esprit par aucune parole, et qu'il *exprimât* pour les autres ce qui n'étoit pas alors *exprimé* pour lui-même.

Tout ce qui a été dit jusqu'à présent nous a conduits insensiblement à la fameuse question des *idées innées*, et nous peut servir à la résoudre.

Ecartons d'abord l'expression vague et peu définie d'*idées innées*, signe de contradiction et de scandale pour les philosophes modernes, quoique J.-J. Rousseau lui-même l'ait employée, et dans l'acception la plus scolastique, lorsqu'il dit que l'homme est *né* bon, est *né* libre; et disons que les idées sont en nous à la fois *naturelles*, et *acquises* par les sens; car il n'y a rien de plus naturel pour l'homme que d'acquérir, de plus naturel à l'*être* que d'*avoir*. Les idées sont *naturelles* en elles-mêmes, *acquises* dans leur expression : *naturelles*, car l'homme qui ne montre point d'idées, n'a de la *nature* humaine que la figure, et *naturelles* encore, puisque dans l'homme, l'action qui lui est naturelle, est coordonnée et subordonnée à la faculté d'*idéer; acquises*, parce que l'expression qui nous est transmise par les sens, nous vient du dehors et de la société. Cette expression revêt, pour ainsi dire, nos idées, en fait un son par la parole, et une image par l'écriture : ainsi exprimées, elle les présente à notre propre esprit, et notre esprit voit sa pensée dans l'expression, c'est-à-dire, se voit lui-même (car l'esprit n'est que la pensée), comme les yeux se voient eux-mêmes dans un miroir. Et de même que sans la lumière, notre propre corps demeureroit éternellement caché à nos yeux, nos pensées, sans expression, resteroient à jamais ignorées de notre esprit.

Les vérités, même les plus intellectuelles, ont besoin d'expression pour devenir l'objet de notre croyance. *Fides ex auditu*, dit saint Paul : « La foi vient de l'ouïe, et comment entendront-ils, si on ne leur parle »? parce que l'ouïe est dans l'homme le sens propre des idées, comme la vue est le sens propre des images.

Les deux opinions des idées *naturelles* et des *acquises* par les sens, sont donc vraies toutes les deux, si on les réunit, fausses, si on les sépare; nouvelle preuve *que la vérité n'est pas dans le milieu comme la vertu*, parce que la vertu consiste à éviter tous les extrêmes, et la vérité à embrasser tous les rapports.

Concluons donc que les hommes ont *naturellement* l'idée de l'être cause universelle, créatrice et conservatrice, non que cette idée soit *innée* dans l'homme moral, de la même manière que le besoin de manger et de boire est *inné* ou *natif* dans l'homme physique, mais parce qu'elle est *naturelle* à notre esprit, je veux dire qu'elle entre *naturellement* dans notre entendement, dès que l'expression qui lui est propre, transmise par les sens, vient la *représenter* ou la *rendre présente*, et qu'une fois reçue, elle se coordonne naturellement aux perceptions les plus élevées de notre raison, et dirige nos actions vers le but le plus utile; en sorte que de toutes les vérités, la plus naturelle est la *nécessité* d'une cause qui fait et qui conserve, idée aussi nécessaire à la perfection de l'homme social, que les alimens sont nécessaires au soutien de l'homme physique; idée enfin qu'on ne retrouveroit pas chez tous les peuples, si elle n'étoit pas naturelle à tous les hommes.

Cette cause universelle, présente à l'entendement de l'homme par la parole qui en exprime l'idée, présente à son imagination par les sensations qui résultent des effets qu'elle a produits, présente à son cœur par l'amour, ou même par la haine, présente au monde physique par les lois du mouvement, et au monde moral par les lois de l'ordre; cette cause, développée pour l'intelligence humaine dans tous ses rapports de volonté et de sagesse, d'amour et de bonté, d'action et de puissance, est l'unique raison de tous les rapports qui existent entre les êtres physiques, et qui sont l'Univers sensible, et des rapports qui unissent les êtres moraux, et forment la société.

Mais, et c'est à dessein que j'insiste sur cette vérité, cette idée, toute *naturelle* qu'elle est, attend, pour luire à l'esprit de l'homme, l'expression qui doit la produire, et elle reste inconnue à l'homme lui-même, jusqu'à ce qu'il ait reçu de sa société avec l'être *semblable* à lui, cette expression qu'une tradition ou parole héréditaire conserve dans les familles, et qu'une écriture impérissable conserve chez les nations.

Il est donc physiquement et métaphysiquement impossible que les hommes aient inventé l'idée de la Divinité ou de la cause générale de tout ce qui est. Car, ou l'inventeur ne se seroit jamais entendu lui-même, s'il avoit inventé le mot avant d'avoir l'idée, ou il n'auroit jamais été entendu des autres, s'il leur avoit adressé des mots auxquels ils n'eussent pu attacher aucune idée (1). En un mot, une idée sans expression n'est pas une idée, et n'est pas, puisqu'une idée n'est connue, pensée, qu'autant qu'elle est *exprimée* par une parole. Une parole sans idée n'est pas une expression, et n'est qu'un son,

(1) On peut absolument concevoir qu'on peut inventer le nom du substantif; nous en inventons tous les jours : mais quant au verbe avec ses modes de temps, d'action, de personne, il ne s'en introduit jamais de nouveaux dans le langage qu'ils ne soient tirés de quelqu'autre mot. Or, on peut parler sans substantif, parce que le geste exprime l'objet présent, et le dessin l'objet absent; mais on ne peut parler sans verbe.

puisqu'une parole n'est entendue qu'autant qu'elle exprime une idée.

Je finirai par une observation dont je laisse au lecteur à peser l'importance. Les métaphysiciens, et surtout Condillac, appellent du nom commun d'*idées abstraites* les idées *collectives* représentatives de certaines modifications ou propriétés des corps, telles que *blancheur*, *acidité*, *fluidité*, etc., et les idées *générales* représentatives des attributs de l'intelligence infinie, *sagesse*, *justice*, *ordre*, etc., c'est-à-dire, qu'ils confondent sous une même dénomination des êtres sans *réalité*, des *êtres de raison*, avec la réalité même de l'être et la raison de tous les êtres. Cependant ces deux opérations de l'esprit ne sont pas du même genre, si même elles ne sont pas opposées comme le simple et le composé. En effet, dans l'une, l'esprit considère les objets physiques d'une manière *collective* et composée en elle-même, quoiqu'elle paroisse simple dans son expression, et *blancheur* n'est évidemment que la *collection* de tous les corps *blancs*, considérés sous la modification de leur couleur; dans l'autre, l'esprit considère dans leur simplicité et leur généralité, leur infinité, les attributs de l'être intelligent, *ordre*, *sagesse*, *puissance*, etc., raison de toute société ou de tous les rapports des êtres entre eux. *Blancheur* est un mot abstrait qui exprime des *accidens* de substances *contingentes*; au lieu qu'*ordre*, *sagesse*, *bonté*, *justice*, sont des expressions générales qui désignent l'essence même de l'être *nécessaire*, dont l'opération une et simple prend divers noms, selon les divers effets que nous lui *attribuons*, être général qui comprend tous les êtres existans ou possibles dans sa volonté et sous son action; *attributs* qui ne seroient pas moins vérité, même quand il n'existeroit rien au dehors de l'Être suprême, et que ses attributs ne seroient *ordonnés* que relativement à lui.

Condillac va plus loin. Cette faculté de l'esprit, de considérer les objets physiques dans leur *collection*, et l'être simple dans son *unité* ou dans sa *généralité*, a été regardée, avec raison, comme l'apanage exclusif de l'esprit humain, sa plus belle prérogative, et la raison de ses progrès. « L'homme, dit » M. le cardinal Gerdil, a seul entre les ani» maux le pouvoir de former des idées abs-

» traites, ainsi que M. Locke en convient ». Condillac donne dans une opinion diamétralement opposée. « Ce qui rend, dit-il, les » idées générales si nécessaires, c'est la li- » mitation de notre esprit » ; et conséquent à ce principe, il accorde cette faculté aux brutes : « Les bêtes, dit-il, ont des idées abs- » traites ». On ne concevroit pas une pareille contradiction aux idées reçues, et même à celles de Locke son maître, si Condillac ne nous l'expliquoit lui-même, en nous apprenant ce qu'il entend par idées générales. « Ce » qui rend les idées générales si nécessaires, » c'est la limitation de notre esprit. Dieu n'en » a nullement besoin ; sa connoissance com- » prend tous les individus, et il ne lui est » pas plus difficile de penser en même temps » à tous qu'à un seul ».

Condillac entend donc par *généralité* la collection des *individualités*, au lieu d'entendre la simplicité et l'unité de l'être (1).

(1) Je prie le lecteur de réfléchir sur la raison du mot *général*, en parlant du chef d'une *armée;* il y verra distinctement la différence du *général* au *collectif*, puisque l'armée est un corps *collectif*, et que

Mais quoi! cette faculté de considérer l'UN, le simple ou le général, ces vastes et sublimes notions d'ordre, de raison, de justice, fondement de toutes ces théories générales qui rapprochent de l'intelligence divine les intelligences humaines qui les conçoivent, ne seroient qu'une preuve de la foiblesse de notre entendement, et le point par où l'esprit de l'homme se rapprocheroit de l'instinct de la brute; l'esprit de l'homme, « qui ne » peut, dit Bossuet, parlant à l'académie » française, *égaler ses propres idées*, tant » celui qui nous a formés a pris soin de mar- » quer son infinité »! Et l'infini lui-même ne connoîtroit l'ensemble de son ouvrage que dans les détails! et l'ordre général ne seroit présent à ses yeux que par nos actions individuelles, si souvent opposées à tout ordre! Je sais que dans les écrits de Condillac, comme dans le plus grand nombre des écrits philosophiques de ce siècle, les conclusions

---

l'*unité* de l'homme qui la commande s'appelle le *général*. Ce mot, sous cette acception, ne vient d'aucune langue connue, et il est reçu chez toutes les nations chrétiennes; il renferme un sens profond.

de l'auteur sont souvent différentes des conséquences de ses principes ; mais si l'auteur peut s'excuser sur ses conclusions, les principes doivent être jugés par leurs conséquences.

Ainsi, distinguons nettement les idées *collectives*, représentatives des modifications *contingentes* de l'être *étendu*, des idées *générales*, représentatives des attributs *nécessaires* de l'être *simple*. Appelons les unes, si l'on veut, *idées abstraites*, et les autres, idées simples ou générales; et c'est à voir en Dieu ces idées générales, ou plutôt à voir Dieu même dans ces idées générales, qu'auroit dû se borner Malebranche, dont le système, poussé jusqu'à voir en Dieu même l'*étendue intelligible*, a pris une fausse couleur de *spinosisme*, et a prêté au ridicule (1), et peut-être à la censure. Je dis

(1) Spinosa voit Dieu dans l'étendue, Malebranche voit l'étendue en Dieu. La nuance est délicate. Il est vrai que Malebranche *spiritualise* l'étendue pour ne pas *matérialiser* Dieu ; mais cette explication ne lève pas la difficulté. Le fond du système de ce beau génie, qui honore l'espèce humaine, et donne une si haute

peut-être, car ce grand homme s'est plaint, non sans raison, de n'avoir pas été entendu, même par M. Arnaud: et qu'on ne dise pas que si M. Arnaud n'étoit pas capable de l'entendre, il ne pouvoit être entendu de personne; car il y a bien d'autres vérités que

---

idée de l'intelligence divine, accueilli d'abord avec enthousiasme en France, où on lisoit alors, et chez l'étranger, fut combattu par un parti qui ne lui pardonnoit pas de ne pas partager ses opinions fausses et étroites. Il ne faut pas croire que ce soit un mérite pour un métaphysicien d'être, comme Locke et Condillac, sec, froid et triste, ni un tort d'avoir une imagination vive et brillante, comme Platon, Descartes, Malebranche, Fénélon et Leibnitz. Malebranche lui-même a eu la foiblesse de le croire. Il n'a pas vu que les opinions métaphysiques, théistes et spiritualistes, vivifient toutes les facultés de l'esprit, tandis que les opinions qui mènent à l'athéisme et au matérialisme les matérialisent toutes; semblables à ces eaux froides qui pétrifient tout ce qu'on y jette. Au reste, il faut régler sans doute l'esprit de système, mais il ne faut pas le condamner. Un système est un voyage au pays de la vérité: tous les voyageurs s'égarent, et tous découvrent quelque chose; et la société, un moment abusée par les erreurs, profite tôt ou tard des découvertes.

M. Arnaud n'a pas entendues, et l'on ne sait pas assez combien le meilleur esprit peut se prévenir pour ou contre certaines idées, et combien les préventions faussent, ou même rétrécissent l'esprit. Au reste, Malebranche, certain de la solidité des fondemens sur lesquels il bâtissoit, en appeloit à la postérité des préventions de ses contemporains.

Malebranche considère surtout dans ses ouvrages la volonté générale de l'auteur de la nature, les lois immuables de l'ordre, la raison essentielle qui éclaire les hommes, et il va jusqu'à dire : « La volonté qui fait » l'ordre de la grace, est ajoutée à la volonté qui fait l'ordre de la nature : *il n'y a en Dieu » que ces deux volontés générales ; et tout » ce qu'il y a sur la terre de réglé dépend » de l'une ou de l'autre de ces volontés* ». Idée vaste, mais incomplète, et qui ne rend pas l'étendue et la profondeur de ce passage de saint Paul qui est l'abrégé et comme la devise du christianisme : *Instaurare omnia in Christo quæ in cœlis et quæ in terrâ sunt.*

Malebranche n'entendit donc par l'ordre de la nature, que l'ordre physique, ou les lois des corps, et par l'ordre de la grâce, que l'ordre purement intellectuel et les rapports des intelligences, considérés dans la religion seulement; *et il ne vit que cela de réglé sur la terre* : comme si, sous l'empire de l'être, ordre et règle essentielle, il pouvoit y avoir quelque chose *qui ne fût pas réglé* ! Quelle vaste carrière eût été ouverte à son génie, s'il eût généralisé cette idée, embrassé la nature morale comme la nature physique, et porté ses regards, non sur l'ordre particulier de la religion, mais sur l'ordre général de la société, qui comprend les rapports de Dieu et de l'homme, appelés *religion*, et les rapports des hommes entre eux, appelés *gouvernemens*, *réglés*, les uns comme les autres, par les lois de l'être, pouvoir suprême de tous les êtres ! Que de progrès eût fait ce profond méditatif dans la *recherche de la vérité*, si au lieu de consumer ses forces, comme le voyageur égaré dans des sables arides, à pénétrer le *comment*, et la manière d'objets ou d'opérations dont il suffit à l'homme d'idéer la raison, c'est-à-dire, de comprendre *la nécessité*,

sité, il eût fait à l'état extérieur de la société religieuse et politique une application *réelle*, historique, de la vérité de ses principes! car la *vérité* devient sensible dans la *réalité*, et la *réalité* est, pour ainsi dire, le corps et l'expression même de la *vérité*.

Mais, le dirai-je? le genre humain à peine échappé à cette philosophie de mots dont Aristote avoit bercé son enfance, ne faisoit que de naître à la philosophie des idées, et de s'élancer sur les pas de Descartes, dans les routes de l'intelligence; époque des idées qui, par la correspondance nécessaire de la pensée et de la parole, concourut dans le même siècle et chez le même peuple, avec l'époque de la fixation du langage : « Lors-
» que la langue française, dit Bossuet dans
» le discours que j'ai cité tout à l'heure,
» sortie des jeux de l'enfance, et de l'ar-
» deur d'une jeunesse emportée, formée par
» l'expérience, et réglée par le bon sens,
» sembla avoir atteint *la perfection que*
» *donne la consistance* ». Mais l'esprit humain suivit une marche naturelle; il étudia les êtres avant d'observer leurs rapports : aussi Descartes prouva Dieu, expliqua

l'homme, et ne considéra pas la société. La nécessité de lois générales, expression de la volonté de l'être créateur et conservateur, fut aperçue ; Descartes en fit l'application au mouvement, et Malebranche à la pensée : Newton généralisa les lois du mouvement, en calculant le système universel du monde physique. Osons, il est temps, généraliser aussi les lois du monde moral, et dans cette RAISON ESSENTIELLE, qui, selon Malebranche, se fait entendre à toute intelligence qui la consulte ; considérons le POUVOIR SUPRÊME, qui, pour régler tous les hommes, a parlé à la société.

Il a manqué à ces génies immortels d'avoir assisté comme nous, à cette commotion universelle, à ce renversement du monde social, qui, mettant à découvert le fond même de la société, leur auroit permis d'en observer la constitution originaire, et les lois fondamentales, semblable à ces tempêtes violentes qui soulèvent l'Océan jusque dans ses plus profonds abîmes, et laissent voir les bancs énormes de roche qui en supportent et en contiennent les eaux ; et de même qu'ils retrouvoient la loi générale du mouvemens en ligne droite naturel à tous les corps mûs, dans l'invincible tendance à s'échapper par la tangente que conserve tout corps forcé au mouvement circulaire, ils auroient vu la loi générale de l'unité fixe de pouvoir distinctement exprimée dans les efforts que fait pour y revenir une société, que des événemens désastreux, ou des systèmes plus désastreux encore, ont jetée hors des voies de la nature dans les sentiers inextricables de la variation *du pouvoir*.

Mais il ne faut pas croire que ces puissans esprits eussent établi une *théorie du pouvoir religieux et politique* de la société aussi paisiblement qu'ils ont établi la théorie des lois du mouvement. Descartes ne combattit que des préjugés scolastiques, et Newton n'eut à dissiper que des tourbillons imaginaires; une *théorie du pouvoir social* attaqueroit des préjugés religieux et politiques, et elle auroit à lutter contre les tourbillons des passions humaines, bien autrement entraînans que ceux de Descartes : les ouvrages de ces grands hommes, contredits par des savans, furent accueillis par les rois, et *la théorie du pouvoir* placée avec son auteur sous l'anathême d'une proscription politique, et étouffée par la violence, ne pourroit obtenir tout au plus que l'honorable suffrage d'un petit nombre d'hommes éclairés, qui, forcés au silence, ne pourroient même pas, par une critique judicieuse, épurer la vérité au creuset de la contradiction. Et quel eût été, par exemple, le sort d'un ouvrage de ce genre, s'il eût paru en France au temps, déjà loin de nous, de cette variation infinie, de ce combat interminable de *pouvoirs*, détruits aussitôt qu'élevés, de *comités*, de *conventions*, de *législateurs*, de *directeurs*? et auroit-il resté à son auteur, contre l'injustice ou la foiblesse des hommes, d'autre appui que cette conviction impérieuse, je dirois presque tyrannique, de la vérité, que rien n'égale en puissance sur les facultés de l'homme, pas même le fanatisme de l'erreur, ni d'autre consolation que de souffrir pour la vérité, après avoir vécu pour elle ?

Ces considérations sublimes sur l'ordre social, objet d'une semblable *théorie du pouvoir*, seront l'entretien du siècle qui va s'ouvrir, comme les considérations sur l'ordre physique et les recherches sur la nature des corps ont été l'objet principal des études dans le siècle qui finit; et l'application des lois générales de la société aux règlemens particuliers de l'administration publique, fera la force réelle des sociétés, et le véritable bonheur de l'homme. On avertit ceux qui pourroient s'étonner du point de vue nouveau sous lequel on a présenté des objets qu'ils n'ont accoutumé de voir que sous une certaine face, ou même qu'ils n'ont jamais considérés, de se tenir en garde contre cette prévention trop ordinaire, qui nous fait penser que ceux qui nous ont précédés ne nous ont rien laissé à découvrir sur certains objets; comme si le temps, qui découvre tout, le temps, qui a marché pour eux, n'avoit pas volé pour nous, et amoncelé dans un point de l'espace et de la durée, plus de matériaux propres à fonder une *théorie* de la société, que les siècles n'en avoient amassé peut-être depuis l'origine des temps et des hommes. « On s'imagine sans raison, dit » Malebranche, que nos pères étoient plus » éclairés que nous. C'est la vieillesse du » monde et l'expérience qui font découvrir

» la vérité : *Veritas*, dit saint Augustin,
» *filia temporis, non autoritatis* ».

Article inséré au Mercure de France, *n°. IV, an 8, par l'Auteur, qui se rapporte à la page 264, tome Ier. du présent ouvrage.*

La *nature* d'un être est ce qui le constitue ce qu'il est; c'est la loi particulière de son existence ou de son être.

La nature des êtres est ce qui les conserve tels qu'ils sont; c'est l'ensemble des lois générales de leur conservation, lois qui ne sont autre chose que les rapports qui naissent de leur manière d'être particulière.

La nature suppose donc les êtres existans, et elle est l'effet, et non la cause de leur existence. Ces lois, particulières ou générales, sont bonnes ou constitutives, et conservatrices des êtres; car si elles n'étoient pas bonnes, les êtres ne seroient pas.

La nature, qui est la même chose que ces lois, est donc bonne. Nature des êtres, ou leur bonté absolue, leur perfection, sont donc synonymes.

Des êtres placés dans un état contraire à

leur nature, ne peuvent exister dans cet état, puisqu'ils vont contre la loi de leur existence. Venons à l'application.

Le chêne commence dans le gland, l'homme dans l'enfant. Il est égal de s'arrêter à ce point, ou de remonter jusqu'à la graine qui produit le gland, jusqu'à l'embryon où l'enfant est renfermé.

Le gland, l'enfant, voilà l'état *natif;* le chêne parvenu à sa maturité, l'homme fait, voilà l'état *naturel:* et comme tout être tend également à se placer dans son état naturel, et ne peut subsister, s'il n'y parvient; le gland périt, s'il ne devient chêne, et l'enfant, s'il ne devient homme.

Etat *natif*, état *naturel*, distinction essentielle, fondamentale, que Hobbes, que J.-J. Rousseau, que tant d'autres ont méconnue: de là leurs méprises et nos malheurs.

L'état *natif* ou l'état *originel*, est donc, pour un être, un état de foiblesse et d'imperfection; l'état *naturel* ou la *nature*, est un état de développement, d'accomplissement, de perfection. Un esprit exercé à méditer, entrevoit dans le lointain de hautes conséquences renfermées dans ce principe.

« Certains philosophes, dit Leibnitz, ont pensé que l'état naturel d'une chose est celui *qui a le moins d'art;* ils ne font pas attention que la perfection comporte toujours l'art avec elle ».

Cette pensée d'un des plus grands esprits qui aient paru parmi les hommes, est, si l'on y prend garde, une opinion universellement reçue. Ne dit-on pas qu'il n'y a rien de si difficile à atteindre que le *naturel?* Et tout le faux, le guindé, l'*innaturel*, se présente comme de lui-même, et semble *inné* dans l'homme; ce n'est qu'à force d'art, d'étude et d'efforts sur lui-même qu'il devient *naturel* dans ses manières, *naturel* dans ses discours, *naturel* dans ses productions, *bon*, en un mot, dans tout son être.

Le judicieux Quintilien, après avoir distingué l'état natif et brute de l'état perfectionné, cite les animaux qui naissent sauvages et que l'éducation apprivoise, et conclut par ces paroles remarquables : *Verum id est maxime naturale, quod natura fieri optime patitur;* ce qui veut dire au fond, que l'état le plus naturel de l'être est son état le plus *perfectionné*.

Appliquons ces principes à la société. L'état sauvage de société est à l'état civilisé, ce que l'enfance est à l'état d'homme fait. L'état sauvage est l'état *natif* : donc il est foible et imparfait ; il se détruit ou se civilise. L'état civilisé est l'état développé, accompli, parfait ; il est l'état *naturel* : donc il est l'état fixe, l'état fort, j'entends de cette force propre et intrinsèque qui conserve ou qui *rétablit, qui détruit même pour perfectionner*. Ici les faits parlent plus haut que les raisonnemens ; et l'on n'a qu'à comparer les peuplades sauvages aux sociétés européennes.

J.-J. Rousseau, le romancier de l'état sauvage, le détracteur de l'état civilisé, qui considère l'homme et jamais la société, l'individu et jamais le général, J.-J. Rousseau s'extasie sur la force de corps du sauvage et sur ses vertus hospitalières ; il invective contre notre mollesse et notre égoïsme. Mais ces hommes si forts (qui ne le sont pas plus que nous) forment les plus foibles de tous les peuples ; ces hommes si hospitaliers sont les plus féroces des guerriers : ils accueillent l'étranger, et dévorent leur ennemi. Chez nous, au contraire, ces hommes amollis exécutent des choses extraordinaires; ces hommes si égoïstes ont fondé des établissemens pour soulager toutes les misères de l'humanité.

L'état sauvage est donc contre la nature de la société, comme l'état d'ignorance ou d'enfance est contre la nature de l'homme : l'état *natif* ou *originel* est donc l'opposé de l'état *naturel*; et c'est cette guerre intestine de l'état *natif* ou mauvais contre l'état *naturel* ou bon, qui partage l'homme et trouble la société.

La société la plus civilisée est donc la société la plus naturelle, comme l'homme le plus perfectionné est l'homme le plus naturel. Un Iroquois ou un Caraïbe sont des hommes *natifs* : Bossuet, Fénélon et Leibnitz sont des hommes *naturels*.

Mais tous les peuples sauvages ne sont pas dans les forêts de la Louisiane, comme tous les enfans ne sont pas à la mamelle; et de même que l'homme qui n'obéit pas à ses lois naturelles est un grand enfant, un *enfant robuste*, comme l'appelle Hobbes, les sociétés qui s'écartent des lois naturelles de la société, sont, à mesure qu'elles s'en écartent, des sociétés plus ou moins sauvages, même sous les dehors de la politesse, même avec des arts, comme certains peuples anciens, même avec des arts et des sciences, comme quelques peuples modernes : car la politesse n'est pas la civilisation.

Cet état de société plus ou moins contre nature, se marque toujours par plus ou moins de foiblesse et de dégénération; et c'est là l'unique motif de l'incontestable supériorité de la société chrétienne sur la société mahométane; des progrès toujours constans de l'une, malgré quelques éclipses partielles, et de la dégénération successive de l'autre, malgré quelques lueurs passagères, et des accès de frénésie qui annoncent et préparent l'épuisement total.

Si la nature d'un être est sa perfection, la liberté d'un être consiste dans la faculté de parvenir à son état naturel. La *liberté* d'un être est donc la même chose que sa *perfectibilité*. Mais je m'arrête; l'explication du mot *nature* m'entraînoit malgré moi à tout expliquer, et cela doit être; car la nature explique tous les rapports, parce qu'elle comprend toutes les lois. Encore un mot sur la société naturelle.

On appelle ainsi l'état domestique de société, ou la famille, comme on appelle religion naturelle, l'état domestique de religion, ou la religion patriarcale. Cependant il y a du vague dans l'expression, car la famille n'est pas plus *naturelle* à la reproduction des individus, que l'état public ou politique de société, qu'on appelle *gouvernement*, à la multiplication et à la prospérité des familles. C'est dans ce sens que Voltaire dit : « L'art militaire et la politique sont malheureusement les professions les plus naturelles à l'homme ». La famille produit, l'Etat conserve ; et la conservation des êtres est aussi *naturelle* que leur production, puisque la conservation n'est, selon les philosophes, qu'une production continuée.

C'est dans cette distinction d'état brute ou natif, et d'état perfectionné ou naturel, que se trouve la solution d'une question célèbre qui partage les grammairiens. Les uns prétendent qu'il est plus naturel d'énoncer l'adjectif avant le substantif, et de dire *rouge fleur ;* les autres trouvent plus naturel de suivre l'ordre métaphysique des idées, et de dire *fleur rouge ;* et tous ont raison, parce qu'ils parlent d'une nature différente. *Rouge fleur* est le langage de l'homme physique, de l'homme à sensations, qui parle d'abord de ce qui frappe ses yeux ; *fleur rouge* est le langage de la nature perfectionnée et spirituelle, le langage de l'homme raisonnable, qui classe les objets dans leur ordre naturel, et met le fixe avant le variable, l'être avant la qualité, la substance avant l'accident. C'est là ce qui distingue les deux systèmes généraux du langage, le système *transpositif* et le système *analogue.* Dans celui-ci, l'expression suit l'ordre des idées, qui sont elles-mêmes la représentation des êtres et de l'ordre de leurs rapports ; dans l'autre, les êtres sont déplacés, leurs rapports confondus, et les mots, sans ordre fixe, s'arrangent au gré de l'oreille, d'une harmonie arbitraire, et quelquefois puérile.

La langue *transpositive* est la langue des passions, comme l'observe Diderot ; aussi elle est la langue des enfans, des peuples anciens et mal constitués. La langue *analogue* est la langue des peuples modernes, des peuples civilisés, c'est-à-dire, raisonnables, ou naturels dans leur constitution ou dans leurs lois. Et sans entrer ici dans de plus longs détails, on peut assurer que la langue est plus ou moins analogue, selon que la société obéit à des lois plus ou moins naturelles. On a pu remarquer que dans les orages de la révolution, la langue française elle-même perdoit de son naturel, et que les inversions forcées, les constructions barbares prenoient la place de sa belle et noble régularité.

Article inséré au Mercure de France, *n°. XLI, an 10, par l'auteur, à rapporter à la page 325, note (e), tome Ier. du présent ouvrage.*

La longue querelle entre les anciens et les modernes sur le mérite de leurs productions

(1) Voyez sur le même sujet une lettre fort curieuse de Boileau à Perrault. Boileau donne la préférence aux modernes; et il est bon d'ajouter à sa lettre, 1°. qu'il n'avoit pas vu le premier des lyriques modernes, J.-B. Rousseau; 2°. que nos grands auteurs, que le Tasse et Milton n'étoient pas, les uns appréciés, les autres connus de son temps, comme ils le sont du nôtre;

littéraires, n'a jamais offert de résultat satisfaisant, parce qu'on s'est obstiné à porter des jugemens formels, au lieu de procéder par arbitrage, et de chercher des compensations. Avant de comparer la littérature ancienne et la littérature moderne, il eût fallu peut-être examiner si une comparaison entre elles étoit possible; si notre apologue étoit l'apologue des anciens, notre tragédie la tragédie des anciens, notre épopée l'épopée des anciens, notre société enfin la société des anciens: car la littérature est l'expression de la société, comme la parole est l'expression de l'homme. C'est sur ce sujet, qui n'a peut-être pas été considéré dans ses principes, que nous allons hasarder quelques réflexions, bien moins pour le traiter que pour l'indiquer.

3°. que Boileau ne fait pas entrer *La Fontaine* dans la comparaison, quoique dans la même lettre il le nomme pour le placer à la suite de Voiture et de Sarrazin. Les écrivains du siècle de Louis XIV ne pouvoient pas faire la comparaison de la littérature moderne avec l'ancienne, puisqu'eux-mêmes étoient les fondateurs et les créateurs de cette littérature moderne; et nous les connoissons mieux qu'ils ne se connoissoient eux-mêmes.

La manière dont le poëte fait agir et parler les *personnages* de son poëme, ou les êtres qu'il *personnifie*, s'appelle les *mœurs*. Dans ce sens, il y a les *mœurs* des animaux, les *mœurs* des plantes, les *mœurs* des hommes, les *mœurs* même des dieux, si le poëte les met en scène. Il y a les *mœurs* de l'âge et les *mœurs* du sexe. Ces *mœurs* sont bonnes, si elles expriment l'état naturel de l'individu considéré sous tel ou tel rapport; elles sont mauvaises, si elles expriment un autre état que cet état naturel. Ce sont là les mœurs de l'individu; mais la société a aussi les siennes, et comme elle est domestique ou publique, les mœurs seront privées ou publiques, et ces mœurs sociales seront bonnes ou mauvaises, selon qu'elles exprimeront ou n'exprimeront pas les rapports naturels des êtres en société. Ainsi, si le poëte représente une *épouse* dans un état de société qui lui permette de se séparer de son époux par le divorce, les *mœurs* domestiques seront mauvaises, quoique l'individu puisse n'être pas vicieux; et de là vient qu'il ne faut pas un grand talent pour rendre intéressante au théâtre la fidélité conjugale, et que tout

l'art

l'art du monde ne peut y rendre le divorce même supportable. C'est par la même raison qu'un héros, accompli d'ailleurs, est un personnage vil sur le théâtre, s'il est traître à son pays, parce que ses mœurs publiques sont mauvaises.

A cette distinction générale de *mœurs* poétiques en mœurs privées et en mœurs publiques, correspond une distinction générale des ouvrages d'esprit en deux genres : l'un, le genre familier, et en quelque sorte domestique, pastoral, géorgique, élégiaque, érotique, bachique, comique, qui chante les occupations, les plaisirs, les peines de l'homme privé, et représente les scènes de la vie privée ; l'autre, le genre héroïque, tragique, lyrique, épique, qui célèbre les grands personnages et les grands événemens de la société publique, religieuse ou politique. Ces deux genres se confondent quelquefois dans un genre mixte, ou plutôt bâtard, qui forme la comédie héroïque et la tragédie bourgeoise, ou *drame*, qui montrent tantôt des hommes publics occupés d'affections privées, et tantôt des hommes privés livrés à d'éclatantes passions.

La perfection du genre familier est le naturel naïf, dont l'excès est le puéril ou le niais; la perfection du genre héroïque est le naturel grand, élevé, appelé sublime par excellence, et l'excès est le gigantesque, le monstrueux. Les anciens, plus près des temps où les nations n'étoient encore que des familles, ont excellé dans le genre familier, et Homère surtout, offre, même dans le poëme épique, des modèles accomplis du sublime de naïveté. Les modernes, placés dans un état de société plus avancé, ont excellé dans le genre héroïque, et Bossuet et Corneille, entre autres, offrent de ces traits de grandeur sublime que les anciens n'ont pas égalés. Je pourrois m'autoriser ici des réflexions de M. de Voltaire sur la tragédie. A mérite égal d'expression, le genre héroïque l'emporte sur le familier. Qui n'aimeroit pas mieux avoir fait l'*Enéide* que les *Géorgiques*, quoique les Géorgiques soient plus parfaites, ou du moins plus finies que l'Énéide? A mérite inégal, le familier l'emporte sur l'héroïque, et l'on aimeroit mieux avoir fait des idylles comme Théocrite, ou des élégies comme Tibulle, que des poëmes héroïques, tels que l'Achilléide de Stace, ou l'Enlèvement de Proserpine, par Claudien. La société passe de l'état domestique à l'état public ; c'est là le progrès du temps : la littérature passe avec la société, de l'expression familière dans le genre, même héroïque, à l'expression noble et élevée, même dans le genre familier ; c'est là le progrès du goût.

Là, si je ne me trompe, est le point décisif du procès, et le moyen d'accommodement.

Pour pouvoir comparer avec fruit la littérature ancienne et la littérature moderne, il faut prendre les deux extrêmes des deux genres, la poésie pastorale pour le genre familier, la poésie épique pour le genre héroïque. La comparaison est facile, et elle sera extrêmement exacte ; car nous avons les idylles de Théocrite, les bucoliques de Virgile, et les pastorales de Gessner, le coryphée de ce genre chez les modernes, et nous avons pour l'épopée, l'Iliade, l'Enéide et la Jérusalem délivrée. Or, en examinant avec attention ces trois ouvrages à la fois, dans chaque genre, on remarque l'enfance des genres dans les premiers, et au temps de l'enfance de la société ; l'adolescence des genres dans les seconds, et au temps de l'adolescence de la société; la virilité des genres dans les troisièmes, et au temps de la perfection de la société. En sorte qu'on peut dire, en forme de proportion géométrique, que les idylles de Théocrite, les bucoliques de Virgile, les pastorales de Gessner, sont entre elles dans les mêmes rapports que les épopées d'Homère, de Virgile et du Tasse. Je ne parle pas des individus, qui sont, dans toutes, des bergers ou des héros, ni même des mœurs individuelles, car tous ces poëtes font agir et parler leurs individus d'une manière relative à leur âge et à leur sexe, mais des mœurs sociales, c'est-à-dire, des mœurs de la famille et de celles de l'Etat.

Ainsi, dans Théocrite, les mœurs sont d'une simplicité qui approche de la rusticité, et il y a même, sous le rapport des mœurs domestiques, un reproche bien plus grave à lui faire, et dont Virgile n'est pas exempt dans son églogue de Corydon et d'Alexis. Dans Gessner, on voit une nature simple, mais décente, sans grossièreté et sans luxe, qui a, tout ensemble, de la parure dans sa simplicité, et de la simplicité dans sa parure. Il est aisé de voir que Virgile tient le milieu entre la simplicité inculte de Théocrite, et la parure simple et décente de Gessner. Les mêmes rapports se remarquent entre les trois épopées : je ne parle pas du sujet de chacune d'elles ; il est, dans chaque poëte, relatif au temps et à l'âge de la société : purement familier dans Homère, où il s'agit d'une esclave enlevée à son maître, plus national dans Virgile, c'est Rome dont son héros jette les fondemens ; plus général dans le Tasse, c'est la religion du monde civilisé, et qui doit devenir la religion du monde entier, que les héros chrétiens vengent des outrages des infidèles. Les objets, dans le Tasse, ne sont pas au-dessous de la majesté du sujet : c'est l'Europe entière, qui s'arrache de ses fondemens pour tomber sur l'Asie ; ce sont tous les rois de l'Europe qui vont combattre tous les peuples de l'Orient : et, sous ce rapport, Homère, et même Virgile, ne peuvent soutenir la comparaison avec le Tasse, qu'à la faveur de l'éloignement des temps, qui, comme la distance des lieux, a le privilége d'agrandir de petits objets, et d'affoiblir l'impression de très-grands événemens.

Je viens aux mœurs des personnages de l'épopée, ou des hommes publics.

Agamemnon est brave, et sait gouverner les peuples; ce sont des mœurs publiques bonnes dans un chef; mais, par son orgueil et sa brutalité, il indispose tous ses alliés. Ænée est brave et religieux, ses mœurs sont meilleures; mais sa folle passion pour Didon lui fait oublier la grandeur de ses destinées et les ordres des dieux. Godefroi a toutes les qualités d'un héros et d'un chef, sans aucun des vices ni des foiblesses de l'homme privé; sublime pensée du Tasse qui attribue la perfection au chef, et laisse les foiblesses aux subalternes! et ce beau poëme est plein de ces grandes *intentions*. Voltaire, dans *la Henriade*, donne des foiblesses à son héros; l'histoire l'y autorisoit: mais nos idées, plus justes sur la société, ne le permettent peut-être plus; et saint Louis eût été beaucoup plus propre à l'épopée, si le Tasse n'eût point traité le sujet des croisades, ou si celle de saint Louis eût fini heureusement.

Les héros d'Homère s'occupent de détails domestiques, ceux de Virgile s'amusent à des jeux, ceux du Tasse éprouvent les tourmens de l'amour.

Les foiblesses du cœur sont les seules passions de l'homme privé qu'on puisse, sans déroger à la noblesse du genre héroïque, mêler aux scènes de la tragédie ou aux récits de l'épopée. Les détails des besoins domestiques ou des jeux, doivent en être bannis, parce qu'ils sont des entraves ou des obstacles aux soins publics, et qu'il est vrai de dire, dans un sens, que l'homme public ne doit connoître ni besoins, ni jeux. Il en est de ces détails dans la vie de l'homme public, comme de ces lieux destinés à apprêter les alimens, et que, dans le palais d'un roi, on place au plus loin de la chambre du conseil.

La valeur noble, généreuse, toujours la même des héros du Tasse, est préférable à la valeur brutale, grossière, féroce, et souvent en défaut, des héros d'Homère; et l'on aperçoit sensiblement dans le Tasse, l'influence du *droit des gens* reçu chez les chrétiens, qui donne à l'humanité tout ce qu'il peut accorder sans rien ôter à la valeur. Les héros de Virgile, moins civilisés que ceux du Tasse, sont moins grossiers que ceux de l'Iliade. Le progrès des mœurs est sensible d'Homère à Virgile, et de Virgile au Tasse (1); et pour ne comparer ici qu'Homère et Virgile, les dieux de celui-ci, comme l'observe Voltaire, parlent et agissent plus raisonnablement que les divinités de l'autre, et la philosophie du sixième livre de l'Enéide annonce des progrès sensibles dans la raison.

Ce sont là des vérités de tous les temps et de tous les lieux, et qui ne seroient pas moins des vérités, quand elles auroient été défendues par la Mothe, ou combattues par Despréaux. Racine, qui met en scène le fier Atride et le bouillant Achille, leur donne les mœurs que le Tasse donne à ses héros; et Boileau, s'il eût fait un poëme épique, dont le sujet eût été pris dans la Grèce antique, n'eût pas donné à ses héros les mœurs qu'Homère prête aux siens. Le poëte, il est vrai, peignoit les mœurs de son temps, comme le barde du nord peint les brouillards et les tempêtes de son pays; et peut-être est-ce le contraste d'une nature puérile et familière, et d'une expression très-élevée

(1) Virgile a vécu à une égale distance du siége de Troie et des croisades.

et très-noble, qui est une des sources de notre admiration pour ce grand poëte : car rien ne nous plaît autant que les contrastes. Homère a peint une nature de société dans l'enfance; Virgile une nature plus avancée; le Tasse une nature parfaite : il est l'extrême d'Homère. Celui-ci a célébré les temps héroïques du paganisme ; le Tasse a chanté les temps chevaleresques de la chrétienté: ils ont suivi chacun leur siècle. « Dans le » siècle d'Auguste, dit Terrasson, Homère » n'eût pas mis ou laissé tous ces dérange» mens de caractères et de discours qui se » trouvent dans son poëme ».

Mais Homère a-t-il mieux peint l'enfance de la société, ou Virgile ses progrès, que le Tasse n'a peint sa virilité? C'est là le point de la question; et si, ainsi posée, elle étoit décidée contre le Tasse versificateur, le Tasse poëte pourroit en appeler, et demander que l'on compensât l'infériorité de l'expression, avec des beautés d'un autre ordre, et la supériorité de son sujet et de son plan. On a dit qu'Homère est constamment épique, et que le Tasse vise au pastoral : on a confondu les artistes et leurs instrumens. La langue d'Homère est plus héroïque que son sujet, et le sujet du Tasse plus héroïque que sa langue. La langue italienne, foible, molle et sans dignité, convient plutôt au genre familier. Lorsqu'elle parle l'épopée, on croiroit entendre jouer le vieil Horace par l'amoureuse du théâtre italien. C'est Herminie qui prend les armes d'Argant pour combattre Tancrède. Aussi, remarquez que les reproches que Despréaux fait au Tasse, portent principalement sur les *concetti* de sa langue, et que ceux qu'Horace fait à Homère, tombent plutôt sur la conduite du poëme. De là vient qu'Homère et Virgile perdent tout à être traduits, et que le Tasse y gagne peut-être, ou du moins que son poëme ne perd rien à être traduit dans toutes les langues qui sont plus mâles et plus héroïques que sa langue naturelle.

Les mêmes rapports, absolument les mêmes que nous avons remarqués dans le caractère de la pastorale et de l'épopée antiques, nous les retrouverions, et plus marqués peut-être, dans la tragédie grecque, comparée à la tragédie française, où il y a bien plus d'art, d'intérêt et d'action, des mœurs bien plus nobles et bien plus soutenues dans le genre élevé; mais ici nous ne pourrions en faire la comparaison avec la tragédie latine. Les six qui nous restent ne peuvent y servir, et sans doute, comme les Romains n'osoient pas mettre leurs anciens rois sur la scène, et qu'il n'étoit pas permis d'y présenter les magistrats de la République, obligés de prendre leurs sujets dans l'histoire grecque, ils ne pouvoient que copier les Grecs. La comédie permettroit plutôt ce parallèle. La bouffonnerie d'Aristophane, la décence de Térence, l'élévation de Molière et de nos bons comiques, dans le Misanthrope, le Glorieux, le Méchant, dont le genre noble, sans être héroïque, n'étoit pas connu des anciens, nous donneroient nos trois termes de l'enfance, de l'adolescence et de la virilité. Nous les retrouverions aussi distinctement marqués dans la nudité d'Esope, dans la simplicité de Phèdre, et dans les grâces de La Fontaine; enfin les épigrammes de l'*anthologie*, celles de Martial et les nôtres, nous offroient les mêmes points de comparaison.

En un mot, et pour nous résumer, les anciens ont trop souvent rabaissé le genre héroïque par des détails d'une excessive *familiarité*, et les modernes ont relevé le genre même familier par la noblesse et même la dignité des détails. Dans La Fontaine, le chêne et le roseau, la belette et le lapin conversent plus décemment que les héros de l'Iliade.

Le christianisme n'est pas étranger à ces progrès de l'art; et, puisqu'il est incontestablement la cause des progrès de la société, il l'est nécessairement de ceux de la littérature. Le christianisme a donc aussi son *génie* même poétique, et c'est ce qui nous sera incessamment démontré (1). « Le » fil du bon goût, dit Terrasson, vient des » Grecs, plus châtié par les Latins, et » porté à sa perfection, du moins quant à » sa théorie, par les Français. Les enne- » mis de l'érudition voudroient nous faire » perdre la première moitié de ce fil, et » l'admiration outrée pour les anciens nous » feroit perdre la dernière. *Nihil majus* » *prœstandum est*, dit Sénèque, *quàm ne* » *pecorum ritu, antecedentium gregem se-* » *quamur, pergentes non quà eundum est,* » *sed quà itur* ».

(1) L'auteur veut parler du *Génie du Christianisme*, de M. de Châteaubriant, qui alloit paroître.

Fin de la Législation primitive.

AVERTISSEMENT.

NOUS avons considéré, dans la première partie de cet ouvrage, par les seules lumières de la raison, la législation fondamentale de la société, qu'on peut regarder comme la *cause* de son existence. Nous allons traiter *historiquement* dans cette seconde partie, du *moyen* nécessaire et naturel de sa conservation, ou du *ministère public*, que l'on appelle *sacerdoce* dans l'Eglise, et *service* civil et militaire dans l'Etat.

Nous le considérerons, en France seulement, parce que l'histoire en est plus familière à nos lecteurs, et aussi parce que les ordres ou classes de citoyens dévouées au service public avoient retenu en France plus que partout ailleurs l'esprit et les devoirs de leur profession. Mais il ne peut être question ici que de la France ancienne, et l'auteur n'est que l'historien des temps passés, ou, si l'on veut, l'antiquaire qui étudie les ruines d'antiques monumens.

Lorsqu'on traite de la société, du pouvoir et de ses fonctions d'une manière aussi *générale*, aussi *abstractive* des hommes et des circonstances que je l'ai fait dans mes écrits politiques, on ne peut, sans une extrême injustice, être taxé d'intentions et d'allusions. Sans doute il faut dire la vérité; mais il n'est *nécessaire* de publier que les vérités *nécessaires* ou générales, celles qui donnent la connoissance des êtres et de leurs rapports. Les vérités sur les individus toujours mêlées d'erreur et de précipitation, toujours suspectes d'affection, de haine ou d'intérêt, peuvent amuser la malignité du cœur humain; mais les vérités générales, certaines et pures comme Dieu même dont elles émanent, instruisent les hommes, et redressent leurs actions en éclairant leur volonté. Je n'ignore pas que c'est semer avec le vent, que de publier la vérité pendant une révolution, qui occupe trop fortement le cœur et l'esprit aux intérêts privés, pour qu'il y reste quelque place aux affections publiques; mais si la semence ne reste pas aux lieux où elle est jetée, elle ne tombe pas en vain, et va féconder d'autres contrées. Il est vrai cependant que jamais la vérité ne rencontra autant et de si puissans obstacles. L'erreur, toujours en sentinelle, fait une garde sévère autour du poste qu'elle a surpris. Les gouvernemens occupés exclusivement de connoissances physiques, et qui voient plutôt dans les hommes des machines à multiplier, que des êtres moraux à former, traitent certaines vérités avec dérision, et les renvoient au peuple couvertes de leurs mépris. Honteux d'avoir été trompés par des charlatans qu'ils ont accueillis avec tant de faveur, et d'avoir payé des sophistes pour ruiner leur autorité, ils se contentent aujourd'hui de demeurer neutres entre les ennemis de l'ordre et ses défenseurs, et ils ne savent pas que *s'il est nécessaire que le scandale arrive*, comme l'a dit la suprême raison, et quel plus grand scandale que les révolutions? ce ne peut être que parce que les grands désordres dans la société mettent à découvert les erreurs qui la travaillent, et hâtent le développement de la vérité qui l'affermit; car la vérité *toujours ancienne*, et *toujours nouvelle*, semée au commencement des temps, se développe et se mûrit tous les jours.

Un homme a rempli la première et la plus noble destination de l'être intelligent et raisonnable, lorsqu'il a appliqué son esprit à connoître la vérité et à la faire connoître aux autres; c'est aussi une fonction publique, et une sorte de ministère qu'il ne paie pas trop cher de sa fortune, de son repos, et même de sa vie.

TRAITÉ
DU MINISTÈRE PUBLIC.

CHAPITRE PREMIER.

Établissement de l'Église et de l'État.

LA religion chrétienne, en paroissant au monde, appela à son berceau des bergers et des rois; et leurs hommages, les premiers qu'elle ait reçus, annoncèrent à l'Univers qu'elle venoit régler les familles et les Etats, l'homme privé et l'homme public.

La constitution de la société, même politique, commença avec la constitution de la société religieuse, parce que les vrais rapports des personnes qui composent la société humaine (à la fois intellectuelle et physique), furent établis et déclarés. La souveraineté absolue sur l'Univers, fut attribuée à celui *dont la volonté doit être faite sur la terre comme aux cieux :* le pouvoir général dans la société fut donné à celui qui dit de lui-même : *Tout pouvoir m'a été donné au ciel et sur la terre*, et qui appelle les chefs des nations ses premiers ministres pour faire le bien, *minister in bonum* : le ministère fut consacré par ces paroles qui conviennent aux ministres de toute société : *Que celui qui voudra être le plus grand d'entre vous, ne soit que le* ministre *des autres, et que celui qui voudra être le premier entre les autres ne soit que leur serviteur.* Enfin, l'état de sujet, qui est l'enfant ou la *personne foible* de la société, fut ennobli par ces paroles de la vérité éternelle : *Laissez les petits s'approcher de moi;* parce que tout, dans la société, *pouvoir et ministres*, même politiques, n'est établi que pour conduire les hommes le plus près possible de la vérité et du bonheur.

Les commencemens du christianisme furent foibles en apparence, comme les commencemens de tout ce qui est destiné à une longue durée. Ses progrès, quoique rapides, furent long-temps obscurs; et ce germe chétif et imperceptible, étendoit sous terre de profondes racines, avant de jeter au loin ces rameaux qui devoient couvrir la terre de leur ombre, et offrir un abri *aux oiseaux du ciel.*

L'idolâtrie, chassée du plus grand nombre des familles, vivoit encore dans ce gouvernement célèbre, qui, né dans son sein et soutenu par elle, la défendoit de toute la majesté attachée au nom et à la fortune de l'Empire romain. La religion chrétienne osa attaquer sur son trône ce colosse d'erreur et de vice : la lutte fut terrible et sanglante; et dans cette guerre, qui dura depuis Néron jusqu'à Julien, dignes tous les deux d'être, l'un le premier et l'autre le dernier de ses persécuteurs (1), la religion perdit les plus généreux de ses athlètes; mais, plus féconde par la mort de ses enfans, plus forte dans son apparente foiblesse, après trois siècles de combats et de victoires, elle triompha enfin sous Constantin, et convoquant à Nicée les chefs de sa milice, elle se fit reconnoître, comme législatrice souveraine de l'Univers, en fixant à l'homme ce qu'il devoit croire et ce qu'il devoit faire; et elle arbora sur les ruines du paganisme son étendard sacré, ce

(1) Julien l'Apostat fut le dernier persécuteur idolâtre; car Valens, qui persécuta après lui les catholiques, étoit Arien.

signe dans *lequel elle devoit vaincre*, et devant qui tous les rois de la terre devoient un jour se prosterner.

Tant que la religion vécut, pour ainsi dire, dans les familles, elle ne subsista que des libéralités des fidèles, comme elle subsiste aujourd'hui en France, et partout où elle n'est pas ou n'est plus de l'Etat, et pour les mêmes raisons : mais à mesure qu'elle passa de la société domestique, dont elle avoit réglé les mœurs, dans la société publique et politique, dont elle devoit changer les lois, elle devint publique dans l'existence de ses ministres et dans l'entretien de son culte; je veux dire qu'elle devint propriétaire, parce qu'il falloit, qu'appelée à vivre au milieu des hommes et des événemens, elle fût indépendante des uns et des autres.

La protection divine s'étoit assez montrée dans les progrès du christianisme : une fois établi, il rentroit dans les lois générales de l'ordre social, où tout ce qui n'est pas propriétaire du sol, est, pour sa subsistance, nécessairement dépendant de l'homme.

Et qu'on ne dise pas, avec quelques sectes qui veulent toujours ramener le christianisme à son berceau, parce qu'elles n'ont pas la force d'en suivre les progrès, que son fondateur et ses premiers disciples n'avoient pas de propriétés : comme si un être vivant pouvoit subsister sans être propriétaire ! Ils étoient propriétaires de ce qu'on leur donnoit pour vivre, comme leurs successeurs sont propriétaires de ce qu'on leur a donné pour subsister. La seule différence est que les uns avoient une portion dans les fruits, et que les autres ont une portion dans le fonds : ainsi le christianisme à son origine ressembla à toute société naissante qui quête une subsistance précaire par la chasse ou la pêche, avant de passer à l'état fixe et assuré d'un peuple agricole.

Dès que la religion fut établissement public, il n'est plus question dans ses annales des petites églises d'Ephèse, de Thessalonique ou de Corinthe, mais des grandes églises des Gaules, de la Germanie, d'Espagne, de l'église d'Orient et de l'église d'Occident, etc. ; et c'est aussi la marche de la politique, qui ne connoît dans son dernier âge que les grands Etats : et cette réflexion est applicable au temps présent.

La monarchie des Francs avoit commencé dans les forêts de la Germanie; et, comme dans toute société, son chef, constitué pour *juger* et pour *combattre*, avoit des *ministres* nécessaires de cette double fonction conservatrice de la société : et Tacite le remarque expressément.

Ces ministres, qu'il appelle *nobiles, comites, notables, nobles*, compagnons, et plus tard convives du prince, n'eurent pas non plus, tant que la société ne fut pas fixée, des propriétés *immobiliaires* affectées à leur profession. Ils subsistoient aussi de présens qu'ils recevoient de leur chef, comme leur chef lui-même subsistoit de ceux qu'ils lui faisoient. C'est encore la même chose dans les peuplades sauvages : mais le sauvage, peuple à son premier âge, n'a d'autres richesses que les productions du sol; et les Germains, plus avancés d'un degré dans la civilisation, et qui connoissoient déjà les arts, et après eux les Francs, même sous la seconde race de nos rois, donnoient et recevoient des productions de l'industrie, des armes, des chevaux, des vases précieux.

Ce fut avec ces lois, ou plutôt avec ces

coutumes politiques, que les Francs entrèrent dans les Gaules, où la religion chrétienne les avoit précédés. Leurs mœurs dures s'accommodèrent de sa doctrine sévère, comme leurs lois monarchiques s'accordèrent avec sa constitution. Les Francs se fixèrent au milieu des Gaulois et des Romains. La religion, *qui fait habiter ensemble les lions et les agneaux*, de trois (1) peuples ne forma qu'une société. L'église et l'Etat distincts, parce que l'une règle les volontés de l'homme, et que l'autre règle ses actions, mais semblables, parce qu'ils sont tous deux société, se réunirent dans une constitution homogène. L'église avoit son chef ou son pouvoir, ses ministres, ses fidèles; l'Etat eut son chef, ses ministres, ses *féaulx* ou sujets : c'est-à-dire, que l'église et l'Etat eurent chacun leurs personnes publiques et leurs propriétés publiques, qui formèrent dans l'une et dans l'autre société, l'institution du ministère public.

---

(1) Les évêques étoient des Romains, et les officiers politiques furent les Francs.

CHAPITRE II.

Constitution semblable du Ministère religieux et du Ministère politique.

Division de juridiction, hiérarchie dans les fonctions, nature des propriétés, tout jusqu'aux dénominations devint peu à peu semblable dans le ministère religieux et le ministère politique. « Tout », dit M. de la Curne de Ste.-Palaye, dans ses excellens *Mémoires sur la Chevalerie*, auxquels je renvoie le lecteur; « tout confirme l'idée que nos an- » ciens auteurs ont eue de faire un parallèle » assez exact entre le sacerdoce et la cheva- » lerie...... Presque tous les auteurs se » réunissent à reconnoître dans l'investi- » ture de la chevalerie, les rapports sensi- » bles avec les cérémonies employées par » l'église dans l'administration des sacre- » mens. Les plus anciens panégyristes de la » chevalerie parlent de ses engagemens, » comme de ceux de l'ordre monastique et » du sacerdoce. Le privilége attaché à l'ha- » billement ecclésiastique étoit également

» affecté à l'habillement du chevalier, et » pour qu'il ne manquât rien au parallèle » entre les deux états de *clergie* et de che- » valerie, nos anciens auteurs vouloient » étendre sur les chevaliers l'obligation du » célibat ».

L'église étoit divisée en métropoles, en diocèses, en paroisses; l'Etat en gouvernemens ou duchés, districts ou comtés (depuis bailliages ou sénéchaussées), en fiefs. L'une avoit ses ministres gouvernés par un chef, vicaire de Jésus-Christ pouvoir suprême de la religion; l'autre, ses nobles commandés par un chef appelé maire du palais, grand sénéchal, enfin connétable, lieutenant né du pouvoir suprême pour la *force*, comme le référendaire ou le chancelier le fut ensuite pour la *justice*. La religion avoit ses ordres religieux et politiques, engagés par des vœux, chargés, même alors, de l'éducation publique et du dépôt des connoissances sociales: la politique avoit ses ordres militaires et religieux, engagés aussi, et par les mêmes vœux, à défendre la religion contre les infidèles: tous les deux avoient leurs tribunaux spéciaux et leurs assemblées générales, conciles, cours plénières, parlemens, états-généraux. Les deux ministères s'appeloient *ordres* ou personnes *ordonnées* pour une fonction qui demande *subordination* dans les volontés et hiérarchie dans les grades. Ils s'appeloient tous les deux *milice* ou personnes dévouées, de *me lito*, je me dévoue, qui, par le changement d'*e* en *i*, commun à toutes les langues, même vivantes, a fait *milito*, je combats (1).

La nature des propriétés étoit absolument la même, et elles portoient le même nom. Le ministère de la religion possédoit des dîmes et des fonds de terre; le ministère politique possédoit des fonds de terre et des champarts (*campi pars*) dîme ou tasque (2), rentes ou censives, etc., c'est-à-dire, une contribution en nature de denrées. Les propriétés des unes et des autres s'appeloient

---

(1) Cette identité s'étend jusqu'au pouvoir même des sociétés. Les rois, dans l'Ecriture, sont appelés *Christ*, et Jésus-Christ est appelé *roi;* et jusqu'au nom de *fils de l'homme*, qui est spécialement réservé à Jésus-Christ, l'église, dans sa liturgie, le donne aux rois, *et super filium hominis quem confirmasti tibi.*

(2) *Tasque* est le mot *taxe*, défiguré par le peuple, qui dit *tasque* au lieu de *taxe*, comme il dit *fisque* au lieu de *fixe*, et *sesque* au lieu de *sexe*.

également bénéfices, ou biens employés à *faire le bien* de la société. Les propriétés de l'ordre ecclésiastique ont retenu le nom de *bénéfices*, celles de la noblesse ou de l'ordre politique ont pris le nom de fiefs. Ecoutons Sieyes : « Plus je réfléchis à cette » alternative (de doter le clergé en pro- » priétés, ou de le salarier en argent), et » moins je peux trouver mauvais que le ser- » vice ecclésiastique ait continué d'être à la » charge des terres cédées au clergé ; et même » j'oserai regretter que les dépenses mili- » taires aient cessé d'être acquittées par cette » énorme quantité de fiefs fondés en France » en faveur d'un corps national militaire qui » n'existe plus. On ne me fera jamais ac- » croire que cette manière d'assurer LES » DEUX GRANDS SERVICES PUBLICS de la » société, fût plus onéreuse au peuple que » l'impôt dont il est presque partout accablé». Ce passage, extrêmement remarquable, est textuellement extrait des *Observations sommaires sur les biens ecclésiastiques, publiées en* 1789.

Les contributions pour la subsistance des ministres de la religion et de ceux de l'Etat, sont naturelles, sont nécessaires : ce qui fait qu'elles ont été connues dans toute société et à toute époque de la société, et qu'on ne peut pas même concevoir une société sans ministres, ni des ministres sans moyens assurés de subsistance. Ainsi, quelle qu'eût été l'origine des biens de l'ordre ecclésiastique et de ceux de l'ordre politique, origine sur laquelle des écrivains, prétendus philosophes, ont débité tant d'inepties ou tant d'impostures, ces biens donnés ou acquis, mais non usurpés, avoient été réglés par l'autorité publique à mesure que la société s'étoit constituée, et ils étoient devenus établissement public, nécessaire pour perpétuer le corps ecclésiastique, ou les familles nobles. Les progrès de la civilisation commencèrent en Europe avec l'état fixe et propriétaire du ministère public; et les désordres de l'état sauvage y ont recommencé, lorsque le ministère public y est devenu amovible et salarié.

Tout étoit donc parfaitement semblable (1)

---

(1) Cette correspondance entre les deux ordres étoit telle, que dans la suite le grade de *docteur* étoit le grade

dans la destination sociale et dans la constitution extérieure des deux ordres, dont l'un devoit juger la doctrine et combattre les vices, et l'autre juger les actions et punir les crimes. Et si la raison et l'histoire ne nous disoient pas qu'ils sont parfaitement semblables entre eux, leurs malheurs communs, et la haine désespérée dont ils ont été à la fois l'objet, suffiroient pour nous l'apprendre. Ainsi, selon la remarque de l'auteur des *Etudes de la Nature*, l'Etat partout s'élevoit avec l'église, le donjon à côté du clocher, le seigneur ou le magistrat à côté du prêtre; et dans cette double institution, qui régloit les volontés et les actions religieuses des fidèles, les volontés et les actions civiles du *féal* ou du sujet, étoit le *moyen* de tout ordre public et de toute perfection sociale, qui consiste dans ces deux mots :

---

pair de celui de *chevalier*, et que l'hermine étoit la décoration distinctive de l'un et de l'autre. *Licencié* répondoit à *écuyer*, et *bachelier* ne veut dire que *bas chevalier*. Cette parité est évidente dans les compositions pour le meurtre, établies dans les premiers temps.

gloire à Dieu et paix aux hommes, dont les *volontés sont bonnes*, c'est-à-dire, qui prennent l'ordre général pour unique règle de leurs volontés particulières.

CHAPITRE III.

Altérations dans les Ordres chargés du Ministère public.

A côté de la nature, qui édifie avec ses lois, l'homme, agent libre d'un ordre nécessaire, détruit ou plutôt contrarie avec ses passions.

Les ministres de la religion vivoient en France, dans les premiers temps beaucoup plus que de nos jours, en communautés séculières ou régulières, véritables familles religieuses, dont l'évêque ou tout autre supérieur étoit le père : et là même où il ne pouvoit y avoir communauté de résidence pour les personnes, comme dans tout un diocèse, il y avoit administration commune de biens ecclésiastiques, comme l'observe l'abbé Fleury. La vie commune existe encore dans les monastères et les lieux réguliers; les cloîtres ou chapitres, antiques demeures des chanoines, dont on retrouve dans toute l'Europe le nom et les vestiges autour de toutes les anciennes cathédrales, attestent la vie jadis commune des prêtres, même séculiers; et l'on peut remarquer à Paris, auprès de plusieurs paroisses, un quartier appelé *la rue des Prêtres ;* preuve d'une ancienne communauté d'habitation.

Pendant long-temps les nobles (sauf ceux que des fonctions particulières retenoient dans les villes, où les Francs exerçoient des emplois civils et ecclésiastiques(1),) vécurent à la campagne et sur leurs terres. Il y avoit peu de villages, dans ces temps reculés, qui ne fussent la résidence d'un seigneur, c'est-à-dire, d'un homme public ayant devoir de juridiction sur les personnes, et droit de subsistance sur le fonds : double attribut du ministère public ; car il ne faut pas oublier que les nobles étoient

---

(1) *Franci*, dit Agathias, *habent magistratus in urbibus et sacerdotes ;* et l'on voit par les plus anciennes lois, que le comte présidoit les échevins ou rachimbourgs (rath im burg) en allemand, conseillers de la ville.

tous, dans leur institution naturelle, et particulièrement en France, magistrats et guerriers (1). On interdisoit aux nobles, coupables de quelque crime, les fonctions judiciaires, comme le service militaire; *neque in palatio militiam, neque agendarum causarum licentiam habeant.* « Les premiers siècles de la monarchie virent les grands seigneurs, les courtisans destinés à défendre également par les armes le droit de la nation, et par leur éloquence le droit des particuliers ». *Mém. sur l'anc. Chev.*

La vie commune convenoit aux fonctions religieuses des ministres de la religion; car en rejetant sur le corps l'embarras des soins domestiques, elle laissoit à l'individu plus de liberté d'esprit et de corps pour remplir les devoirs publics. Elle mettoit dans un accord parfait les leçons de la religion et les exemples de ses ministres, et elle montroit des hommes personnellement détachés

---

(1) Voyez l'ouvrage du *Pouvoir législatif* sous Charlemagne, par M. Bonnaire de Pronville, imprimé à Brunswick, 1800, et les *Mémoires sur la Chevalerie* déjà cités.

de

de toute propriété à des hommes en qui il falloit, pour l'intérêt de la société, modérer l'excessif attachement aux richesses, source féconde d'injustices et de forfaits.

D'un autre côté, la vie isolée et champêtre convenoit aux fonctions du ministre politique, qu'elle plaçoit au milieu de ceux dont il devoit être le juge, le défenseur et le modèle. Elle exerçoit ses forces par le goût de la chasse et la pratique de l'agriculture. Elle fortifioit son âme par l'habitude d'une vie simple et uniforme, qui amortit les passions en en éloignant le spectacle contagieux, et dispose l'homme à remplir avec courage et dévouement ses devoirs envers la société.

Mais dans la lutte éternelle de l'homme privé et personnel, contre l'homme public, de l'homme de soi, contre l'homme des autres, des passions enfin contre la raison, la fureur des jouissances, quand l'autorité ne sait plus la contenir, ne tarde pas à l'emporter sur le sentiment des devoirs.

La vie commune parut au ministre de la religion austère et gênante, comme plus tard la vie champêtre parut au noble triste et ennuyeuse; car j'observe ici la marche des passions plus que je ne consulte la date des événemens. Les grands changemens qui arrivent, en bien comme en mal, dans les institutions sociales, n'ont jamais de date certaine : ils existent déjà quand les hommes les déclarent ; et même les hommes ne les déclarent et ne les sanctionnent par leurs lois que parce qu'ils existent depuis long-temps. C'est une vérité importante, aperçue par le président Hénaut, dans ses *Observations générales sur l'Histoire de France.*

Il s'étoit formé des bourgs et des villes autour des monastères et des chapitres. A mesure que la population augmentoit, et qu'il s'élevoit de nouvelles habitations, on construisoit de nouvelles églises pour la commodité des habitans. Les prêtres des monastères voisins alloient, les jours consacrés au culte religieux, desservir ces chapelles éloignées (1) ; ou bien, sans cesser d'appartenir à leur communauté, ils y faisoient momentanément leur résidence. Il en étoit de

(1) Le pluvial, devenu chape, atteste les précautions que le desservant étoit obligé de prendre, dans le trajet, contre les injures du temps.

nos jours à peu près de même en Suisse, en Allemagne, et partout où les cures sont entre les mains des réguliers : la nécessité les y conduisoit, le goût les y fixa, loin de la surveillance du supérieur et de la gêne de la vie claustrale. Les supérieurs n'aperçurent pas, ou dissimulèrent les inconvéniens de ces changemens, qui les délivroient du soin de surveiller, et adoucissoient pour eux-mêmes l'austérité de la règle, toujours plus relâchée dans les maisons moins nombreuses. Quelquefois même la maison y gagna sous le rapport de l'administration de ses biens, puisqu'elle acquit pour de modiques honoraires un homme d'affaires, résidant sur les lieux, et intéressé à la fortune de la communauté, et ce motif fut quelquefois la seule raison de l'établissement des cures. Il arriva encore que des décimateurs, las de la campagne et de leurs fonctions, payèrent un desservant, en se réservant la dîme, et donnèrent naissance aux bénéfices simples. Souvent aussi il se forma des paroisses, beaucoup trop éloignées des monastères, où le desservant ne put plus faire sa résidence habituelle; et ainsi, soit nécessité, soit dégoût de la vie claustrale, les prêtres isolés dans les campagnes cessèrent d'appartenir à une maison commune.

Le Gouvernement, défenseur et gardien naturel de tous les établissemens religieux et politiques, consentit à ces arrangemens, ou même les favorisa : il s'occupa du bien-être de chacun, plutôt que de l'intérêt de tous. Il ne vit pas qu'en fait de devoirs, il n'y a jamais de motif pour épargner de la peine à l'homme, et qu'il y en a toujours pour lui en donner, parce que l'accomplissement de tous les devoirs ou la vertu, n'est elle-même qu'un continuel combat. Les gouvernemens cherchèrent même à tirer parti de ces innovations pour accroître leur crédit personnel, en conférant les bénéfices comme une faveur à des ecclésiastiques de leur choix, et quelquefois même à des laïques, qui les possédèrent comme un patrimoine, et en trafiquèrent comme d'un héritage.

Ce fut une insensible, mais véritable révolution. Jusque-là le prêtre avoit eu sa part de la considération dont jouissoit le corps auquel il appartenoit, et qui se compose de toutes les idées d'antiquité, de perpétuité, de propriété, de discipline même et de régularité, qui rendent un corps puissant et respectable ; car il ne peut exister de règle que pour les corps, parce que l'autorité qui l'établit n'a de prise que sur les masses ; et de là vient qu'on voit des corps politiques si bien réglés, composés d'individus qui ne le sont guère. Le prêtre réduit à sa personne, quelquefois peu digne de considération ; à sa fortune, toujours modique ; oisif, et trop souvent intéressé, fit tort au ministère, et le ministère à la religion, qui, abaissée jusqu'au peuple, plutôt que rapprochée de lui, pauvre dans son culte et sans dignité, fut moins publique que populaire, et ne présenta plus au peuple ces formes augustes et imposantes qui conviennent à la divinité de la religion, et soutiennent la foiblesse de l'homme. Ce fut là une des causes et un des effets de la dépopulation, et par conséquent de la destruction des monastères : « Principaux moyens, dit l'abbé » Fleury, dont la Providence s'est servie pour » conserver la religion dans les temps les » plus misérables ». Mais à cette cause de dégénération, tirée de la vie indépendante et isolée de l'homme, il s'en joignit une plus puissante, tirée d'un bouleversement dans les propriétés.

Le concours de plusieurs causes, dont les plus actives furent les donations multipliées, la foiblesse de l'administration, les changemens de la race régnante, les invasions des Normands, les croisades, les guerres des rois contre leurs vassaux, avoit fait passer dans les mains du clergé un grand nombre de fiefs, propriété naturelle et exclusive de l'ordre politique, et dans les mains des nobles des dîmes ecclésiastiques, propriété naturelle et exclusive de l'ordre clérical. Les devoirs suivirent naturellement les propriétés auxquelles ils étoient attachés. Le noble nomma à des bénéfices, et quelquefois les rendit héréditaires dans sa famille. Le prêtre institua des juges, et leva des soldats, ou même jugea et combattit lui-même ; et l'esprit de chaque ordre fut altéré en même temps que les propriétés furent confondues.

Le clergé acquit aussi des vassaux par l'inféodation de ses biens, comme la noblesse acquit des droits de collation en fondant des bénéfices : mais ces propriétés n'en étoient pas moins abusives en elles-mêmes, quelque respectable qu'en fût l'origine; et de même que les laïques n'étoient pas compétens pour conférer des droits à des fonctions religieuses, les prêtres ne l'étoient pas davantage pour instituer des officiers politiques, parce que les devoirs de la milice spirituelle sont incompatibles avec ceux de la milice séculière : *Nemo militans Deo implicat se negotiis sæcularibus*, dit saint Paul à un évêque; et le divin fondateur de la religion refuse lui-même de *juger* dans la société politique, et défend à ses apôtres d'y *combattre* avec les armes séculières.

Mais le clergé, immortel, sédentaire, n'aliénant jamais, acquit beaucoup plus de fiefs que la noblesse, bien moins constituée que le clergé (et c'étoit la faute de l'autorité), n'acquit de dîmes ecclésiastiques. Il y avoit peu de grands bénéfices en France, et même ailleurs, qui n'eussent des fiefs dans leur dotation; et du moins en France, il y avoit peu de dîmes inféodées dans les provinces du midi. Cette interversion de propriétés et de devoirs existoit encore en France; mais l'abus étoit senti : c'est ce qui faisoit que le clergé vendoit de préférence les fiefs, lorsqu'il lui étoit permis d'aliéner de ses propriétés, ou qu'il y étoit forcé, comme lors du rachat de François Ier., et que les tribunaux civils ne maintenoient les laïques dans la jouissance des dîmes ecclésiastiques, qu'autant que leur possession remontoit à une époque reculée, et qui étoit, je crois, celle du second concile de Latran, en 1139, dont le second canon condamne les laïques qui prennent les dîmes à leur profit.

La proportion des richesses, et par conséquent de force qui devoit exister entre les deux ordres chargés du ministère public sur le même territoire, en fut dérangée. Le clergé devint opulent, et la noblesse indigente; et il en résulta, dans l'un, le dégoût chez les plus riches de leurs fonctions; dans l'autre, l'impossibilité aux plus pauvres, de remplir les leurs. Ces deux motifs s'aperçurent bien distinctement dans le remède que l'autorité religieuse et l'autorité politique cherchèrent, presque dans le même espace de cent ans, à porter au mal; remède, ou plutôt palliatif, qui, parfaitement semblable dans l'une et dans l'autre société, ne prouve que mieux le lien qui les unit et leur intime analogie : je veux parler de l'institution d'une milice non propriétaire dans l'Eglise et dans l'Etat, ou des religieux mendians et des troupes soldées.

CHAPITRE IV.

Religieux mendians, Troupes soldées.

Avant de parler de la révolution, faite au quinzième siècle, dans l'état du ministère public, je dois, pour faire sentir la différence des temps, et par conséquent des institutions, avant et après cette époque, placer ici un morceau tiré du *Catéchisme Universel*, de M. de Saint-Lambert, ouvrage que je m'abstiendrai de caractériser, par égard pour un homme vivant, mais qui se ressent autant de la caducité de la philosophie que de celle de l'auteur. Le lecteur remarquera peut-être que l'époque dont parle cet écrivain, fut précisément celle des innovations : mais il doit observer que l'effet bon ou mauvais des grands changemens, n'est sensible qu'au bout d'un intervalle de temps souvent considérable, et que pour une nation en société, comme pour un corps en mouvement, l'impulsion donnée subsiste encore, même après que la direction est changée.

Ce qui prouve avec la dernière évidence les funestes effets des innovations faites dans l'Etat et dans l'Eglise, à l'époque dont nous parlons, est qu'à cette époque même, « la » France, dit avec beaucoup de raison M. de » Saint-Lambert, a été le pays où la justice » a été le mieux administrée, et dans lequel » les magistrats ont eu le plus l'esprit, le » caractère, les mœurs qu'ils devoient avoir. » Leur pouvoir n'offensoit personne, il ajou- » toit à la sécurité de tous. Il donnoit la » force de situation. Les nobles jouissoient, » comme propriétaires protégés par les lois; » leurs droits, et non leur puissance, assu- » roient leur tranquillité. La nation prenoit » toutes ces habitudes qui, dans une monar- » chie, deviennent des vertus. Dans ces mo- » mens, les mœurs des Français ont été » peut-être comparables aux plus belles » mœurs des nations les plus illustres de

» l'antiquité (beaucoup meilleures) .....
» La religion, telle qu'elle étoit à peu près
» en France, étoit en général soumise aux
» rois, soumise aux magistrats, et favora-
» ble à l'ordre et aux mœurs. Les troubles
» religieux qui s'élevèrent, forcèrent le
» Gouvernement à suspendre l'exécution de
» ses desseins utiles, et à s'opposer aux opi-
» nions nouvelles. Ces opinions prirent nais-
» sance dans ce siècle où plusieurs papes
» eurent des vertus. On ne souffroit pas
» beaucoup alors des excès de la papauté,
» mais on en craignoit le retour. Les maux
» étoient diminués, et l'impatience étoit
» augmentée. Luther n'étoit pas un homme
» de génie, et il changea le monde. Le
» livre de Calvin parut, et le chrétien de
» Calvin est nécessairement démocrate...
» Tous les sectaires plus ou moins tendoient
» à l'indépendance ». Je reviens à mon sujet.

« Le concile de Latran, dit Fleury, avoit
» très-sagement défendu d'instituer de nou-
» veaux corps religieux ». Mais la cour de Rome crut que les maux de l'église et les besoins de la religion demandoient des secours extraordinaires; et peut-être aussi que

quelques papes, irrités des obstacles que le clergé et les universités avoient opposés à des prétentions qui n'avoient jamais été parfaitement éclaircies, regardoient comme nécessaire l'institution d'une milice plus disponible en quelque sorte pour les fonctions ecclésiastiques, et plus dévouée à leurs volontés. « Il eût, ce semble, été plus utile, » reprend Fleury, que les évêques et les » papes se fussent appliqués sérieusement à » réformer le clergé séculier, sans appeler » au secours ces *troupes étrangères* ». Quoi qu'il en soit, les papes favorisèrent l'établissement des religieux mendians (1). Mais,

---

(1) Il faut dire cependant que le pape Innocent III faisoit difficulté d'approuver le nouvel institut de saint François; mais le cardinal de Saint-Paul, évêque de Sabine, le détermina par des raisons qui font honneur à sa piété plus qu'à son jugement. Il demanda au pape s'il vouloit condamner l'Evangile. Ce n'est, au reste, qu'avec les égards dus à la papauté qu'on peut parler des erreurs, ou même des vices de quelques papes, et comme des enfans bien nés parlent des torts de leur père. Depuis un demi-siècle, les écrivains même catholiques se permettoient sur la cour de Rome la censure la plus aigre, et souvent la plus injuste. Il est intéres-

trop frappés peut-être des abus qu'entraînoient les richesses de l'ancien clergé, ils ne firent pas assez d'attention aux suites probables de la pauvreté à laquelle le nouveau se condamnoit; et en voulant réprimer le luxe, ils ouvrirent la porte à l'avarice, qui se nourrit de désirs bien plus que de jouissances. La réforme dans le chef et dans ses membres, appelée par tant de conciles, selon M. Bossuet, et après laquelle l'église soupiroit depuis long-temps, cette réforme, dont la réformation fut le fléau et le plus grand obstacle, ne pouvoit être que la correction des hommes, l'amélioration des institutions, et non l'altération des principes; et des corps qui ne devoient subsister que de dons volontaires comme dans l'état naissant de société, établis tout à coup au milieu d'une société âgée, où tout, et la religion elle-même, étoit assis sur la propriété, de-

---

sant de remarquer dans les relations quelquefois épineuses des parlemens avec les papes, les égards et le respect que les magistrats allioient avec des procédés même sévères..... C'est ce qu'on ne doit jamais oublier.

voient y produire de la discordance dans les formes, et donner aux idées une direction nouvelle, et peut-être même opposée aux anciennes idées. Aussi lorsqu'on réfléchit aux progrès des opinions, et à l'influence lente, mais irrésistible, qu'elles exercent sur les actions humaines, on n'oseroit peut-être pas soutenir que ces maximes de détachement universel de toute propriété, de pauvreté apostolique, de perfection évangélique, prêchées, et même pratiquées par les ordres mendians à leur naissance ; que l'indépendance qu'ils affectèrent plus tard des évêques, et même la facilité que quelques-uns introduisirent dans la morale, n'aient pas disposé les peuples à voir peu après, avec moins d'étonnement, les prétendus réformateurs, alliant aussi le rigorisme des formes au relâchement des principes, déclamer contre les richesses ecclésiastiques, le luxe et la mollesse du clergé, abolir même l'autorité des évêques et celle des prêtres, renverser de fond en comble toute la doctrine de l'église sur les satisfactions et les indulgences, et se vanter de ramener le christianisme à ses premiers temps, et les chrétiens à leur ferveur primitive. Et n'étoit-ce pas une semblable disposition d'esprit qui faisoit que le pieux fondateur des Frères Mineurs prenoit à la lettre, comme l'observe Fleury, ce passage de l'Evangile : « Ne possédez ni or, ni argent, et voyagez sans » sac et sans chaussure », et instituoit son ordre sur ce modèle ; et que les fanatiques auteurs de quelques hérésies encore subsistantes, prennent à la lettre la défense de saluer en chemin, ou de répondre autrement que *oui* ou *non*, et refusent en conséquence de prêter serment à la justice, et d'accorder aucune marque extérieure de déférence, même aux hommes revêtus du pouvoir public (1) ?

Quoi qu'il en soit, les nouveaux corps religieux, plus détachés en apparence des choses temporelles, parce qu'ils ne possédoient rien, plus fervens, parce qu'ils étoient plus récens, plus studieux, parce qu'ils étoient moins distraits par les soins temporels, tirés

(1) On connoît les célèbres divisions que produisit dans l'ordre des Frères Mineurs la question de la propriété.

d'ailleurs de la classe du peuple, acquirent dans son esprit une haute réputation de sainteté, et surtout de doctrine : mais leur habit, qui étoit celui du bas peuple, leur science petite et pointilleuse, leurs manières d'une popularité qui alloit jusqu'à la bassesse, furent, au moins en France, et chez une nation spirituelle et élégante, l'objet des sarcasmes des savans, et de la critique des gens du monde. « Les Frères Mineurs, dit » Fleury, s'exerçoient continuellement aux » disputes scolastiques. On traitoit tous les » jours de nouvelles questions, et on y em» ployoit toute la chicane et toutes les subti» lités possibles.... ». « Ce fut dansce temps », dit Leibnitz, dont le luthéranisme très-équivoque n'est pas suspect, même dans cette matière, « que tous les bons écrivains » disparurent, les religieux mendians tirant » tout à eux.....; en sorte que le droit » civil et canonique, et toutes les subtilités » de l'école devinrent presque l'unique objet » de toutes les études ».

Ces nouveaux corps ne furent pas non plus assez en harmonie avec les principes monarchiques de la religion et de l'Etat, à cause des

des élémens démocratiques dont leurs élections perpétuelles et leurs autorités triennales, objet éternel d'ambition et de brigues, présentoient les formes et recéloient l'esprit. « Rien n'étoit plus sage que la sta» bilité des anciens, dit Fleury », en parlant de ce changement continuel de supérieurs. C'est l'esprit démocratique de leurs institutions qui leur donnoit cette tendance habituelle à former dans l'église une hiérarchie particulière, indépendante de la discipline ordinaire, et à se soustraire à la juridiction épiscopale par ces exemptions multipliées que les papes accordoient à leurs importunités, et contre lesquelles de grands personnages se sont élevés avec tant de force. Mais ce n'étoit pas là leur seule discordance, ni la plus importante, avec les principes constitutifs de toute société.

Le clergé séculier et régulier avoit été jusqu'alors propriétaire, et sans propriété, point d'indépendance des hommes; sans indépendance des hommes, point de ministère public. Les nouveaux corps religieux qui vécurent d'aumônes de la part des peuples, de dons de la part des rois, de priviléges de la part des papes, dépendant de tout le monde, et surtout de leurs besoins, ne trouvoient pas dans leur constitution la force nécessaire pour exercer le ministère avec une entière liberté, ni peut-être avec une autorité suffisante; car on sait de quelle complaisance, pour ne rien dire de plus, étoient accusés certains corps religieux, dans les fonctions les plus sévères du ministère, où leur extrême facilité avoit passé en proverbe; et l'on n'a pas oublié l'origine de la révolte de Luther, et qu'une dispute survenue entre des corps pauvres, à l'occasion des distributions lucratives, avoit été l'étincelle qui produisit ce long et funeste embrasement. Mais aussi accourut au secours de la religion et de la vie monastique, « tombée, » dit Fleury, dans un grand mépris depuis » l'introduction des mendians », cette milice, dont les religieux mendians n'avoient été que l'ébauche, et comme la première épreuve; ce renfort, devenu nécessaire à l'instant où l'église, attaquée avec fureur au dedans par de beaux-esprits et des savans, au dehors par des princes, obligée de se défendre contre ses propres enfans, avoit dans un autre monde récemment découvert de nouveaux ennemis à combattre, de nouveaux Etats à conquérir. On voit assez que je veux parler de l'ordre des Jésuites, institution la plus parfaite qu'ait produit l'esprit du christianisme, née pour le combat, et cependant propre à la paix, constituée pour tous les temps, tous les lieux, et tous les emplois; corps puissant et riche, où le particulier étoit pauvre et soumis, considéré des grands, et respecté des peuples, réunissant à un degré égal l'esprit et la piété, la politesse et l'austérité, la dignité et la modestie, la science de Dieu et celle des hommes. Je passe au ministère politique.

Les guerres intestines et les expéditions d'outre-mer avoient porté un coup mortel à l'ordre politique. Les familles qui avoient survécu s'étoient enrichies de l'héritage des familles éteintes; d'autres s'étoient appauvries par le pillage et la dévastation de leurs biens. L'égalité entre les familles du même ordre en fut altérée, ou les inégalités s'accrurent. Les plus pauvres vendirent leurs fiefs, comme plus anciennement elles les avaient donnés au clergé; et l'ordre politique s'affoiblit par l'extinction des familles, et plus encore par l'aliénation ou l'agglomération des fiefs.

Cet affoiblissement de l'ordre politique, la nécessité de repousser les Anglais, qui les premiers en Europe avoient placé la force de leurs armées dans les troupes soldées; la fureur des conquêtes en Italie, qui saisit nos rois à cette époque, déterminèrent Charles VII à faire un établissement fixe de ce qui n'avoit été jusqu'à lui qu'une levée accidentelle et passagère. Les troupes soldées n'avoient été jusqu'alors que la partie la moins nombreuse et la moins estimée des armées françaises; elles en devinrent la force et la partie principale : différence importante, qui, dans une nation monarchique, place la force de l'Etat dans l'infanterie, qui a toujours fait la force des Etats populaires ou despotiques; arme plus soumise que fidèle, plus propre à l'agression qu'à la défense, (et c'est aussi l'esprit de la démocratie), et qui, plus portée au mécontentement que la cavalerie, par la nature de sa composition, ou parce que l'homme y est moins occupé, a partout été, et même en France, le premier et le plus puissant instrument de révolution. Les religieux mendians, dépendant de ceux qui donnoient, avoient mis un principe démocratique dans l'église, et condescendu trop souvent aux foiblesses des fidèles, ou quelquefois appuyé les préventions indiscrètes de la cour de Rome; « car, dit » Fleury, ce furent les frères mendians qui » poussèrent aux plus grands excès les pré- » tentions de l'autorité des papes (1) ». De même les troupes soldées, dépendantes de ceux qui payoient, avoient mis un principe démocratique dans l'Etat; prêtes à servir, suivant le temps et les occurrences, les foiblesses du peuple et les abus du pouvoir. Une armée de soldats est un peuple armé, véritable démocratie militaire, observe Montesquieu, en parlant de l'Empire Romain, où l'empereur n'étoit qu'un premier magistrat toujours amovible. « Charles VII, dit

(1) Le pape a une autorité ordinaire pour les temps ordinaires, une autorité extraordinaire pour les temps extraordinaires, et la doctrine de ses partisans outrés consiste à lui attribuer une autorité extraordinaire pour les temps ordinaires, c'est-à-dire, une autorité inutile, et dont l'église n'a pas actuellement besoin.

» Robertson dans son Introduction à l'His-
» toire de Charles-Quint, en établissant la
» première armée sur pied qu'on eût connue
» en Europe, prépara une révolution impor-
» tante dans les affaires et la politique des
» peuples divers. Il ôta aux nobles la direc-
» tion de la force militaire de l'Etat ».

Je n'ai pas besoin d'avertir que je ne parle ici que des corps en général, et non du particulier. Les troupes soldées ont produit de grands capitaines, et les religieux mendians des hommes distingués par leur science et leurs vertus. Les pieux fondateurs de ces ordres convenoient, même par leur simplicité, aux siècles où ils parurent, et, comme l'observe Machiavel, l'exemple de leurs vertus ranima la dévotion et la foi languissantes. Ils étendirent l'église par des missions, et les troupes soldées ont agrandi l'Etat par des conquêtes. Mais ces institutions, trop dépendantes du peuple qui donne et du peuple qui paie, ne sont pas assez liées à la constitution d'une société, où tout doit reposer sur la base immuable de la propriété foncière; et c'est tout ce que j'examine ici. Aussi depuis long-temps des symptômes non équivoques indiquoient un principe de maladie dans cette partie du corps social. Il s'étoit élevé même dans l'église des plaintes contre l'excessive multiplication des ordres religieux; et plus récemment des écrivains politiques avoient fait sentir le danger de l'accroissement démesuré des troupes soldées : danger extrême, toujours imminent dans les Etats idolâtres, mahométans et philosophiques, et dont quelques autres Etats ne sont séparés que par la force de la religion chrétienne, et les principes de fidélité dont elle fait un devoir. Les ordres religieux non propriétaires ont rendu de grands services à la chrétienté, en arrêtant dans quelques contrées les progrès du luthéranisme; mais aujourd'hui qu'un ennemi plus dangereux, la philosophie moderne, attaque les principes conservateurs des sociétés, il faut à l'Europe une milice plus régulière, et des défenseurs mieux armés. Certains ordres religieux subiront donc une réforme, soit que la force des choses l'amène peu à peu et sans désordre à mesure du besoin, et en remplaçant des étais vieillis par des appuis nouveaux, soit que l'homme rival imprudent de la nature, dans son opération violente, intempestive, détruise avec fracas, et servant, sans le vouloir, les desseins des impies, et peut-être les projets de voisins ambitieux, ébranle la foi des peuples, altère leur fidélité, leur rende les abus plus chers, et le bien même odieux. Les gouvernemens d'Europe réforment tout chez eux hors eux-mêmes; il faut beaucoup de religion, et de religion très-éclairée, dans les princes, pour entreprendre des réformes dans la religion.

Les grands Etats, placés par l'effet de la guerre présente dans des limites plus naturelles, et par là plus fixes, tous d'une force à peu près semblable, auront à l'avenir beaucoup moins de cette inquiétude qui leur mettoit sans cesse les armes à la main, et qui n'est presque jamais qu'un indice de la fausse position dans laquelle un Etat est placé; et la prépondérance décidée des premières puissances empêchera les puissances du second ordre de troubler la paix générale. Cet effet, sans doute, ne sera pas sensible peut-être de longues années : après une grande guerre, comme après un grand procès, il reste beaucoup d'incidens à régler; mais l'Europe prendra une tendance générale au repos, et l'on peut assurer qu'il y aura moins de grandes guerres, lorsqu'il y aura moins de petits Etats. Les grandes puissances pourront donc un jour diminuer leurs troupes soldées, pour augmenter la force publique que l'on ne solde point, cette force qui, liée intimement à la constitution, peut seule la défendre des révolutions, plus à craindre désormais que la conquête, et contre lesquelles un Etat se défend avec la fidélité de ses ministres, plutôt qu'avec la bravoure de ses soldats.

CHAPITRE V.

Révolution dans le Ministère politique.

Les causes de dégénération avoient agi sur l'ordre politique avec beaucoup plus d'intensité que sur l'ordre ecclésiastique, et cela devoit être, parce que l'ordre laïque ou politique vivoit beaucoup plus au milieu des hommes et des événemens.

La noblesse devoit suivre les variations du pouvoir, et participer de sa nature, comme les moyens participent de la nature de la cause, et se modifient comme elle et avec elle. Lorsque les derniers rois des deux premières races, ces rois que l'histoire a flétris du nom de *fainéans*, *juvenis qui nihil fecit*, livrés à la mollesse et aux plaisirs, eurent abandonné les rênes du gouvernement, la noblesse, plus près du trône, s'en saisit, comme en 1789 le peuple s'en est saisi à défaut de la noblesse; et alors s'élevèrent de toutes parts des souverains sous le titre de *ducs* et de *comtes*, comme il s'en est élevé dans la révolution sous celui de *députés* et de *commissaires*. C'est un axiome de la science sociale, que là où le pouvoir général s'affoiblit ou périt, chacun veut établir son pouvoir particulier; car il faut que le pouvoir soit toujours dans quelques mains. Les usurpateurs guerroyèrent les uns contre les autres, et tous contre l'autorité royale, dont ils avoient, heureusement pour la France, conservé le fantôme.

Les nobles qui n'étoient que nobles, et qui n'étoient point souverains, partagés entre ces puissances belligérantes, furent enrichis ou dépouillés, suivant la fortune de leur parti. Ces petites guerres produisirent de grands désordres; et, par un retour naturel à l'homme, qui alors étoit plus emporté que corrompu, amenèrent de grandes expiations. Des nobles rendirent à la religion les biens qu'ils avoient usurpés sur elle, ou même ils donnèrent au clergé des propriétés d'où dépendoit la perpétuité des fonctions politiques qu'ils exerçoient; et ils ruinèrent l'institution, pour expier les fautes de l'homme.

Les croisades, qui eurent de si grands résultats pour la civilisation, et qui sauvèrent l'Europe de la barbarie Ottomane, furent, comme je l'ai déjà observé, une nouvelle cause d'affoiblissement pour l'ordre chargé des fonctions politiques. Les nobles croisés vendirent leurs fiefs. D'autres nobles, des ecclésiastiques, les rois eux-mêmes les achetèrent, les confisquèrent, les usurpèrent quelquefois pendant l'absence des propriétaires, ou en héritèrent par leur mort. L'ordre ne perdoit qu'un de ses membres, lorsqu'un noble réunissoit à son fief celui d'une autre famille; mais il perdoit de plus, et sans retour, une partie de sa dotation, lorsqu'un fief alloit accroître les propriétés de l'ordre du clergé, ou le domaine royal.

Les rois, irrités de l'esprit indocile et remuant des nobles puissans, quelquefois jaloux de leurs services, virent avec trop d'indifférence l'appauvrissement d'un ordre qu'il falloit constituer, mais qu'il ne falloit pas détruire, puisqu'il étoit l'action réglée et ordonnée du pouvoir sur les sujets, et que sans lui il n'eût alors existé en France, comme chez les peuples d'Orient, qu'un despote et des esclaves. Souvent même la cour accrut les inégalités de fortune entre les familles par des profusions indiscrètes: nouvelle source de désordres; car il faut observer que l'Etat penche vers l'aristocratie nobiliaire partout où quelques nobles ont d'immenses propriétés territoriales, comme en Pologne, en Hongrie, en Russie, etc.; et que là où le sujet a d'immenses richesses en capitaux, l'Etat penche vers l'aristocratie populaire, ou la démocratie, comme en Hollande, en Angleterre. Et l'on doit remarquer ici que la noblesse française, la moins opulente de l'Europe, étoit celle qui avoit le mieux retenu l'esprit de sa profession.

La force militaire, sous Charles VII, avoit passé au *peuple armé*, ou aux troupes soldées. La force judiciaire, sous François Ier., passa au *peuple lettré*, par la vénalité des offices de judicature, et par les innovations que la diminution de l'ordre et l'appauvrissement des familles rendirent peut-être inévitables. A cette époque, le devoir (*officium*) de *juger* et de *combattre*, imposé à la possession des fiefs, devint la propriété du capitaliste ou l'engagement du prolétaire. Nous verrons cependant que la nature, qui rétablit d'un côté quand l'homme détruit de l'autre, tendoit à rattacher les devoirs publics à la propriété foncière, seule propriété véritablement sociale. La réformation dans l'église concourut, et dans le même temps, avec ces innovations dans l'Etat. Les simples citoyens avoient pris la place des magistrats *constitués* dans les fonctions politiques; les simples fidèles usurpèrent sur les prêtres les fonctions religieuses. Luther attenta au sacerdoce public; Calvin le replaça dans la famille. Le popularisme entra dans l'Etat, et le presbytéranisme dans l'église; le ministère public passa au simple peuple, en attendant qu'il s'arrogeât le souverain pouvoir, et alors furent proclamés les deux dogmes parallèles et correspondans de la démocratie religieuse et de la démocratie politique; l'un, que l'autorité religieuse est dans le corps des fidèles; l'autre, que la souveraineté politique est dans l'assemblée des citoyens.

Dès que le pouvoir eut mis en vente les offices suprêmes de judicature, la noblesse dédaigna les fonctions de judicature inférieure, dont elle donna ou vendit les offices à des clercs; mais elle ignora les véritables intérêts et le point essentiel de sa grandeur, comme le lui reproche dans ses Mémoires le maréchal de Montluc: « Elle ne fit pas réflexion » que rendre la justice, étoit remplir une des » fonctions essentielles de l'antique chevalerie, et que les magistrats combattoient » sans cesse les plus dangereux ennemis de » l'Etat. *Mém. sur l'anc. Chev.* ». Et parce qu'elle étoit trop pauvre pour faire donner une éducation à ses enfans, et qu'ils ne pouvoient plus la recevoir, comme autrefois, à la cour des grands vassaux qui n'existoient plus, elle devint ignorante lorsque l'Europe s'éclairoit, et elle se jeta exclusivement dans le métier des armes. Nos rois, eux-mêmes entraînés par le torrent des innovations, altérèrent l'antique et vénérable esprit de la constitution française, qui fait dans les principes et dans les formes dominer la justice sur la force; caractère essentiel qui la distingue des constitutions moins avancées (1). La cour avoit été jusque-là le sanctuaire du pouvoir; elle devint un camp pour la licence et la frivolité, et les mœurs graves et austères du roi firent place aux mœurs dissolues du soldat. La force intérieure de l'Etat en fut affoiblie sans que la force extérieure y gagnât; car nos rois depuis cette époque devinrent beaucoup moins guerriers qu'ils ne l'avoient été

(1) En France, l'*épée* étoit *dans les cercles* plus considérée que *la robe;* mais dans la constitution, les corps de magistrature pesoient plus que l'armée; admirable disposition de choses, qui empêchoit une nation vive et guerrière de retomber dans la constitution purement militaire, constitution de l'enfance, et avec laquelle une société ne sauroit avancer.

précédemment; et excepté Henri IV, qui fit la guerre par nécessité, ils ne la firent plus que par goût. François Ier. appela le premier tous les plaisirs au centre de tous les devoirs, et quelques années après, Charles IX le premier cessa de signer ses dépêches, et par conséquent de les lire.

Ce fut au siècle de François Ier., à ce règne brillant des arts, des jeux, des favoris, des maîtresses, des fautes et des revers, que commença la distinction de noblesse d'épée et de noblesse de robe; distinction inconnue jadis, et essentiellement contraire à la nature d'un ordre destiné à *juger* et à *combattre*; mais distinction néanmoins plus raisonnable à son origine, parce qu'elle n'étoit autre chose que la distinction des propriétaires et des capitalistes. Aussi tendoit-elle, et fortement, à s'effacer, aujourd'hui que la noblesse de robe étoit devenue propriétaire de fonds, comme nous le verrons tout à l'heure.

Depuis Charles VII et François Ier., jusqu'à l'infortuné Louis XVI, les atteintes portées à l'ordre du ministère politique, ou dans les personnes, ou dans les propriétés, nous

nous conduisent, de règne en règne, jusqu'à l'abolition du pouvoir lui-même, et dans la personne, et dans la dignité. Ainsi Henri III et Henri IV (1), et M. Hénaut s'en étonne avec raison, déclarèrent que la possession d'un fief même de dignité n'ennobliroit plus; Louis XIII ôta à l'ordre son chef immédiat, en ôtant à la royauté un lieutenant nécessaire, et il abolit la charge de connétable. Louis XIV soumit la personne des nobles et leurs biens à des impôts, qu'ils ne devoient acquitter, et qu'ils n'acquittoient autrefois que par le service personnel: et c'est ce qui fait dire à Montesquieu, que « les terres du ministère doivent avoir des » priviléges comme les personnes ». Louis XV, en limitant les substitutions, ordonna aux familles de s'éteindre; et Louis XVI enfin

(1) Henri IV s'appeloit volontiers le premier gentilhomme de son royaume, dans le même temps que le calviniste Montbrun disoit qu'un gentilhomme qui avoit l'épée au poing et le cul sur la selle, étoit égal au roi. Les nouvelles doctrines avoient introduit des idées d'égalité jusque sur le trône, et des idées d'indépendance même chez le ministre.

commanda à l'ordre, et à tous les ordres, de s'anéantir, lorsqu'il les invita *à voter par tête ;* innovation contre la nature de la société qui compte des *ordres* de personnes, et non des *têtes* d'individus ; erreur funeste qui fut la cause immédiate de nos malheurs.

CHAPITRE VI.

Changemens dans les mœurs publiques.

DÈS que les propriétaires des fiefs ne furent plus retenus dans leurs terres, ou employés dans les fonctions politiques, ils songèrent à des jouissances personnelles, et ils quittèrent leurs manoirs champêtres pour se réunir dans les villes ; comme, à d'autres époques, et quelquefois par le même motif, les prêtres avoient quitté leurs monastères pour s'isoler dans les campagnes.

Le luxe, la fureur du jeu et des plaisirs sédentaires, le goût des arts frivoles, toutes les passions qui s'enflamment par le contact, s'allumèrent au sein de ces réunions. Les villes s'embellirent par le séjour des grands propriétaires ; et à mesure qu'elles devenoient plus agréables, les habitations champêtres devenoient plus déplaisantes, et les *veillées du château* ne pouvoient tout au plus que dans les romans, soutenir la comparaison avec les soirées de la ville. La philosophie, qui peu à peu s'introduisoit en Europe, eut beaucoup de part à ce changement. La religion retient l'homme dans les campagnes, en lui inspirant le goût de la retraite, l'habitude de mœurs simples, de désirs bornés, d'une vie sobre et laborieuse : le goût du plaisir, l'orgueil du bel-esprit, la curiosité, toutes les passions poussent et entassent les hommes dans les villes, en leur inspirant la démangeaison de jouir, de savoir et de parler. Les nobles acquirent de l'urbanité (1) aux dépens de la franchise et du bon sens. Un peuple de citadins remplaça, en France, une nation agricole. Les arts y gagnèrent ; mais

(1) Urbanité, de *urbs*, signifie une qualité qu'on prend à la ville. Astuce, de *astu*, ville en grec, signifie la même chose : effectivement l'urbanité et l'astuce ne sont pas incompatibles, et leur combinaison forme l'*intrigue*. Les Romains, qui tous étoient dans une ville, faisoient grand bruit de cette urbanité.

la famille, l'Etat, la religion, la société enfin y perdit.

En même temps que de nouvelles lois remplaçoient les lois antiques de la monarchie française, de nouvelles mœurs remplaçoient les mœurs anciennes de la famille. Chose remarquable ! Charles VII et François Ier., du règne desquels date communément la révolution politique dont nous avons parlé, firent aussi une révolution domestique, et ils furent les premiers rois de la troisième race qui entretinrent publiquement une maîtresse du vivant de la légitime épouse : exemple funeste, trop fidèlement imité depuis, et qui a eu une si grande influence sur nos malheurs ! Le désordre, depuis cette époque, a toujours été croissant ; les mœurs se sont dépravées en même temps, et à mesure que les lois se sont altérées : et sans doute l'explosion s'est faite, et la révolution générale a éclaté, lorsque la dépravation des mœurs a été aussi loin que l'altération des lois ; moment terrible où la nature donne le signal des révolutions, et que l'homme ne connoît que lorsqu'il ne peut plus le prévenir.

La cour avoit été galante sous Anne de

Bretagne ; elle fut dissolue sous la Médicis. Cette reine, de famille marchande, et d'un pays démocratique, porta en France le goût de l'argent, des plaisirs et de l'intrigue, inconnus jusqu'alors à la loyauté et à la simplicité françaises. Elle fit révolution dans l'esprit religieux de la France, parce qu'uniquement occupée à maintenir son autorité foible et précaire, elle étoit au fond assez indifférente à ce qu'on *priât Dieu en français*, et qu'elle s'appuyoit au besoin même des chefs du parti réformé. Elle fit révolution dans les habitudes de la noblesse, en tirant leurs femmes de la famille, où elles avoient vécu jusqu'alors livrées aux soins domestiques, pour les attirer à la cour, leur inspirer le goût des plaisirs et des affaires, et en faire des instrumens de politique et des moyens de séduction. « On fixe ordinairement, » dit le savant P. Griffet, l'époque (de cette » irruption des femmes dans l'Etat) au règne » de François Ier.; mais on peut dire que la » reine Catherine de Médicis, par politique » ou par goût pour la représentation et pour » les plaisirs, et peut-être par tous ces motifs » ensemble, rendit le nombre des dames de

» la cour beaucoup plus grand qu'il ne l'avoit » été jusqu'alors ». C'est précisément du règne de Médicis, et de l'existence politique que les femmes prirent à la cour, que date l'influence que les mœurs de la cour prirent sur celles de la nation, et de petites intrigues (1) sur les affaires publiques. La domination des jeunes gens, sur qui les femmes se reposent volontiers du soin de l'Empire, commença en France à la même époque. Alors les femmes distribuèrent des brevets au lieu d'inspirer des vertus; les jeunes gens aspirèrent à leur plaire plutôt qu'à mériter de l'Etat, et trop souvent les caprices d'une maîtresse décidèrent de leur fidélité politique. Alors le Gouvernement, qui doit récompenser et punir, instrument de petites passions, ne sut plus que prodiguer des faveurs ou exercer des vengeances. Mais l'effet le plus funeste de cette domination fémi-

---

(1) Le cardinal Mazarin redoutoit le pouvoir des femmes en France; il disoit à don Louis de Haro, ministre d'Espagne : « Vous ne connoissez guère nos » femmes. Les vôtres s'occupent d'amour; mais en » France, elles osent et peuvent tout ».

nine, fut de donner aux ennemis de l'Etat de grandes facultés pour influer sur ses conseils : déplorable ascendant de l'étranger, qui depuis long-temps n'a cessé de tourmenter, d'avilir, de déchirer la France (1) !

Le pouvoir public doit surtout s'abstenir de mettre l'autorité publique en contradiction avec l'autorité domestique de l'âge et du sexe, en conférant à des jeunes gens l'autorité des grades, ou laissant usurper aux femmes celle de l'influence et du crédit. Il résulte de cette infraction aux lois de la nature, un double désordre qui existoit en France depuis long-temps, et qui a été un des premiers motifs et des plus puissans véhicules de notre révolution. Les jeunes gens et les femmes

---

(1) Les femmes en général entendent mieux que les hommes la conduite des affaires domestiques : ce qui prouve mieux que de longs raisonnemens, que la nature ne les appelle pas à diriger les affaires publiques. Il y a de quoi s'étonner de l'usage de nos voisins, qui en tout, au rebours de la nature, renvoient leurs femmes au dessert, et les placent sur le trône. En France, les femmes d'un certain rang vouloient nommer des généraux, des évêques, et ne vouloient plus faire des enfans.

s'enorgueillissent de l'autorité, parce qu'on ne s'enorgueillit jamais que d'un pouvoir usurpé : ils veulent revêtir la gravité et la dignité, et ils tombent dans la fatuité ou l'impertinence, et l'indignation, ou même la haine qu'ils inspirent aux subordonnés, passe toujours de la personne à la place. L'obéissance est si fâcheuse à l'amour-propre, elle est même si contraire aux secrets penchans de l'homme, que ce n'est pas trop de tous les genres d'autorité à la fois, pour vaincre les répugnances de notre cœur, et triompher de son opposition. C'est dans les chefs des nations une grande erreur, d'ôter au pouvoir qu'ils confèrent, l'appui de l'autorité la plus respectable, celle que la nature donne à l'âge avancé et au sexe fort. Il n'y a que le pouvoir placé dans la famille, qui puisse être aux mains de la jeunesse sans être un objet de haine ou de mépris, parce qu'un pouvoir héréditaire ne meurt pas, et qu'il est toujours âgé, même sur la tête de l'enfant. Jamais vérité politique mieux établie par la raison et l'histoire, que le danger de la promotion des jeunes gens aux grades supérieurs du ministère public, hors d'une nécessité extraordinaire dans l'Etat; et le Gouvernement doit tenir pour maxime générale, que des dispenses d'âge accordées aux supérieurs, sont pour les inférieurs une dispense de respect.

Les mœurs devinrent féroces en devenant licencieuses, et la fureur des combats singuliers (1), bien différens des combats judiciaires d'autrefois, commença avec la débauche, l'intrigue, le jeu, l'amour de l'argent, et l'affoiblissement du frein religieux.

C'est sous les Valois qu'ont commencé toutes les infractions à la constitution domestique et politique de la France, l'excès des impôts, l'aliénation des domaines de la couronne, les changemens dans la constitution du ministère public, le déplacement de la justice et de la force, l'introduction des femmes à la cour, la finance, etc. « Choses, » dit le judicieux Mezerai, dont il faut laisser

(1) On croyoit alors que la justice du roi pouvoit permettre ou ordonner le combat entre deux particuliers, comme elle l'ordonne entre deux nations. Le clergé lui-même partageoit cette opinion, puisqu'il consacroit le duel par des cérémonies religieuses.

» aux sages le jugement, si elles sont plus » dommageables qu'utiles ».

CHAPITRE VII.

Changemens dans les fonctions publiques.

COMME le ministère politique n'étoit que la fonction de juger et de combattre, le territoire étoit aussi divisé en ressorts ou juridictions, et l'ordre en grades. Le ressort inférieur étoit le fief ou la ville royale (fief du roi, gouverné par un comte), et le juge inférieur étoit le seigneur. Le ressort suprême étoit le royaume, et le juge suprême étoit le roi. Entre ces deux points fixes, et convenus de tous les historiens, étoit placée une juridiction d'appel ou intermédiaire, qui changeoit de dénomination suivant les pays; et par conséquent les offices ou magistratures intermédiaires entre le noble juge du fief, et le roi juge du royaume, portoient différens noms. Ainsi, division de ressort et hiérarchie de fonctions: voilà le principe, parce qu'il est dans la nature et la raison; divisions intermédiaires plus ou moins étendues, selon que l'autorité royale avoit plus ou moins de latitude; dignités plus ou moins éminentes, à raison de l'étendue des ressorts; différences dans les dénominations, quelquefois peut-être incertitude dans la compétence (1) : voilà les modifications variables, parce qu'elles tiennent aux hommes et aux circonstances. Ainsi, comme il y avoit des comtes nommés par le roi, pour rendre la justice dans les villes, il y eut des commissaires envoyés annuellement ou extraordinairement dans les provinces, *missi dominici*, pour y rendre la justice du roi, ou des ducs résidans, et remplissant l'office de gouverneurs. Lorsque ces premiers officiers eurent rendu leurs commissions héréditaires, devenus rois en quelque sorte, ils constituèrent leur petit Etat comme le royaume, et se nommèrent un lieutenant, appelé *sénéchal* ou *bailli*, comme

(1) Par exemple, les comtes qui dans l'origine étoient les premiers magistrats des villes royales, devinrent premiers magistrats de provinces, et il y eut des comtés aussi étendus, et plus même que des duchés, comme les comtés de Toulouse, de Champagne et de Flandre.

les rois avoient eux-mêmes un grand sénéchal, depuis remplacé par le connétable, dans l'importante fonction de commander les armées. Plus tard, tels sont les progrès du mal et la dégénération des institutions, le sénéchal se nomma un lieutenant, qui porta et qui portoit encore le titre de lieutenant général du bailli, comme le connétable avoit lui-même des lieutenans généraux dans les armées. Mais le sénéchal, en voulant abandonner la fonction de *juger*, ne retint plus même celle de *combattre*, et ne conserva plus qu'un titre sans autres fonctions que celle de présider les assemblées de noblesse élémentaires des états-généraux de la nation. Ainsi toutes les disputes qui se sont élevées sur les attributions et le titre même de nos plus anciens officiers et magistrats, sur la composition des tribunaux, et les formes de l'administration de la justice, se réduisent toutes à ce point, qu'il y avoit trois degrés de juridiction ascendante : 1°. celle du fief ou du comté; 2°. celle du duché (1), bailliage ou sénéchaussée;

---

(1) *Placuit nobis cuncti ut duces, comites, sive*

3°. celle du royaume enfin, *gouverné*, disent nos anciens jurisconsultes, *comme un grand fief;* en sorte que chaque partie étant semblable au tout, le tout semblable à chaque partie, il en résultoit cette homogénéité parfaite, qui a fait de la France ce corps compacte et indivisible, enraciné par les siècles, endurci par les événemens, et dont aucune force humaine n'a pu retarder, ni empêcher l'achèvement.

Le noble, dans son fief, ou dans sa ville, étoit assisté en *jugement* et en *combat*, par les hommes de son ressort, ses pairs, puisqu'ils jugeoient et combattoient avec lui; le duc, dans sa province, et à sa place son sénéchal (1) ou bailli, étoit assisté en jugement et en combat, par les nobles de

---

alii qui cunctis præesse debent, in nostram præsentiam conveniant. Capitul. Caro.

(1) On appeloit sénéchal, dans la langue d'*oc*, ce qu'on appeloit bailli dans le pays d'en deçà la Loire, ou langue d'*oui.* L'officier du bailliage qu'on appeloit lieutenant général, s'appeloit juge-mage (*judex major*) dans la sénéchaussée. A Paris, la sénéchaussée ou bailliage s'appeloit le *Châtelet;* le bailli ou sénéchal, *prévôt* de Paris; et ses lieutenans généraux, le *lieutenant civil* et *criminel.*

son ressort (*vice - domini*) ou vidames ; (*vice - comites*) ou vicomtes , (*juniores castaldii*) ou châtelains , (*vicarii*), etc. , ses *pairs* , c'est-à-dire , ses *semblables* , et non ses égaux , puisqu'ils *jugeoient* et *combattoient* avec lui , comme lui , et sous lui ; le roi , enfin , dans ses plaids , ou *parlemens*, étoit assisté en jugement, comme il l'étoit en combat , par les premiers magistrats, ducs , sénéchaux , baillis, ses barons , son *baronnage*, *seniores*, seigneurs, ses *pairs* ou ses semblables , puisqu'ils jugeoient et combattoient sous lui , comme lui , et avec lui , et qu'ils exerçoient dans une partie considérable du royaume la fonction suprême de juger et de combattre , qu'il exerçoit et dirigeoit dans toute sa plénitude dans le royaume entier. Là , et non ailleurs , est la véritable et antique origine de la pairie: et certes , il est temps enfin d'en chercher la nature , plutôt dans la constitution de la société que dans les opinions des hommes. Je puis citer sur ce que j'ai dit des baillis ou sénéchaux, le célèbre Ducange (1) , et mieux encore , les

---

(1) *Sub primâ regum stirpe inter regni optimates qui placitis et judiciis regiis intercrant accessentur se-*

faits, et ces formes antiques qui s'étoient conservées dans nos anciens usages. Les chefs du *jugement* et du *combat*, dans les provinces, les sénéchaux ou baillis, comme représentant les anciens ducs ou comtes, et dont ils étoient les lieutenans, *tenoient* encore aujourd'hui *lieu* de ces officiers, puisqu'ils étoient même aujourd'hui de tous les magistrats les seuls qui fussent distingués des autres officiers civils ou militaires, dans la circonstance où tous les ordres de l'Etat jouissoient de la plénitude de leur existence politique, je veux dire, aux états-généraux, dont les sénéchaux et les baillis en présidoient par eux-mêmes ou leurs lieutenans généraux les assemblées élémentaires. Ils y présidoient même les ducs et pairs actuels, qui n'y étoient que de simples seigneurs de fiefs, et même en cette qualité les princes

---

nescalli... Senescallus idem dicit ac minister domini vicarius; senescalli munus in rebus bellicis præcipuum fuit... Senescallorum denique erat jus reddere principis subditis eò quo nomine cæteris judiciis præerat. Senescalli appellantur in iis provinciis quæ antequam coronæ Franciæ unirentur principibus suis paruerant, cum ballivos habere solius regis sit.

du sang qui y ont assisté. Même avant la révolution, dans la marche ordinaire de l'administration, la justice se rendoit, dans les fiefs, au nom du seigneur; dans la province, au nom du sénéchal ou du bailli; dans le royaume, au nom du roi. Il n'y avoit rien de changé à cet égard: mais telle étoit la dégénération des vrais et anciens principes, que l'office de sénéchal, le seul qui fût reconnu par la constitution, étoit tombé en désuétude, et qu'il étoit à peine connu de cette opinion prétendue publique qu'une administration inattentive avoit laissé germer dans la nation.

J'ai dit que les magistrats, chefs du jugement et du combat, dans les différens ressorts des provinces, étoient dans l'origine les pairs du roi, chef de la justice et de la force dans l'Etat; et ce qui le prouve, est, 1°. que postérieurement, et lorsque les magistrats eurent rendu leurs commissions héréditaires, et qu'ils en eurent fait de grands fiefs, ils continuèrent sous leur nouvelle forme d'être les pairs du roi, à l'exclusion même des princes ou *seigneurs* du sang qui n'étoient pas feudataires; et même on vit des femmes

femmes héritières de grands fiefs, assister en jugement le roi comme ses pairs ; 2°. que les baillis ou chefs de la noblesse, dans les provinces, étoient à cet ordre précisément ce que les évêques étoient à l'ordre du clergé; et que le roi n'avoit, même aujourd'hui, de pairs ecclésiastiques que parmi les évêques : raison d'analogie qui est extrêmement forte quand on traite des antiques usages de la monarchie française, où l'on voit dans toutes les assemblées politiques siéger à la fois les grands ou officiers du clergé, et les grands ou officiers de la noblesse. « Les plus anciens » auteurs, dit M. de la Curne-Sainte-Palaye, » semblent vouloir mettre la chevalerie au » niveau de la prélature ». Ce sont ces derniers pairs, grands feudataires, qui, de nos jours, à la cérémonie du sacre des rois, et à celle de leurs obsèques, étoient représentés par les princes du sang, sous les titres de ducs de Bourgogne, de Normandie (1), d'Aquitaine, de comte de Flandre, etc.

(1) La fameuse table ronde des douze pairs de Charlemagne, sur laquelle on a fait tant de romans, ne désignoit donc qu'un conseil d'Etat, où le roi pré-

Ainsi, et c'est la conclusion à laquelle je voulois en venir, tout concourt à établir que dans les premiers temps, il n'y avoit que des fonctions publiques, et point de titres purement personnels : et la raison dit en effet que si les titres amusent l'amour-propre de l'homme, les fonctions seules importent au maintien de la société.

Mais aussitôt que des jugeurs et des soldats eurent pris en France la place des magistrats et des guerriers, et que les rois eurent mis les institutions vénales et soldées du pouvoir arbitraire à la place des établissemens

---

sidoit ses premiers officiers. Une des grandes erreurs de nos historiens, est de s'être obstinés à ne voir que des guerriers, là où il falloit surtout voir des magistrats ; et toutes ces disputes sur la pairie, inépuisable aliment de tant d'ennuyeuses dissertations, viennent de ce qu'on n'a pas songé que les pairs naturels du grand juge et du grand guerrier de la nation ne pouvoient être, dans l'origine, que les premiers juges et les premiers guerriers ; et que le corps des ministres du pouvoir, dans les premiers grades, comme dans les inférieurs, *servoit* à la fois à la justice et à la force. Voyez *du Pouvoir législatif sous Charlemagne*.

propriétaires et fixes du pouvoir absolu; l'ordre perdit de son existence politique, et alors l'individu chercha à relever sa considération personnelle par des titres de duc, de marquis, de comte, etc. (1), qui rappeloient des fonctions qu'ils n'avoient plus, ou l'usurpation de ces petites souverainetés, formées en France des débris de l'autorité royale, et qui, loin d'être, comme on l'a dit, la *féodalité* ou la fidélité, en avoit relâché les liens, et même rompu les nœuds. Ces titres étoient inconnus aux sires de Joinville, du Guesclin, Clisson, Bayard, etc., qui ne se distinguoient entre eux dans la vie privée que par la dénomination religieuse reçue au baptême, usage pieux auquel on revient depuis quelque

(1) Le titre de baron étoit anciennement collectif plutôt qu'individuel. On appeloit la réunion des premiers magistrats formant la *table ronde*, ou le conseil du roi, *li barons*, *li baronnage*. Baron et baronnie sont dans l'acception que nous leur donnons d'institution plus récente. *Baron* est un mot celtique devenu grec, qui signifie *grave*, *fort*, c'est-à-dire, ce que doit être un homme public. *Baromètre* en vient; et en allemand, *bar* signifie pesant.

temps, quoique sans une intention pieuse; et dans la vie publique, par la dénomination politique de connétable, de sénéchal, de châtelain, usage conservé encore en France pour les grandes places, et en Allemagne, pour toutes les places. Avant que la noblesse se décorât ainsi de titres sans fonctions, les rois lui en avoient conféré qui n'étoient guère plus réels. Dès que les grands magistrats des provinces, pairs antiques de la royauté, furent devenus les rivaux de l'autorité royale, en rendant héréditaires des commissions temporaires ou viagères, princes eux-mêmes, sous le titre modeste de vassaux, et quelquefois du sang des rois, ils continuèrent à être les pairs du roi : les princes du sang, pairs du roi comme grands feudataires, continuèrent à l'être même après que, par la réunion des grands fiefs à la couronne, ils ne furent plus que sujets dans leurs personnes, ministres par commission, rois par expectative. Mais après que Charles VII et François Ier. eurent fait descendre l'ordre politique des fonctions que la constitution lui attribuoit, Henri II, fils de François Ier., chercha à en relever les membres les plus apparens, en leur conférant le titre de duc et pair (1), qu'il plaça sur un simple fief. Ces pairs de fief n'étoient ni les anciens magistrats suprêmes, ducs ou comtes des provinces, présidant le *jugement* et le *combat*, ni les grands feudataires qui succédèrent à ces premiers magistrats, lorsqu'ils rendirent leurs dignités héréditaires, ni les sénéchaux dont les offices, les seuls constitutionnels, représentoient les anciens magistrats, et remplaçoient les grands feudataires. Ces pairs ne tenoient à l'antique constitution que par un titre antique; et loin de jouir de la prérogative même des derniers pairs grands feudataires, de précéder au parlement les princes du sang non feudataires, ils furent présidés aux assemblées de noblesse, comme les autres seigneurs de fiefs, par les sénéchaux ou baillis, ou leurs lieutenans généraux.

---

(1) La première pairie fut érigée en 1551, mais la première enregistrée est de 1572. Voyez le P. Griffet. Le titre de duc et pair prouve évidemment que les anciens pairs étoient magistrats suprêmes des provinces, appelés *ducs* presque partout, remplacés depuis par les sénéchaux ou baillis.

Les nouveaux ducs et pairs eurent, il est vrai, quelques fonctions judiciaires, mais seulement comme membres d'une compagnie, et non comme chefs du jugement, puisqu'ils n'avoient chacun que leur voix, requise seulement dans les jugemens des pairs; que, loin de rendre la justice dans une province, ils ne la rendoient pas même dans leur pairie, où, comme les autres seigneurs, ils avoient un juge; et qu'enfin même au parlement, au lieu de présider, ils étoient présidés eux-mêmes par les présidens ordinaires, qui n'étoient jamais ducs et pairs.

Bientôt après s'introduisirent les titres de duc à brevet, duc héréditaire, homme de qualité (1), qui formèrent plusieurs ordres

---

(1) L'acception du mot *homme de qualité* est récente. Le duc de Rohan, qui se connoissoit en titres de personnes et en acception de mots, dit dans ses Mémoires: « A Montauban, trois soldats conspirent » contre le gouvernement, et pour venir à bout de » leur dessein, ils font *une partie* (parti) dans la ville, » à laquelle ils attirent quelques jeunes étourdis, même » *de qualité*, comme le fils de Clerc, avocat, et de » Larose, conseiller.

dans un ordre essentiellement un et indivisible, et partagèrent en deux grandes époques l'histoire du ministère politique, l'époque des fonctions et celle des titres. L'ordre perdoit en fonctions et en force, à mesure que l'homme gagnoit en titres honorifiques; et la même époque séculaire vit la pairie conférée à quelques membres de la noblesse, et l'office de connétable ôté à l'ordre.

Il n'est pas hors de propos de remarquer que le même prince qui supprima l'office de connétable, abolit l'ancien usage d'envoyer des hérauts d'armes pour déclarer la guerre : noble et digne hommage rendu aux droits de l'humanité! Ainsi la loi de la nation étoit violée en même temps que les lois des nations; et la France prenoit les formes agressives, en même temps qu'elle affoiblissoit sa milice défensive, en lui ôtant son chef immédiat. On doit remarquer aussi que les rois chrétiens ont été moins à la guerre de leurs personnes, depuis qu'ils n'ont plus eu nulle part de lieutenant chargé par son office d'y commander sous eux et à leur place. Peut-être en effet que les minorités auxquelles un roi guerrier expose la nation, sont devenues plus dangereuses, lorsqu'il n'y a plus eu d'homme toujours majeur qui survît sans contestation au roi lui-même pour assurer ses dernières volontés sur la régence, et commander la force publique.

Cependant depuis Charles VII et François Ier., les rois sentoient la nécessité de rétablir l'ordre chargé du ministère public; mais ils ne savoient qu'élever et tirer *de pair* quelques individus, et ne faisoient par là que s'éloigner davantage de la constitution, et rendre plus difficile le rétablissement de l'ordre lui-même. La noblesse, qui conserve l'Etat, se changeoit peu à peu en une aristocratie qui le détruit; et l'ordre s'éclipsoit de plus en plus, à mesure que quelques-uns de ses membres attiroient sur eux seuls tous les regards et toute la considération!

Les rois se rappeloient l'éclat prodigieux qu'avoit jeté dans le monde politique la chevalerie, à laquelle la France a dû la supériorité morale dont elle a joui en Europe; et comme si la chevalerie, constitution naturelle de la noblesse, et qui imposoit aux rois eux-mêmes, eût été l'ouvrage de l'art, ils créèrent des ordres de chevalerie qui n'étoient pas plus le ministère politique, qu'une confrérie pieuse n'est le ministère sacerdotal; il falloit un lien à cet engagement, on le chercha dans la religion, lien universel de toutes les personnes de la société, et garantie de tous leurs rapports. Le devoir naturel et essentiel de l'ordre entier, de défendre la religion et l'Etat, devint donc l'engagement spécial et volontaire de quelques individus; et la naissance, qui n'est autre chose que l'engagement héréditaire de la famille à remplir des devoirs publics, fut exclusivement favorisée, et plus considérée que le devoir même.

Quand la personne fut distinguée à l'oreille par un titre pompeux, elle voulut être distinguée aux yeux par des marques extérieures : non, par des costumes propres aux fonctions publiques qui commandent le respect, parce qu'ils annoncent un devoir, mais par des croix et des cordons, pure décoration de la personne, qui blessent l'amour-propre, parce qu'ils n'ont rapport à aucune fonction, et altèrent ainsi l'égalité native des hommes, sans un motif assez social. A mesure que le goût de ces symboles extérieurs de la faveur et du crédit gagnoit, le mépris pour les costumes propres aux fonctions publiques s'introduisoit; chacun vouloit être décoré d'un cordon, et il étoit indécent de porter, hors du service, son habit militaire. Enfin le Gouvernement s'étoit, à cet égard, écarté de la constitution à tel point, que le roi pouvoit faire même un duc et un chevalier de ses ordres, d'un individu sans propriété dans le sol; et que d'un autre côté il pouvoit titrer la propriété, sans même ennoblir la personne.

L'abus des titres purement honorifiques fut porté à l'excès dans toute l'Europe, par l'indiscrète multiplication des chevaleries de cour, dont la plus récente faisoit toujours passer de mode celle qui l'avoit précédée; et l'histoire de ces institutions ne présente que des décorations honorables à leur naissance, et dont cent ans après un noble se seroit cru déshonoré.

Bientôt les titres et les cordons ne suffirent plus à la fureur universelle des distinctions. Dans les temps anciens, les membres de l'ordre politique mangeoient avec le roi, et ils étoient appelés *conviva regis*, parce que l'hospitalité de la table a été chez tous les peuples naissans, et dans toutes les religions, un symbole sacré d'union commune, ou de *communion*. Dans ce siècle fertile en inventions, on imagina, pour se distinguer, de monter dans un des carrosses du roi, mais sans le roi; et cet honneur, extrêmement multiplié de nos jours, fut attaché à une date fixe d'ancienneté.

Ces institutions, toutes en dehors de la constitution française et de la nature des sociétés, n'étoient pas reconnues dans la convocation générale de tous les ordres de l'Etat. Là régnoit l'égalité du vote entre les ordres, et dans chaque ordre l'égalité du vote entre les membres qui le composent: véritable égalité constitutionnelle et légale, compatible avec les inégalités natives entre les individus, et avec les distinctions sociales dans les grades. Là, le noble le plus récemment agrégé à l'ordre, siégeoit à côté du chef de la plus ancienne famille, et s'y montroit plus noble que lui, s'il s'y montroit plus *féal*. Là, toute distinction de cour et d'armée, même celle de duc et pair, étoit éclipsée par la qualité de simple noble, ou membre du ministère politique. Là enfin on pouvoit juger, par une grande expérience, si les décorations sont l'exacte mesure de la fidélité, et si les engagemens de l'ordre même du Saint-Esprit avoient, pour défendre la société, la force des devoirs de l'ordre de la noblesse.

On a remarqué que la multiplication des titres d'honneur précéda la chute de l'Empire Grec. Ce même abus a annoncé et hâté la chute de l'Empire français, et il est partout un signe d'affoiblissement dans les âmes, et d'altération dans les lois. L'on peut même avancer, comme un principe qui résulte de l'histoire des temps modernes, que dans toute société constituée, menacée de révolution, la défection commencera par la partie de ses ministres, à qui des institutions étrangères à leurs fonctions sociales ont donné une existence placée en quelque sorte hors de la constitution. Ainsi dans la maison, le bruit et le désordre viennent communément des enfans gâtés.

En effet, dans une société constituée comme l'étoit la France, tout ce qui n'avoit pas dans la constitution des motifs naturels, étoit funeste en administration, et destructif de la constitution même. Ces institutions factices et purement humaines affoiblirent l'homme, en offrant des hochets à sa vanité, lorsqu'il falloit ne proposer des motifs qu'à sa conscience. Elles hâtèrent la ruine du ministère public, qui est un ordre composé, dit Hincmar, contemporain de Charlemagne, d'anciens pour *juger*, et de jeunes pour *combattre* : *Seniores ad consilium ordinandum, et minores ad idem consilium suscipiendum*; un ordre où les familles sont vouées à une destination générale, et les individus seulement soumis à des fonctions spéciales, et qui par ces nouvelles institutions se trouva divisé en plusieurs classes, de grands, de gens de qualité, les uns *titrés*, les autres *présentés*; ceux-ci décorés, ceux-là gentilshommes, distingués en noblesse de cour, noblesse de province, noblesse d'épée, noblesse de robe. Heureuse la société, si ceux que l'autorité distinguoit ainsi des autres, eussent toujours autant respecté le public qu'ils en exigeoient de respect pour eux-mêmes ! Quant aux décorations extérieures, un peu plutôt, un peu plus tard prodiguées à tous, et pour toutes sortes de motifs, elles ne distinguent plus rien, pas même la naissance : semblables à ces monnoies de papier indiscrètement émises, qui ne représentent plus aucune valeur.

Le clergé s'étoit mieux défendu de cet esprit innovateur. Les chefs de l'ordre politique, autrefois ducs, comtes, depuis sénéchaux ou baillis, n'étoient plus de nos jours dans leurs ressorts, ce qu'ils avoient été et ce qu'ils devoient être; mais les évêques, chefs de l'ordre ecclésiastique, avoient aujourd'hui dans leurs diocèses l'autorité qu'ils y avoient toujours exercée. Cependant l'ordre ecclésiastique lui-même avoit ses titres honorifiques assez récens, et des titres sans fonctions, qui donnoient des salaires sans travail; c'étoient les bénéfices simples et les abbayes en commande; et même, depuis quelque temps, il y avoit dans le corps épiscopal lui-même une trop forte disposition à mêler l'administration civile aux fonctions ecclésiastiques. Les administrations provinciales, qui avoient introduit ce changement dans le régime politique et religieux, ont été un des moyens les plus puissans qu'on ait pu employer, quoique peut-être sans intention perfide, pour affoiblir la constitution de l'Eglise et de l'Etat.

A la suite de la vanité venoit le luxe, non le luxe de la profession, les chevaux, les armes, les fondations politico-religieuses, l'hospitalité grande et généreuse des premiers temps, mais le luxe de la personne, les meubles, le jeu, les bijoux, les petites maisons, les parures, les théâtres, et les femmes entretenues.

Le pouvoir déclinoit avec le ministère, comme il s'étoit élevé avec lui et par lui. Les officiers domestiques des princes devenoient plus nombreux que les officiers politiques. Des secrétaires du cabinet avoient pris la place des grands officiers; et dans le même temps qu'on érigeoit en titre d'office inamovible le métier de valet de chambre, ou même les emplois domestiques les plus bas, l'office inamovible ou la dignité de chancelier se changeoit insensiblement en la commission de garde des sceaux. Dans l'Eglise, comme dans l'Etat, les commissions que l'homme distribue prenoient la place des *offices* ou devoirs qu'impose la constitution; et, pour en donner un exemple, les dignités d'archidiacres, vicaires nés de l'épiscopat, étoient remplacées par des grands-vicaires nommés par des lettres de l'évêque, comme des généraux par commission avoient remplacé dans le commandement des armées le connétable, commandant né des forces de l'Etat, et lieutenant naturel de la royauté. C'étoit là une véritable révolution, et elle annonçoit que la dignité suprême, et de laquelle émanent toutes les autres dignités, alloit elle-même tomber en commission, et devenir amovible (1).

Dès que la noblesse ne fut plus le ministère public et l'action conservatrice du pouvoir général, il s'éleva dans l'Etat des pouvoirs particuliers, dont les nobles furent trop souvent l'instrument. Dans les troubles suscités par la réformation, les gentilshommes protestans s'attachèrent aux princes rebelles ou à l'amiral de Coligni; et même, au temps de la ligue, les gentilshommes catholiques

(1) Jusque-là la France s'étoit agrandie par des réunions; elle alloit s'agrandir par des conquêtes; et les commissions amovibles y sont plus propres.

servirent

servirent moins Henri III que les Guises. On lit dans les mémoires du temps, que, sous Henri IV, le duc d'Epernon, brouillé avec Sully, n'osa pas sortir de son hôtel, parce qu'il n'avoit que six cents gentilshommes autour de lui, et que Sully en avoit huit cents. Lors de la Fronde, on les vit offrir leurs services au prince de Condé, au parlement, à Mazarin, même au coadjuteur. Ces dévouemens étoient publics, et connus même sous Louis XIV; et l'on en trouve un exemple remarquable dans le journal de son règne, que le P. Daniel a inséré à la suite de son Histoire. « M. le prince, dit le journal, ayant » fait demander justice au roi par M. le » Tellier contre le comte de Coligni, qu'il » accusoit de dire partout qu'il tueroit M. le » prince, le roi répondit qu'avant de prendre » un parti, il falloit entendre ce que Coligni » avoit à dire pour se justifier; qu'il avoit » appris que Coligni disoit partout que M. le » prince ne le haïssoit après l'avoir tant aimé, » et avoir dit tant de bien de lui, que *parce* » *qu'il s'étoit attaché uniquement au ser-* » *vice du roi*; et que si ce propos avoit quel- » que fondement, il (le roi) se croiroit *dés-*

» *honoré*, s'il abandonnoit Coligni à la colère de M. le prince ». La noblesse aujourd'hui ne servoit plus que l'Etat; et si une fois, alarmée des dangers que couroit la personne royale, elle a manqué, pour sauver le roi, à la loi fondamentale de la constitution, qui lui ordonnoit de rester distinguée, ou plutôt distincte des deux autres ordres, en se rappelant les temps et les lieux, qui oseroit lui en faire un crime?

CHAPITRE VIII.

Changemens survenus dans les propriétés.

J'AI remarqué ailleurs que partout où il y a une société, il y a un pouvoir, il y a des ministres, il faut des propriétés en fruits ou en fonds, pour la subsistance des uns et des autres. Dans une société naissante ou sauvage, le chef fait et reçoit des présens en comestibles. Chez les Germains, plus avancés, le chef recevoit de ses ministres, et leur faisoit à son tour des présens en chevaux, en armes, en meubles précieux; et il en étoit encore de même sous la seconde race de nos rois. Chez les Sauvages, la subsistance étoit précaire comme la société. Chez les Germains, elle étoit fondée sur des propriétés mobiliaires, parce que leur société, naguère nomade, étoit encore dans un état de mobilité : mais lorsqu'elle fut parvenue, par son établissement dans les Gaules, à son dernier état, à l'état fixe et propriétaire, le pouvoir et ses ministres acquirent des propriétés foncières et fixes, aussi possédées en nature de fonds, ou représentées par la propriété des fruits, appelée dîme ou champart. Tel étoit le dernier état : en sorte que le grand principe de toute société avoit été consacré en France; savoir, que pour constituer le corps social, les *pouvoirs* des trois sociétés domestique, religieuse et politique, propriétaires indivis du sol et de ses fruits, passent entre eux tous un contrat tacite, mais véritablement social, par lequel la famille s'engage à servir l'Eglise et l'État de ses personnes et de ses propriétés; et l'Eglise et l'Etat, formant la société publique, s'engagent à la protéger de toute la force publique, dans ses personnes et dans ses propriétés : contrat sacré, qui lie entre eux, non des hommes, mais des pouvoirs et des sociétés; contrat indissoluble, puisque la famille, l'Eglise et l'Etat ne se perpétuent que sur la foi et par l'effet de cet engagement ; plus sacré encore et plus indissoluble, si la famille s'est engagée à l'Etat d'une manière spéciale, et si elle a rempli cet engagement autant que l'Etat l'a voulu et le lui a permis. Si la famille ne peut rompre le contrat, parce qu'elle est foible, l'Etat doit encore moins y manquer, parce qu'il est fort. La famille opprimée par l'Etat en appelle à la religion, et l'oppression de la famille est une cause perpétuelle de trouble et de malheur dans l'État.

Le ministère politique divisé par familles, le ministère religieux divisé par communautés, possédoit donc des propriétés à la fois domestiques et personnelles, nécessaires à la subsistance de l'homme et de la famille, et des propriétés religieuses et politiques, solde des devoirs auxquels le corps étoit tenu envers l'Etat. Tant que la propriété politique fut révocable, ou même viagère, l'homme ou la famille ne pouvoient s'attacher à une propriété qu'ils cultivoient pour d'autres, et qu'ils ne pouvoient même améliorer sans exciter dans leurs voisins l'envie de l'obtenir à leur préjudice. Ces propriétés publiques ou *bénéfices* furent donc négligées; et dès l'an 809, Charlemagne se plaint de ce que les hommes négligent leurs bénéfices, pour ne s'occuper que de leurs propriétés personnelles ou *alleux*. *Auditum habemus quòd aliqui homines illorum beneficia habent deserta, et alodes eorum restauratos*. Ce fut donc un développement nécessaire que celui qui confondit la propriété domestique et la propriété publique, et imposa à la famille la loi de vivre pour perpétuer le ministère.

Cette dotation du ministère public en fonds appelés plus anciennement *terres saliques*, et en fruits, s'étoit conservée plus ou moins dans toute la France. Elle se retrouve encore dans tous les Etats chrétiens, et n'est pas même inconnue en Turquie, qui a, ses *timars* ou fiefs à vie pour l'entretien des spahis, corps de cavalerie propriétaire. Elle existoit dans chaque fief comme elle existoit dans le royaume, *qui se gouvernoit comme un grand fief*, où le roi avoit des domaines personnels, et percevoit, pour le service public, l'impôt représentatif des fruits sur les domaines des sujets. Et dans la famille royale, comme dans les familles nobles, la propriété personnelle étoit confondue avec la propriété publique, au point que le roi ne pouvoit rien acquérir ou rien posséder, qui ne fût réuni au domaine royal après dix ans de possession.

Dans les parties montagneuses de la France, la noblesse possédoit moins de fonds, et plus de dîmes ou de rentes, qui en tiennent lieu; et par conséquent le peuple étoit plus propriétaire que dans les provinces fertiles, où il n'est que fermier ou locataire amovible. De là vient que les droits personnels étoient plus communs, et même plus bizarres dans le nord de la France que dans le midi, parce que là où le seigneur retint le sol, il ne put imposer des droits que sur les personnes: et il est à remarquer que les propriétaires des fiefs les plus maltraités par les nouvelles lois portant suppression des droits féodaux, ont été ceux dont les ancêtres ou eux-mêmes avoient distribué au peuple plus de propriétés.

La famille même de tout ordre, étoit, dans le midi de la France, plus constituée que dans le nord, non-seulement parce que les nobles y avoient plus de propriétés seigneuriales, et que le peuple y avoit plus de propriétés privées, ou de fonds de terre, et que par cette disposition, la famille de celui-ci étoit mieux défendue de la misère et du vagabondage, et que la famille de l'autre étoit moins retenue à la glèbe, et plus disponible pour le service de l'Etat; mais aussi parce qu'elles étoient soumises l'une et l'autre à la loi romaine, qui constitue plus fortement la société domestique et le pouvoir du père de famille.

C'est dans ces principes constitutifs de l'esprit d'une nation, qu'il faut chercher la véritable raison de l'attachement que les provinces du midi de la France ont montré dans tous les temps pour la constitution monarchique de l'Eglise et de l'Etat, et dont il y a eu même dès le temps de Raoul un exemple remarquable, rapporté dans le père Daniel (1).

(1) Les philosophes de nos jours ont décrié l'Histoire de France, du P. Daniel. Le P. Hénault lui rend plus de justice, et dit qu'il est plus savant et plus impartial qu'on ne croit.

Nous avons vu que les ministres avoient usurpé le pouvoir pendant le sommeil de ceux qui l'exerçoient. Ils en usèrent quelquefois avec violence et déraison, et ils établirent sur les biens du sujet, ou même sur sa personne, des droits au fond plus ridicules qu'oppressifs, et qui tenoient à la féodalité comme des tumeurs tiennent au corps humain.

Ces droits, depuis long-temps tombés en désuétude, étoient enterrés dans des chartres poudreuses, d'où la haine les a exhumés, pour rendre odieux les propriétaires les plus bienfaisans, et détruire les propriétés les plus nécessaires au bon ordre de la société.

Je ferai quelques réflexions sur le bail à fief.

Le bail temporaire, bail à ferme, ou location; le bail héréditaire, bail à fief, ou emphytéose, sont deux contrats de même nature au fond, puisque la propriété n'est aliénée ni dans l'un, ni dans l'autre, et que même dans le bail à fief, le propriétaire primitif pouvoit rentrer dans le fonds par le retrait, en cas de vente, et devoit en empêcher la détérioration. Ces deux contrats se retrouvent partout où il y a des hommes et des propriétés, mais avec cette différence que dans les pays infertiles, le bail héréditaire est bien plus favorable à la bonne exploitation des terres, et par conséquent à la prospérité de la famille et de l'Etat. L'inféodation et les communaux sont la véritable loi agraire, que l'on cherche vainement dans toute autre combinaison sociale, et la seule qui s'accorde avec les lois de la religion et le repos de la société. Toute autre manière d'appeler le peuple à la propriété, est fausse et coupable. Le Gouvernement français, je m'enorgueillis de le penser, sera plus sage que le Gouvernement anglais, qui, faute d'avoir pris de sages mesures pour réparer les effets funestes des grands déplacemens de propriétés en Irlande, voit encore après un siècle et demi, et verra toujours le territoire de l'Irlande déprécié d'un tiers de sa valeur, et l'Irlandais lui même dans un état de haine et presque *sauvage*, qui distingue ce peuple estimable des peuples policés. Au nom de la patrie commune, et de l'honneur qu'il y avoit à être Français, qu'on permette aux Français de s'aimer, et bientôt ils oublieront qu'ils se sont haïs.

CHAPITRE IX.

Retour vers l'état naturel du Ministère public.

NOUS avons vu que l'établissement des troupes soldées, et l'introduction de la vénalité dans les offices de judicature, avoient affoibli la constitution du ministère public, en plaçant sur une propriété mobiliaire et artificielle un devoir établi jadis sur une propriété foncière et naturelle. L'Etat faisoit comme un particulier qui change ses terres contre des rentes sur le *grand livre*. Cette innovation venoit peut-être des changemens que l'accroissement prodigieux du numéraire, depuis la découverte récente du nouveau monde, avoit produits en Europe dans les idées, dans les valeurs et dans les rapports.

Mais si ce changement altéra la constitution, il ne put la détruire; l'ordre politique continua à servir dans les armées, et même comme propriétaire; car outre qu'il étoit, encore de nos jours, propriétaire de compagnies et de régimens, les appointemens de tous les grades étoient insuffisans, et il falloit suppléer à leur modicité par une fortune patrimoniale : même les pensions de retraite que l'Etat accordoit aux militaires, après un long temps de service, représentoient à peine l'intérêt de ce qu'il en avoit coûté pour s'y soutenir.

Mais c'étoit surtout dans la magistrature que l'influence puissante, et en quelque sorte constitutionnelle de la propriété foncière, se faisoit le plus sentir.

La vénalité des offices avoit attaché le devoir de juger à une propriété mobiliaire placée sur le fisc, et dépendante des hommes et des événemens. Cette disposition, même avec cet inconvénient, valoit beaucoup mieux que le choix prétendu du mérite et des talens, qui, dans une société formée, ne peut être que le voile sous lequel se cache la corruption, et ne fait que substituer une vénalité secrète, scandaleuse et sans bornes, à une taxe publique, et dès lors légale et détermi-née : car lorsque les moyens d'intrigue sont perfectionnés au point qu'ils le sont en Europe, on peut dire que, même sous le Gouvernement le plus honnête, la faveur *vend toujours ce qu'on croit qu'elle donne*, et ce qu'elle croit elle-même donner. Ce ministère judiciaire de nouvelle création, devoit être, et fut effectivement dans l'origine moins considéré que le ministère établi sur la propriété foncière, par cela seul qu'il étoit plus dépendant des hommes et des événemens. Ce qui le prouve sans réplique, est que la noblesse de robe est devenue plus considérée, à mesure qu'elle est devenue plus propriétaire, et par là plus indépendante. Je m'explique. A mesure que, par l'accroissement du numéraire, l'intérêt de la finance donnée pour l'acquisition d'un office de judicature, perdit de sa proportion avec le capital primitif, le magistrat ne put vivre décemment avec un revenu devenu si modique, que les gages même des premiers offices dans les cours inférieures ou souveraines de justice ordinaire, rapportoient à peine un pour cent de leur finance. Le magistrat, n obligé aux dépenses que demandent un état honorable et le séjour d'une grande ville, ut posséder une fortune considérable, et indépendante de sa charge. Cette fortune it presque toujours en terres, principalement depuis un siècle, et dans les provinces, où les placemens des capitaux étoient difficiles sur les particuliers, et regardés comme périlleux sur l'Etat. La fonction de juger se rattachoit donc ainsi, quoiqu'indirectement, à la propriété des fiefs; et peu à peu aussi la fonction de juger rentroit exclusivement dans l'ordre politique. C'est ce qui faisoit que quelques parlemens, au mépris des édits qui attribuoient l'ennoblissement aux fonctions suprêmes de magistrature, avoient arrêté de ne recevoir que des sujets déjà nobles. Une ordonnance militaire, à peu près de la même époque, exigeoit de même des preuves de noblesse pour les emplois militaires, toujours au mépris de la loi qui attribuoit aux fonctions militaires le privilége de l'ennoblissement : en sorte que les hommes décidoient qu'il falloit être noble pour juger et pour combattre, parce que la nature leur disoit que juger et combattre sont des professions nobles et les plus nobles de toutes les professions.

Il faut observer, pour avoir des idées justes sur cette matière, que le droit de conférer la noblesse par les charges de magistrature, ne résidoit pas dans la dispensation de la justice civile ou distributive; cette justice n'est, à proprement parler, qu'un arbitrage, et elle n'est pas exclusivement une fonction du pouvoir public, puisque les affaires civiles peuvent se terminer et se terminent souvent entre les parties elles-mêmes par une médiation amiable, et sans l'intervention, ni même la connoissance de l'autorité suprême. Mais la nobilité résidoit dans l'exercice de la justice criminelle, dans la juridiction sur l'homme, le *jus supremum vitæ et necis*, attribut essentiel et exclusif du pouvoir suprême, à lui délégué par Dieu même comme souverain de tous les hommes : *mihi vindicta*, dit-il lui-même, *et ego retribuam*; devoir essentiel dans les ministres, sur lequel il ne dépend pas de l'homme de transiger de son chef avec la société, ni de juger sans l'autorisation de la société. Cette justice criminelle, qui frappe l'homme coupable par le glaive de la loi, renferme à la fois la fonction *de juger et celle de combattre* ou de punir ; et c'est ce qui faisoit que, hors quelques emplois administratifs, auxquels, par des vues purement fiscales, les rois avoient mal à propos attribué le privilége d'ennoblissement, les seules charges de magistrature qui conférassent la noblesse, étoient et devoient être les magistratures en cours souveraines, celles en qui résidoit l'autorité suprême et en dernier ressort des condamnations capitales, et la royale, ou plutôt la divine fonction de conserver la société par la répression de ceux qui la troublent : « Soyez soumis au roi, à cause de Dieu, dit » l'apôtre, et à ceux qu'il commet pour la » punition des méchans ». Et ailleurs : « Ce » n'est pas en vain qu'il porte le glaive ».

Il est utile d'observer ici, comme une preuve de la supériorité de la constitution française sur les constitutions des autres Etats, que presque partout ailleurs le prince doit ratifier et peut annuller les condamnations à mort portées dans les tribunaux ordinaires. Là le prince n'est qu'un magistrat, et même le seul magistrat, puisque lui seul, à proprement parler, condamne à mort, et qu'il confond dans sa personne le pouvoir et le ministère, qui étoient séparés en France comme ils sont distincts en eux-mêmes. C'est ce qui fait que partout il y a des juges, mais qu'il n'y avoit des magistrats qu'en France, lesquels, à la noble fonction de juger les actions de l'homme, et de le ramener à la règle par le châtiment, joignoient la fonction auguste d'éclairer, et non d'arrêter les volontés du pouvoir, et de les faire connoître au sujet. L'abus que les tribunaux ont pu faire dans ces derniers temps du devoir naturel de *remontrer*, n'empêche pas que cette fonction ne fût ce qu'il y avoit de plus excellent dans la constitution française, et le principe de tout ce qu'il y avoit de grand et d'élevé dans le caractère français. L'abus même qu'on en a fait, a quelquefois garanti des excès du pouvoir. A l'avenir, des connoissances politiques plus étendues et plus certaines donneront aux sociétés une meilleure garantie contre les abus du commandement que les désordres de la résistance.

La noblesse, en France, exerçoit donc encore aujourd'hui la fonction naturelle de

servir

servir à la *justice* et à la *force ;* et, puisqu'il faut le dire, le corps des officiers français et celui des magistrats français étoient l'un et l'autre, même au milieu de la dégénération universelle, connus et cités en Europe comme le modèle le plus parfait des vertus publiques.

La noblesse, en France, remplissoit donc encore sa destination sociale ; et même, malgré la vénalité des institutions actuelles, elle la remplissoit à ses propres frais bien plus qu'aux dépens du fisc : « Partie de la na-» tion, dit Montesquieu, qui sert toujours » avec le capital de son bien, qui, quand elle » est ruinée, donne sa place à un autre, qui » servira avec son capital encore ». Sans doute la noblesse ne remplissoit pas sa destination aussi parfaitement, ni surtout aussi généralement qu'elle auroit pu le faire avec de meilleures institutions, mais aussi-bien que pouvoit le lui permettre son état actuel, et mieux qu'en aucun autre pays de l'Europe. Dans la révolution même, cette grande épreuve des hommes et des institutions, la noblesse française en général a montré, soit en corps, soit individuellement, une religieuse fidélité aux lois monarchiques, ou du moins une grande répugnance aux institutions démocratiques ; et ce n'est que dans les premiers temps que quelques-uns, égarés par les nouvelles doctrines, ont manqué de foi à la perfection de nos lois fondamentales, et peut-être ont regardé la monarchie anglaise comme le chef-d'œuvre de l'art, au lieu d'admirer dans la monarchie française le chef-d'œuvre de la nature.

Je ne parle pas de l'émigration, et cependant le plus grand nombre de ceux que cette grande tempête a submergés, pourroient dire ce que disoit Cicéron rendant compte à Aulus Torquatus des motifs qui l'avoient engagé à quitter l'Italie pour aller se réunir à Pompée : « Ce n'est pas, dit ce vertueux » Romain, dans le dessein de mettre à profit » la victoire, que j'ai abandonné ma patrie, » mes enfans et mes biens ; mais dans la » persuasion que je m'acquittois d'un devoir » juste, sacré, indispensable, que la profes- » sion honorable que je remplissois m'im- » posoit envers l'Etat ». *Nec enim nos arbitror victoriæ præmiis ductos patriam olim et liberos et fortunas reliquisse, sed quoddam nobis officium justum et pium et debitum reipublicæ, nostræque dignitati videbamur sequi.* Epist. Cic.

Je sais combien les écarts d'une jeunesse livrée à elle-même, les fautes de l'inexpérience et les conseils du désespoir ont dégradé dans quelques-uns ce premier mouvement d'un cœur français ; mais je sais aussi quelle fermeté inaltérable, quelle sublime résignation, quel courageux support de toutes les privations, quelles vertus célestes connues de Dieu seul, et dont les hommes n'étoient pas dignes, ont honoré les plus extrêmes malheurs dont puissent être frappées des familles accoutumées depuis long-temps à la considération, et des hommes entourés en naissant des douceurs de la fortune. La postérité qui reçoit l'appel des malheureux, prononcera entre toutes les parties ; mais quelque jugement qu'elle porte sur cette mémorable époque de l'histoire de la société, elle ne pourra s'empêcher d'admirer, au milieu de cette lie des siècles, un esprit de vie et de force, chez une nation où de si grands sacrifices, défendus sous les peines les plus graves par l'autorité la plus redoutable (1), ont pu même un instant être commandés par l'opinion. Puissent les chefs des nations avoir à l'avenir des serviteurs plus heureux ! ils n'en auront pas de plus fidèles.

Infelix, ut cumque ferent ea facta minores,
Vincet amor patriæ, laudumque immensa cupido.

CHAPITRE X.

Rétablissement du Ministère public de la Religion dans son état extérieur.

DANS ce moment, le rétablissement du culte de la religion catholique en France, et par conséquent de l'état extérieur du ministère ecclésiastique, paroît décidé. Le concordat entre les chefs de l'Eglise et de l'Etat, qui doit être un concordat entre les deux sociétés elles-mêmes, n'est pas encore connu, et il seroit aussi inutile qu'indiscret

---

(1) Ce n'est pas qu'un certain parti ne provoquât ce qu'il paroissoit défendre ; mais les malheureux n'étoient pas dans le secret.

de chercher à prévenir sa publicité. Quand l'on est persuadé que l'ordre seul, c'est-à-dire, les rapports naturels des hommes et des choses, peut s'affermir dans la société, et que tout ce qui le contrarie, plus ou moins passager, ne sauroit être durable, l'homme qui ne renferme pas toute son existence dans un point, ni toutes ses espérances dans un instant, voit avec plus de tranquillité les opérations de l'autorité publique, certain que les lumières qui se répandent sur les vrais principes de la société, aideront ses efforts vers le bien, ou redresseront ses erreurs : cependant on peut conjecturer, autant sur ce que le bien de la société rend nécessaire, que sur ce que le malheur des temps a rendu possible, ou enfin sur ce que des bruits publics rendent probable, qu'il résultera un jour du nouvel ordre de choses une meilleure distribution dans l'église, d'hommes et de biens ; car les révolutions n'arrivent que pour développer des vérités et dissiper des erreurs, et c'est dans ce sens qu'il a été dit, que le *scandale est nécessaire* (1).

(1) Ceci a été composé bien avant les derniers

Ainsi peut-être, il pourroit arriver que l'autorité compétente divisât Paris en un nombre suffisant de grandes paroisses, dans lesquelles le clergé desservant vivroit en communautés séculières sous l'autorité du curé, comme il faisoit à Paris dans quelques paroisses. Cette nouvelle circonscription de paroisses incompétemment décrétée par l'assemblée constituante, a été consommée en beaucoup d'endroits par la démolition d'un grand nombre d'églises. Dans chacune de ces grandes paroisses, on établiroit, suivant la population et les distances, une ou plusieurs succursales, où des prêtres de la communauté iroient les jours consacrés au culte célébrer les offices, et instruire les fidèles : car pour les baptêmes, les mariages, les premières communions, et généralement tous les actes religieux qui peuvent intéresser l'état même civil des hommes, et qui demandent une grande publicité, pour laisser à l'homme de longs souvenirs, ils ne doivent être faits

---

arrangemens, et si l'auteur paroît les avoir prévus, c'est qu'il y a des circonstances où il n'y a pas à choisir.

qu'à l'église-mère, et il en étoit à peu près ainsi dans les premiers temps. J'ai proposé de grandes paroisses, comme de grands diocèses, de grandes métropoles, parce que tout est petit et mesquin dans les petits établissemens ; ils n'ont aucune dignité, et quelquefois même manquent du nécessaire. Il y avoit en France des paroisses si petites, qu'il étoit impossible d'y faire l'office public, et même des diocèses qui ne pouvoient avoir de séminaire.

La division en grandes paroisses, qui s'opérera nécessairement dans les villes, pourroit avoir lieu, quoique sous une autre forme, dans les campagnes, où il semble qu'elle fût depuis long-temps comme indiquée par les arrondissemens des paroisses champêtres, connus sous le nom de *doyennés ruraux*. Mais partout le nombre des paroisses doit être proportionné à celui des fidèles, et l'emplacement des églises à la situation des lieux : les églises champêtres et isolées offroient des inconvéniens ; mais chaque visite à l'église étoit un pélerinage, et il y avoit à la fois moins de commodité pour l'homme, et plus de sentimens pour son cœur.

Sans doute il ne sera pas possible de réunir constamment les prêtres de toutes les campagnes par maisons communes ; mais il y auroit peut-être possibilité et utilité extrêmes qu'ils fussent affiliés à un établissement commun, dont le curé principal seroit le supérieur, et où les vicaires desservant les succursales pourroient aller de temps en temps reprendre l'esprit de leur état, que dissipe la vie privée, et rompre ainsi les habitudes quelquefois déplacées qu'y contracte l'homme isolé.

Ce seroit un grand mal que les églises fussent trop rares, et trop éloignées du plus grand nombre des fidèles. Si les devoirs journaliers ne peuvent pas s'accomplir sans quelque peine, du moins ils doivent être sans danger; et il y en auroit pour les hommes et les propriétés dans les lieux écartés, si la famille, avec le mauvais temps et les chemins difficiles, étoit obligée d'aller chercher l'église trop loin de ses foyers.

Mais ce seroit un autre abus, et plus grave qu'on ne pense, de diviser ce qui peut être réuni, et de mettre deux paroisses là où une seule peut suffire raisonnablement. L'instruction plus commode fait moins de bien que l'union plus assurée. Il faut bien se garder, dans des vues de commodité personnelle, de mettre, pour ainsi dire, sous la main de chacun, la religion qui appartient à tous en général, et de rendre populaire ce qui doit être public. Le culte, dans les oratoires privés, nourrit la piété de quelques âmes ferventes ; mais il introduit à la longue autant de disciplines particulières qu'il y a de lieux et de ministres ; il affoiblit par sa familiarité même, le respect pour la religion dans le cœur des peuples ; ils finissent par penser que le culte et ses ministres sont faits uniquement pour l'usage de l'homme, au lieu de penser que l'homme est fait pour rendre à Dieu le culte qui lui est dû. Je serai entendu par ceux qui connoissent les hommes, et qui les ont gouvernés. S'il n'y avoit dans un village qu'une seule fontaine où tous les habitans pussent aller puiser de l'eau, même avec quelqu'incommodité, ce seroit se priver d'un moyen continuellement agissant de rapprochement entre les individus, et de liaison entre les familles, que de la détruire pour en diviser les eaux dans chaque maison.

Ce changement dans l'ordre de choses actuel, ou plutôt ce retour à l'ancienne discipline, seroit attaqué par toutes les petites raisons de l'homme, et pourroit être défendu par tous les grands motifs de la société. Dans ces établissemens publics, l'enfance du prêtre, si je puis me servir de cette expression, seroit élevée, sa jeunesse surveillée, et surtout occupée, sa vieillesse honorée et soulagée; et partout ailleurs ses premières années sont trop souvent négligées, les suivantes dissipées et oisives, les dernières, délaissées. Plus d'avarice où il n'y auroit plus de propriété personnelle; plus de mondanité où il n'y aura plus d'oisiveté.

Ainsi un presbytère, ou communauté de prêtres par canton, un diocèse par préfecture, une métropole par province (j'appelle ainsi la réunion de plusieurs préfectures en un ressort de tribunal suprême), partout régularité, simplicité, unité; unité dans la constitution, uniformité dans l'administration, union entre les hommes : voilà où il faut tendre, parce que c'est là que tôt ou tard on doit aboutir.

Avec le temps, les églises devroient être or-
nées, et le culte pompeux. Architecture, peinture, sculpture, musique, éloquence, toutes les matières, tous les arts, tous les talens doivent être employés à honorer l'Être infini dans son *intelligence*, dans son *amour*, dans son *action*, autant qu'il est possible à l'être fini, qu'il a créé pour le *connoître*, l'*aimer* et le *servir*. D'ailleurs ces richesses, dont l'accumulation entre les mains de l'homme est si funeste, et la possession si précaire, confiées à celles de la religion, d'où elles ne peuvent sortir que pour de grands besoins, seroient pour l'Etat une ressource assurée dans les extrêmes dangers. Etoit-ce par instinct de cette disposition très-naturelle, parce qu'elle est très-utile à la société, que les Romains, et même les Grecs, mettoient dans les temples le trésor public ?

Ceux qui étudient les rapports qu'ont entre eux, chez les divers peuples, les principes de la religion et la conduite de la vie civile, ne manqueront pas d'observer que les peuples, dont la religion demande de la magnificence dans ses temples et de la pompe dans son culte, sont beaucoup moins avides de richesses, et plus généreux dan l'emploi qu'ils en font, que ceux qui son sévères partisans d'un culte pauvre et dénué de tout ornement. Une société bien ordonnée doit tendre à mettre la magnificence, le luxe même dans les établissemen publics, la simplicité et la modération dan la vie domestique. *Privatus illis census era brevis, commune magnum,* dit Horace e parlant des premiers Romains (1).

Je n'ai parlé que des corps ecclésiastiques séculiers, auxquels appartiennent exclusivement, sous l'autorité immédiate de premiers pasteurs, les fonctions du ministèr public de la religion. A d'autres corps mais toujours propriétaires, devroient appartenir les soulagemens des foiblesses d l'humanité; car la société n'est que la protection des foibles : elle ne subsiste que pou eux, elle ne peut subsister sans eux, et c'es pour cela qu'il a été dit aux hommes : *Vou*

---

(1) On pouvoit dire la même chose des Français jusqu'au quinzième siècle ; dans les campagnes l'église étoit plus belle que le château. Assez généralement, c'est le contraire aujourd'hui.

urez toujours des foibles avec vous. Ainsi il faut des corps, et peut-être un seul corps pour l'éducation des enfans, les missions étrangères, le rachat des captifs, si les princes chrétiens souffrent encore le brigandage des barbaresques, et le soulagement des infirmes. Ce corps célèbre qu'on ne remplacera jamais que par lui-même, embrassoit presque tous ces objets, et y suffisoit. Les communautés de filles auront également une destination analogue à celle de leur sexe, et aux besoins de la société. On conservera, comme précieuses à la religion et utiles à l'État, quelques maisons des deux sexes dont l'austérité plus qu'humaine, et le renoncement absolu à soi-même et au monde, conviennent si bien à quelques âmes et à quelques circonstances. Ces corps offrent l'exemple des plus héroïques vertus au milieu des scandales des plus grands crimes, et, dans le relâchement introduit à la longue par les passions des hommes, remontent, pour ainsi dire, le ressort de la société. Il est digne de remarque, que la révolution française a répandu ces règles austères chez plusieurs peuples de l'Europe, même presbytériens. Ce sont des germes qui fructifieront avec le temps : et déjà l'on a fait au parlement d'Angleterre, contre l'esprit de prosélytisme des prêtres français, des plaintes bien honorables à la religion et à ses ministres.

Comme jadis le clergé empiétoit sur la juridiction laïque, sous prétexte du péché qu'il y avoit dans tous les délits contre les lois civiles, plus tard les tribunaux civils ont usurpé la juridiction ecclésiastique, sous prétexte du délit qu'il y avoit dans toutes les fautes contre la discipline ecclésiastique ; et de là sont venus les plus grands désordres, la lutte d'une autorité contre l'autre, et la ruine de toutes les deux. Il faudroit revenir à la raison et à la nature. L'autorité civile doit punir comme des délits publics tous les attentats à l'ordre extérieur de la religion, puisque la religion défend comme des crimes même des pensées contre l'ordre public de l'Etat. Quand l'autorité civile a condamné à mort le citoyen, elle renvoie le fidèle au tribunal secret de l'église, pour y avouer sa faute, et en obtenir le pardon du Juge suprême de toutes nos actions ; et quand les tribunaux ecclésiastiques ont jugé un membre de l'ordre digne de mort, ils dégradent le ministre, et renvoient le citoyen devant le pouvoir séculier, seul dépositaire du glaive, et qui a le devoir de s'en servir. La limite des deux puissances est aujourd'hui connue, et peut être fixée avec précision; et désormais on ne verroit plus les autorités civiles mises sous l'interdit par l'autorité ecclésiastique, ni les sacremens administrés par un arrêt des tribunaux civils.

L'institution canonique des évêques ne peut pas être ôtée au saint-siége; et les places inférieures seront à la nomination de l'évêque. La résignation, qui pouvoit obvier à quelques abus, mais qui établissoit pour un ministère spirituel une succession un peu trop séculière, ne peut plus convenir à la corruption des hommes, ni aux progrès de leurs connoissances en administration.

CHAPITRE XI.

Promotion des familles au Ministère politique.

Il est nécessaire, avant d'aller plus avant, de considérer la manière dont l'ordre chargé du ministère politique se recrutoit, à mesure que les familles qui le composoient venoient à s'éteindre.

Il faut d'abord reconnoître qu'il y a dans toute société des hommes qui jugent et qui combattent, ministres ou serviteurs de la société, fonctionnaires publics, nobles ou *notables*, c'est-à-dire, distingués de ceux qui n'exercent pas les mêmes fonctions.

Chez les sauvages, les vieillards qui jugent et les jeunes hommes qui combattent, exercent une fonction distinguée; ils sont les nobles de ces sociétés naissantes. Aussi, chez ces peuples enfans, l'homme qui ne peut plus combattre, se regarde comme dégradé, et même dans quelques peuplades sauvages, on tue les vieillards parvenus à l'extrême caducité, et devenus inhabiles à toute fonction. Mais dans cet état de société, s'il y a des

ministres

ministres ou serviteurs, il n'y a pas de ministère permanent ou de corps public, parce que les familles n'étant elles-mêmes réunies que momentanément pour combattre les hommes ou les animaux, ne forment pas habituellement de société publique ou de corps de nation, et que les ministres y sont passagers comme le pouvoir.

Mais à mesure que les familles se multiplient et se rapprochent, les passions fermentent davantage par le contact plus fréquent et plus intime des individus, et le besoin de frein que l'homme ne trouve que dans le *pouvoir*, se fait plus sentir. Alors il est nécessaire que la société se constitue en état public, c'est-à-dire, que le pouvoir et ses ministres soient perpétuellement en action, et par conséquent perpétuellement distingués de ceux qui n'exercent pas la même fonction. On peut appliquer ici avec une parfaite justesse, le grand principe d'Adam Smith dans son ouvrage *de la Richesse des Nations*, et qui au reste étoit connu du dernier des cultivateurs, le principe de *la division du travail*. Ainsi dans l'Etat il faut des hommes qui se destinent exclusivement à la fonction de *juger* et à celle de *combattre*, par la même raison qu'il faut pour l'utilité de la famille, des hommes qui se destinent exclusivement au métier de bâtir, de voiturer, de moudre le blé, d'en faire du pain, etc. etc.

Le pouvoir et ses ministres, qui sont dans la société la *cause* et le *moyen*, deviennent donc successivement, et à mesure des progrès de la société, temporaires, viagers, héréditaires enfin, dernier état, et le plus fixe de la constitution des sociétés. Ces effets arrivent d'une manière insensible, et souvent dans l'espace d'un grand nombre d'années, ou même de siècles, comme tous les changemens qui s'opèrent dans la société; mais ils arrivent infailliblement, et toujours le pouvoir précède le ministre dans ses développemens. Ainsi, en France, le pouvoir a été plutôt définitivement héréditaire, que le ministère ou la noblesse; et encore en Turquie le pouvoir est héréditaire, et il n'y a pas de corps héréditaires destinés aux fonctions publiques. Quelle que soit la nature du pouvoir et celle du ministère, il est nécessaire, pour qu'il y ait ordre, ou du moins ensemble dans la société; qu'ils soient de même nature ou homogènes, tous deux temporaires ou tous deux fixes; c'est, comme je l'ai observé dans le Discours préliminaire, ce défaut d'homogénéité entre le pouvoir et ses ministres, qui a perdu la Pologne et la Turquie, quoique dans l'une et dans l'autre, le défaut d'homogénéité fût différent et même opposé, puisqu'en Pologne le chef électif étoit servi par un ministère héréditaire, et qu'en Turquie le chef héréditaire est servi par des ministres perpétuellement amovibles. Au reste, il est aisé de voir la raison de cette nécessité sociale dans la nécessité générale ou métaphysique, qui veut que le *moyen* soit de même nature que la *cause*.

Cette marche des institutions, nécessaire, parce qu'elle est naturelle, a été sensible dans la révolution qu'a essuyée la France, destinée à dévorer la vie de plusieurs siècles dans l'espace de peu d'années. Sous le règne orageux et perpétuellement variable du pouvoir *conventionnel*, les fonctions publiques ont été mobiles et presque instantanées, et elles se sont prolongées, et sont même devenues viagères, à mesure que le pouvoir s'est fixé, et qu'il est devenu viager.

Lorsque l'engagement au service public se transmet par voie d'hérédité, et qu'il forme *caractère* dans les familles, ces familles soumises aux mêmes devoirs, et quelquefois à des lois ou des coutumes spéciales, forment un corps qui s'appeloit en France, *ordre*, c'est-à-dire, ensemble d'hommes *ordonnés* pour une fin particulière. Cette institution, dont il n'est pas question ici d'examiner les inconvéniens ou les avantages, existoit, et existe encore dans une grande partie de l'Europe civilisée; mais partout elle étoit déchue de sa constitution naturelle, et avoit perdu dans l'opinion, depuis les innovations qui, au seizième siècle, avoient aboli le ministère religieux ou le caractère du sacerdoce; tant est intime l'union des deux sociétés politique et religieuse, et tant leur fortune est semblable (1)!

Ces familles, vouées au ministère politique,

---

(1) On peut dire : Plus de Dieu, plus de *pouvoirs* des nations; plus de ministère religieux, plus de ministère politique; plus de fidèles, plus de sujets; et l'Europe ne peut pas cesser d'être chrétienne, sans cesser d'être un corps politique.

s'éteignoient comme les autres, et même plus que les autres, par la nature même de leurs fonctions. Il falloit les remplacer. Deux voies se présentoient, le choix arbitraire du prince, ou l'industrie de la famille. Toutes les deux furent en usage en France, et même dès les premiers temps. Louis-le-Hutin, le premier, ennoblit Raoul, orfèvre, ou, comme on disoit, *argentier* du roi. Jusque-là, la possession du fief avoit déterminé ou marqué la nobilité de la personne. Les nobles, ruinés par des guerres fréquentes ou par le luxe, toujours excessif dans les temps malheureux, et cause lui-même du malheur des temps, vouloient avoir la faculté de vendre leurs fiefs aux autres citoyens; mais peut-être que, par une inconséquence remarquable, ils n'auroient pas voulu leur transmettre la nobilité personnelle. Le fisc profitoit de cette disposition, et soumettoit au *franc-fief* (1) les nouveaux acquéreurs. Les nobles, alors nombreux, ne sentoient pas assez qu'il étoit de toute nécessité politique, que l'ordre du mi-

(1) C'étoit une taxe que payoit un citoyen non noble pour acquérir ou posséder un fief.

nistère public eût un moyen régulier, ordinaire et continu de se recruter; que le choix arbitraire du prince ne pouvoit être qu'un moyen extraordinaire, dès lors insuffisant, et que la possession du fief étoit au fond le plus naturel. Aussi, la nécessité des choses, plus forte que les volontés humaines, recrutoit la noblesse avec les possesseurs de fiefs, égaux devant la loi aux nobles les plus anciens, inégaux dans l'opinion qui accorde aux vieillards une plus grande considération. Lorsque le fief cessa d'ennoblir, l'homme s'ennoblit par l'acquisition d'une charge; moyen moins utile politiquement que l'acquisition du fief, mais qui offroit une meilleure garantie personnelle, parce que l'homme qui demandoit à être admis dans un corps respectable de magistrature, étoit soumis, au moins pour la forme, à un examen qui n'appeloit pas les talens (parce que les talens, sans lesquels une société ne sauroit se former, ne sont pas également nécessaires à une société toute formée); mais qui excluoit les vices connus, et les irrégularités publiques de conduite.

J'ai dit qu'on ne pouvoit pas faire du choix

arbitraire de la part du chef un moyen régulier de promotion des familles au ministère politique, parce que l'élévation des familles, qui, hors les temps et les hommes extraordinaires, doit être lente et successive, comme toutes les opérations de la nature, n'a alors d'autre règle que des caprices, d'autre motif que la faveur, souvent d'autre durée que celle de l'homme, semblable à ces plantes qui fleurissent au matin, et que le soir voit sécher. Ces métamorphoses subites, qui font passer un homme des derniers rangs de la société aux premiers emplois, et par la seule volonté du chef, forment le caractère spécial du despotisme d'un ou de tous. Ainsi, en Turquie, la volonté suprême du sultan fait un ministre d'Etat d'un jardinier; et dans la France de 93, la volonté suprême du peuple, d'un maître à danser, faisoit un législateur; principe assuré de corruption et de désordre, qui allume toutes les passions, et ne laisse dormir aucun talent; qui déplace tous les hommes, et réalise toutes les chimères; et qui dans l'homme, comme dans la société, met une agitation dévorante que suit l'abattement et la langueur, à la place du mouvement régulier, principe de la vie de l'homme et de la force de la société.

C'est pour cette raison que, dans les gouvernemens réguliers et bien constitués, le pouvoir s'interdit à lui-même la facilité de placer et de déplacer les hommes, sans règle et sans motif, et qu'il suit pour les promotions militaires et civiles, un ordre de tableau, d'ancienneté d'âge ou de grades. Cette coutume est extrêmement sage; mais à laquelle il est sage aussi de pouvoir déroger, lorsque de grands intérêts et des services éminens en amènent la nécessité.

Tous les désordres qui naissent du choix arbitraire de la part du chef, comme moyen unique et régulier d'élévation, se retrouvent dans le choix arbitraire de la part du peuple souverain; mais ils y sont plus graves, parce que ce souverain lui-même se compose d'une multitude de volontés souvent opposées, et qu'il exerce sa souveraineté élisante dans un grand nombre de lieux à la fois. Je ne crains pas d'assurer que les élections populaires, comme moyen régulier et légal de promotion, sont le plus puissant véhicule de corruption publique et privée. Une nation qui est une réunion de familles indépendantes les unes des autres, et liées entre elles par les mêmes devoirs religieux et politiques, devient, grâces aux élections, un vaste marché où l'ambition achète ce que l'intrigue vend ; où l'homme, tour à tour flatteur et insolent, s'humilie et se fait rechercher ; où l'éloge effronté de soi, la détraction contre les autres, et souvent la calomnie, la vénalité, la captation, etc., sont des voies ordinaires de fortune, toutes choses incompatibles avec l'honneur, la vertu, la religion, l'humanité, et subversives de tout ordre social. C'est là cependant qu'on en est en Angleterre. Les désordres des élections y vont toujours croissant : l'argent devenu plus commun, les places plus honorables ou plus lucratives, l'intrigue plus raffinée, y produisent, dans quelques semaines, des violences et des folies inconnues à une nation sauvage (1), et dont la

---

(1) Il eût été curieux de savoir ce qu'un chef de sauvages grave et sensé, transporté à Londres dans le temps des élections, auroit pensé d'un peuple civilisé.

vie la plus longue d'une société civilisée, ne doit pas fournir d'exemple.

Telle est cependant la situation où les vices de cette constitution ont mis l'Angleterre, qu'il est impossible qu'elle y reste sans tomber dans la plus grande confusion, ou qu'elle en sorte sans révolution. Puisse-t-elle, éclairée par ses malheurs anciens, et surtout par nos malheurs présens, faire ou préparer avec sagesse cette révolution inévitable, et suivre d'elle-même la nature dans les voies où elle conduit la société! *Quò vergit natura, eò ducenda*, dit Hyppocrate en parlant des maladies du corps humain, et cet aphorisme convient également aux maladies du corps social. Mais telle est la condition de la société, que si elle peut lutter quelque temps, à force de sagesse dans l'administration, contre les vices de sa constitution, une constitution vicieuse pervertit à la longue l'administration la plus sage; tout s'y corrompt, les hommes et les choses; et il n'y a plus, ni assez de raison dans les hommes, ni même assez de consistance dans les choses, pour pouvoir entreprendre, encore moins exécuter une réforme; *ces terres trop remuées, devenues incapables de consistance, tombent de toutes parts*, dit M. Bossuet, *et ne font voir que d'effroyables précipices.* Là commence le terrible drame d'une révolution, dont *l'exposition* suppose aussi beaucoup d'événemens antérieurs, que les passions compliquent, et qu'elles conduisent jusqu'au dénouement. La tragédie finit par le triomphe du bien; mais les personnages principaux ont disparu de la scène, et la catastrophe a été sanglante; car ce n'est qu'à ce prix que l'ordre se rétablit dans la société, et *sine sanguinis effusione, non fit remissio.* Je reviens aux élections. Dans une société naissante, où les emplois publics ne sont que des charges, l'élection peut y appeler le plus digne; dans une société avancée, où les charges sont des honneurs, l'élection n'appellera en général que le plus riche, le plus redouté, le plus intrigant. Ainsi, là où la richesse est une condition nécessaire de l'élection, comme en Angleterre, la société souffre des désordres d'une scandaleuse vénalité; mais là où le choix, affranchi de toute condition, peut se porter indifféremment sur tous les citoyens, la société a à redouter les métamorphoses subites qui tirent un homme des derniers rangs, et le font passer sans préparation et sans noviciat aux premières fonctions du pouvoir. Il se trouve rarement des hommes capables de résister à cette intempérance de fortune, si l'on peut parler ainsi : au moral comme au physique, la tête tourne à une trop grande hauteur, à laquelle on n'a pas accoutumé son cœur et ses yeux; l'homme ébloui tombe dans une démence réelle, et c'étoit une véritable aliénation physique et morale, produite par l'ivresse du pouvoir, que les folies atroces ou ridicules de tant de misérables que la révolution avoit surpris dans les conditions obscures, et qu'elle avoit élevés au faîte du pouvoir (1). Elle étoit donc sage, et conforme à la nature de l'homme et de la société; elle laissoit un libre cours à l'industrie, et des chances favorables au mérite; elle accordoit le moins possible aux passions humaines, cette institution connue en Fran-

(1) On a remarqué que l'état de cordonnier avoit fourni un très-grand nombre de membres des institutions révolutionnaires.

ce, qui invitoit toutes les familles à sortir à leur tour de l'état privé pour arriver à l'état public; qui, faisant passer par degrés la famille, de la charrue ou du comptoir, à la profession des armes ou à celle des affaires, la préparoit peu à peu à remplir les plus hauts grades de la magistrature civile ou guerrière, accoutumoit ainsi les uns à l'élévation, et disposoit les autres à la voir sans trop d'envie; une institution qui faisoit croître la fortune avec les honneurs, et l'émulation avec les moyens; qui donnoit aux choses, aux hommes, à la société toute entière, une marche progressive en avant, et lui évitoit ces secousses irrégulières et brusques qui la rejettent si souvent en arrière; cette institution qui faisoit que l'élévation d'une seule famille se composoit de sa propre industrie, de la considération publique, de l'approbation d'un corps, de la sanction du pouvoir. L'homme, qui sème toujours l'ivraie dans le champ de la nature, avoit corrompu cette institution, je le sais, et l'élévation étoit devenue trop facile; mais les abus sont aisés à extirper, lorsqu'ils ont germé dans une institution utile, au lieu que les meilleurs règlemens sont impossibles à maintenir, lorsqu'ils sont employés à corriger ou à soutenir une institution vicieuse.

CHAPITRE XII.

Nécessité du Ministère politique.

Il n'a jamais existé, il ne peut même exister de société sans pouvoir, ni de pouvoir sans ministre. Le ministère est le moyen, l'instrument du pouvoir; et comme la perfection de l'effet dépend autant de la perfection du moyen que de celle de la cause, il est évident que la perfection du ministère public est le premier et le seul moyen de perfection de la société, parce que l'on peut dire que le moyen de la perfection, est la perfection du *moyen;* locution dans laquelle l'homme instruit découvrira autre chose qu'une frivole antithèse. La perfection, si l'on veut, est une chimère pour l'individu qui, dans le court espace de sa vie, ne peut apercevoir de progrès sensible vers le mieux; mais elle est réelle et sensible pour la société qui embrasse une longue durée de siècles et une longue suite d'événemens. La vérité consiste dans la connoissance de cette perfection, et le devoir de l'écrivain est de la présenter à la société, comme le terme auquel elle doit tendre sans cesse, même quand elle devroit n'y parvenir jamais. Comment les gouvernemens ne se proposeroient-ils pas les lois les plus parfaites de la constitution morale des hommes, lorsqu'ils sont perpétuellement occupés à favoriser l'invention ou l'exécution des lois les plus commodes de leur existence physique, je veux dire les meilleures manières de loger l'homme, de le nourrir, de le vêtir, de le guérir dans ses maladies, de le transporter par terre ou par mer, etc.?

L'homme qui croit à la nécessité de l'*ordre* dans la société, doit donc, s'il est conséquent, croire à la nécessité des moyens de cet *ordre*, donc à la nécessité du ministère public et de sa meilleure constitution; car il faut prendre garde que ce moyen n'est bon que lorsqu'il est parfait, et que tout ce qu'il y reste d'imparfait et de vicieux, loin d'être un moyen d'ordre, est un principe de destruction. Non-seulement il est conséquent à certaines opinions de croire au retour de l'ordre dans la société ; mais il est extrêmement utile d'en indiquer les moyens, quelque éloignés même qu'ils paroissent des idées dominantes, parce qu'il n'y a rien de plus foible et de plus variable que des idées dominantes, quand elles sont fausses : on ne doit pas même taxer ces moyens de sévérité et de dureté; car lorsque la société a été livrée long-temps à des précepteurs corrompus qui lui ont prêché une doctrine lâche et foible, parvenue à l'extrémité du cercle des idées morales, elle touche aux idées fortes et sévères : alors il naît infailliblement des hommes qui l'y ramènent, et l'on peut remarquer que les institutions les plus austères, à commencer par le christianisme, sont nées dans les temps les plus corrompus.

Il est vrai que la société en France paroît au plus loin possible d'adopter rien de semblable dans ses institutions ; mais il faut prendre garde que le *jour* de toutes les grandes époques, de toutes les époques *nécessaires* dans la société en bien ou même en mal (*car le scandale*, a dit le grand maître, est quelquefois *nécessaire*), arrive toujours *comme un voleur*, et sans être attendu.

Quoi

Quoi de moins prévu sous le règne d'Auguste, que la naissance du christianisme ; sous Dèce et Dioclétien que son triomphe, et son inauguration au trône des Césars ? Quoi de moins probable au 5e. siècle, que le mahométisme né au commencement du 7e. ; et de plus imprévu au commencement du 11e. siècle, que les croisades qui en ont signalé la fin ? On peut en dire autant du luthéranisme : et nous-mêmes qui vivons depuis douze ans au milieu des prodiges, comme les Hébreux dans le désert, pouvions-nous prévoir en 1789, l'expropriation du clergé, l'émigration de la noblesse, la chute du trône, tous les hommes qui ont paru aux époques mémorables de la révolution, tous les événemens qui les ont remplies, et le nouvel ordre d'événemens qui a commencé depuis deux ans ? Cette réflexion doit rendre les hommes, non pas plus disposés à croire, mais moins prompts à rejeter sans examen la probabilité d'événemens nécessaires. Car la raison consiste à juger la nécessité des événemens, et l'imagination à vouloir en *assigner le jour et l'heure*, dont l'Être suprême s'est réservé la connoissance. Cependant il y a même des indices certains d'une nécessité plus ou moins prochaine dans les événemens. Par un effet des lois générales de l'ordre conservateur des sociétés, les grands remèdes suivent les grands maux, et de nouveaux besoins demandent de nouvelles ressources. Ainsi la boussole et les lunettes astronomiques furent inventées pour la découverte du nouveau monde; et l'imprimerie naquit pour l'instruction de la société, lorsque, fixée dans son système politique, elle eut plus besoin de se perfectionner que de s'étendre; ainsi le *quinquina* a été trouvé contre la fièvre, et, si l'on veut, l'inoculation contre la petite vérole.

Or, il n'est que trop aisé d'apercevoir la raison nécessaire de l'établissement prochain d'un grand *moyen*, d'un moyen public d'ordre et de conservation, lorsqu'on voit, d'un bout à l'autre de l'Europe, une conjuration ouvertement tramée (1) contre la so-

---

(1) Des hommes qui, en 1789, ne voyoient en France que de bons citoyens et de bonnes intentions, nient aujourd'hui l'influence de toutes ces doctrines sur nos malheurs. Cette opinion fait plus d'honneur à leurs vertus qu'à leurs lumières.

ciété, dont le but et les efforts tendent visiblement et constamment à pervertir les esprits, en y effaçant toute idée d'ordre présent et futur, d'existence de Dieu, d'immortalité de l'âme, de peines et de récompenses à venir, et ne donnant à l'homme ni une autre origine, ni une autre nature, ni une autre fin qu'aux plus vils animaux. Non-seulement ces doctrines sont répandues dans tous les écrits et professées dans toutes les écoles, mais elles ont été un moment soutenues par les armes, et elles le sont encore par tous les moyens d'intrigue, de séduction, et même de violence, que l'on peut employer à l'ombre du mystère. Et certes, sans rappeler ici ce que nous avons vu depuis longtemps en France et ailleurs, sans citer de trop fameuses correspondances, il suffira, pour juger des progrès de cette doctrine et des succès déplorables de ses adeptes, de remarquer que toutes les grandes vérités du christianisme sont hautement attaquées, et son culte publiquement méprisé, au point que nous venons de voir le roi de Prusse ordonner par un édit, aux classes élevées de ses Etats, de faire donner à leurs enfans le signe et le sceau du christianisme, sur lequel l'autorité du consistoire lui-même avoit montré une coupable indifférence.

Ces conjectures, au reste, sont appuyées sur une autorité bien respectable. Le génie philosophique le plus étendu qui ait paru parmi les hommes, Leibnitz, qui pénétroit dans les profondeurs de la société comme dans les abîmes de l'infini mathématique, prévoyoit dès le commencement de ce siècle, les malheurs dont la société étoit menacée, et en indiquoit le remède. Le passage est trop curieux, pour qu'on ne me permette pas de le transcrire.

« Ceux qui se croient déchargés de l'impor-
» tune crainte d'une Providence surveillante
» et d'un avenir menaçant, lâchent la bride
» à leurs passions brutales, et tournent leur
» esprit à séduire et à corrompre les autres,
» et s'ils sont ambitieux, et d'un caractère
» un peu dur, ils seront capables, pour leur
» plaisir ou leur avancement, de mettre le
» feu aux quatre coins de la terre, et j'en
» ai connu de cette trempe. Je trouve même
» que des opinions approchantes s'insinuant
» peu à peu dans l'esprit des hommes du

» grand monde qui règlent les autres, et » d'où dépendent les affaires, et se glissant » dans les livres à la mode, disposent *toutes* » *choses à la révolution générale dont* » *l'Europe est menacée*....... Si l'on se » corrige encore de cette maladie épidémi- » que, dont les mauvais effets commencent » à être visibles, les maux seront peut-être » prévenus; mais si elle va croissant, la Pro- » vidence corrigera les hommes par la ré- » volution même qui en doit naître; car, » quoi qu'il puisse arriver, tout au bout du » compte, tournera toujours pour le mieux » en général (1) ».

Cet auteur venoit de parler de la singulière force d'âme que montrent les sauvages au milieu des privations et des tortures, et il ajoute ces paroles remarquables : « Tout ce » qu'une merveilleuse vigueur de corps et » d'esprit fait dans les sauvages entêtés d'un » point d'honneur des plus singuliers, pour- » roit être acquis parmi nous par l'éduca- » tion et des privations bien réglées..... » Je ne m'attends pas qu'on fonde sitôt un » ordre dont le but soit d'élever l'homme

(1) *Nouveaux Essais sur l'entendement humain.*

» à ce haut point de perfection...... Comme » il est rare qu'on soit exposé aux extrémi- » tés où l'on auroit besoin d'une si grande » force d'âme, on ne s'avisera guère d'en » faire provision aux dépens de ses com- » modités ordinaires, quoiqu'on y gagneroit » incomparablement plus qu'on n'y perdroit, » et cependant cela même est une preuve » que le bien surpasse le mal, puisqu'on n'a » pas besoin d'un si grand remède (1) ».

Au point où est parvenue aujourd'hui la société, et aux dangers qui la menacent même au milieu de sa prospérité apparente, et peut-être par cette apparence même de prospérité, Leibnitz jugeroit qu'elle est ex- » posée à des extrémités où elle a besoin dans » ses défenseurs d'une grande force d'âme, » et que le mal surpasse assez le bien pour » qu'elle ait besoin d'un si grand remède ».

Enfin, l'expérience vient montrer la possibilité de ces institutions dont le génie prévoit, dont le raisonnement établit la nécessité.

En effet, l'institution du ministère politique dans les Etats chrétiens n'est pas comme

(1) Théodicée.

la république de Platon, ou l'*Utopie* de Thomas Morus, un rêve que l'imagination enfante, et que la raison n'a jamais réalisé. Cette institution a existé en Europe, même dans une haute perfection (1); et, dans des temps qu'on peut regarder comme voisins du nôtre, la chrétienté a vu un ordre entier d'hommes dévoués, corps et biens, à la défense, et même à l'ornement de la société. L'Europe a admiré ce mélange singulier de vertus publiques et privées, religieuses et politiques, de hauteur dans les

(1) La chevalerie a existé en France, en Espagne, en Angleterre, en Allemagne, en Italie, dans tous les Etats chrétiens et monarchiques : le Nord étoit encore idolâtre; et la Grèce soumise à des despotes dont la succession rapide, ouvrage de la violence, ne pouvoit compatir avec une institution dont le caractère étoit la *féodalité* ou la fidélité. La chevalerie eut ses abus; elle mit presque toujours des engagemens particuliers au-dessus des devoirs publics; souvent elle employa trop de force à rendre la justice, et ses idées exagérées même sur la vertu, donnèrent, comme toute exagération, prise au ridicule. Un homme de génie le saisit, et de là ce roman de *Don Quichotte*, le premier de tous les romans, et qui partage avec un petit nombre de livres l'honneur d'avoir fait révolution.

sentimens, et de simplicité dans les manières, de courage contre l'ennemi, et de respect pour la foiblesse; que dis-je? non-seulement l'Europe a vu cette institution, mais elle a vécu jusqu'à présent sur le fonds de vertu, de décence, de loyauté qu'elle en avoit reçu; feu sacré dont les foibles étincelles, conservées sous les ruines du temps et des passions, se seroient rallumées parmi nous, si un souffle puissant avoit su les ranimer.

Je sais que les hommes qui concourent à tout par leur action, qui altèrent tout par leurs vices, mêlèrent trop souvent leurs passions à la perfection de cette institution, et se firent des vertus qui n'étoient pas toujours des devoirs; mais quand même on pourroit ne pas ajouter une foi entière à tout ce que les historiens contemporains nous ont transmis de cette antique constitution des ministres politiques, dont on exagéroit alors les vertus, comme de nos jours on en a exagéré les vices, il ne seroit pas moins étonnant qu'on eût eu dès lors des notions si justes, si élevées sur les devoirs de l'homme public, sur les besoins de la société, sur la perfection, en un mot, à laquelle l'homme peut être élevé par le moyen des institutions, et la société par le ministère de l'homme.

Les écrivains ont recherché l'origine de cet établissement, et les causes de sa décadence; mais ils n'ont pas fait assez d'attention qu'en laissant à part les événemens politiques qui en ont précipité la ruine, et dont nous avons fait connoître les plus remarquables, la chevalerie, car il faut la nommer, a péri, parce qu'elle étoit uniquement dans les mœurs, et qu'elle n'étoit pas constituée par les lois. La force des choses lui avoit donné naissance; l'Etat n'en avoit pas assuré la durée et les progrès; car si c'est aux mœurs à inspirer les lois, c'est aux lois à fixer et à maintenir les mœurs. C'étoit encore un principe de désordre, et par conséquent de ruine, que le défaut absolu de connoissances administratives ou même économiques, dans ces temps où l'art d'écrire et celui de l'imprimerie, moyens indispensables de tout ordre parmi les hommes, et de toute administration de choses, étoient ignorés, ou peu connus même dans les conditions les plus élevées que nos malheureuses guerres sous les Valois avoient exclusivement jetées dans le métier des armes, contre l'esprit ou les habitudes primitives de leur institution. Un corps de citoyens destinés à des fonctions publiques, les doit remplir, non-seulement avec fidélité, mais avec ordre et intelligence; et faute d'une sage discipline dans les hommes, et d'une administration attentive de choses, il peut arriver qu'il périsse malgré les vertus, et quelquefois par les vertus même de ses membres, et qu'il succombe à des vices intérieurs au moment qu'il jette au dehors le plus grand éclat. La chevalerie se distinguoit par sa valeur dans les combats, mais elle laissoit échapper la victoire par son indiscipline; comme elle rendoit dans les tribunaux des jugemens iniques avec une probité scrupuleuse : il lui manquoit une règle à laquelle on ne savoit pas la plier, et des connoissances qu'on ne savoit pas lui donner; car on obtient des hommes tout ce qu'on sait leur demander ou leur commander.

Les moyens mécaniques d'ordre public et d'administration ont été portés dans les Etats modernes au plus haut point de perfection.

Il ne leur manque plus que d'y joindre les moyens moraux, sans lesquels les autres ne sont rien ; c'est-à-dire, qu'il leur manque des hommes formés à la perfection sociale pour perfectionner la société elle-même, en y portant les vertus au même degré que les connoissances.

Cependant, on auroit tort de croire qu'il soit laissé uniquement à la volonté et au choix de l'homme d'établir ou de relever de si hautes institutions. L'homme peut en concevoir la pensée, ou même en imaginer l'organisation ; mais l'exécution dépend d'une disposition secrète dans les esprits, et d'un arrangement de circonstances extérieures qui ne peuvent se trouver qu'après de grands événemens, et trop souvent, hélas ! après de grands malheurs. Ce sont des remèdes qui ne naissent jamais que de l'excès des maux ; ce sont des troupes qu'on lève pour la guerre, et qui ne se forment qu'au milieu des combats ; et pareils aux ouvriers du second temple, leurs fondateurs ont le marteau d'une main pour bâtir, et l'épée de l'autre pour combattre. C'est là surtout ce qui distingue les institutions naturelles et nécessaires de la société des institutions arbitraires et factices, que l'homme fonde même avec les intentions les plus louables, mais sans aucune nécessité.

Il y a trois siècles à peu près que dans toutes les cours de l'Europe, les princes créent de nouveaux ordres de chevalerie pour les hommes, et quelquefois même pour les femmes, dans les vues politiques, et même religieuses les plus innocentes. Ces ordres sont à leur naissance l'objet de la faveur la plus déclarée, et de l'ambition la plus active, enrichis, décorés par les princes qui s'honorent d'en porter les marques; et cependant leur existence, ou du moins leur considération est de courte durée. Il n'est pas même possible d'assigner aucun bien véritablement public et durable qui en soit résulté; et il est au contraire aisé d'apercevoir la révolution qu'ont dû produire dans les idées et dans les mœurs, des institutions qui mettent, chez les uns, la vanité à la place de la conscience, et chez les autres, la jalousie à la place du respect, parce qu'elles distinguent l'homme par des marques extérieures, sans l'obliger à des devoirs plus rigoureux. Voilà les institutions humaines; voici celles de la nature. Il y a huit siècles qu'à l'époque du développement de la puissance mahométane, et du danger imminent dont elle menaçoit l'Europe, quelques pélerins à la terre sainte disposèrent sous des tentes un hospice pour les malades, et de cet hospice sortit une puissance qui eut toujours les armes à la main, et qui, devenue le boulevard de la chrétienté, lorsqu'il n'y en avoit pas d'autre, a vu trois fois toutes les forces ottomanes se briser contre le rocher qui formoit son territoire, et a donné le temps à la maison d'Autriche de s'étendre, et à l'Empire russe de se former.

Il y a trois siècles qu'à l'époque de l'invasion du luthéranisme, et de la découverte du nouveau Monde, quatre ou cinq étudians de l'université de Paris s'engagèrent dans l'église de Montmartre à changer l'Univers, c'est-à-dire, à instruire le monde chrétien, et à convertir le monde idolâtre; et vingt ans après, ils occupoient le monde entier, catéchisoient les enfans en Europe, et baptisoient les rois dans les Indes.

Quoi qu'il en soit, l'homme qui s'est fait

une juste idée de la beauté de l'ordre et de sa nécessité, doit hâter par ses vœux, et, s'il le faut, par ses démarches, l'établissement d'une classe d'hommes fondée par la religion, et *ordonnée* par la politique pour la défense de la société religieuse et politique, comme le seul et le plus puissant *moyen* de la conservation de l'ordre parmi les hommes, et à qui toute autre occupation soit interdite que celle de servir la société sous les ordres de son pouvoir, dans les fonctions de *juger* et de *combattre*, qui comprennent tout le service que l'homme peut rendre à la société par son esprit ou par son corps. Ces fonctions sublimes rendent ceux qui y sont consacrés, les hommes, non de la famille, mais de la nation, (*gentis homines*,) et elles les donnent en spectacle aux autres pour en être remarqués par leurs vertus, (*nobiles*, qui vient de *notare*, remarquer.) Ils doivent donc se rendre capables par une éducation particulière, et un genre de vie convenable, de cet important ministère. Ces hommes, ou plutôt ces familles, sont les ministres, c'est-à-dire, les serviteurs de la société, distingués par conséquent de ceux qui sont servis, et de là vient que le mot de *service* est affecté dans toutes les langues chrétiennes aux fonctions militaires et judiciaires, et le mot d'*officier, ab officio*, à la personne qui les remplit.

« Esclaves de ce maître dur et injuste (du » public), est-il dit dans la *Théorie du Pou-* » *voir*, obligés de souffrir ses caprices, sou- » vent d'éprouver son ingratitude, *quelque-* » *fois d'essuyer ses fureurs*, ils assurent sa » liberté aux dépens de la leur, et ils paient » leur distinction de leur servitude. C'est la » solution du problême que J.-J. Rousseau » se propose, et qu'il ne sait comment ré- » soudre. Quoi! dit-il, la liberté (de tous) » ne se maintient qu'à l'appui de la servi- » tude (de quelques-uns)? peut-être ».

L'imagination, je le sais, ne voit qu'éclat et honneurs là où la raison et la religion ne voient que devoirs. Elle se récrie sur cette prétendue servitude, et sur ces fonctions brillantes qu'il étoit si doux de remplir. Elle juge ce qui devroit être par ce qui étoit trop souvent; et cependant tels sont les devoirs auxquels la société, pour ses besoins, devroit soumettre les familles consacrées au ministère public, que leur dévouement deviendroit pour les autres un sujet de frayeur plutôt qu'un objet d'envie. Si l'on veut même détourner les yeux de cette opulence que quelques familles nobles partagent en Europe avec un nombre bien plus grand de familles commerçantes, et qui n'étoit plus remarquée que parce qu'elles en faisoient un emploi plus généreux, quelle condition plus dure que celle d'une multitude de familles que l'opinion de leur dignité retenoit dans une pauvreté héréditaire, que cependant elles devoient faire honorer, et qui ne pouvant exercer aucun genre d'industrie lucrative, étoient obligées pour sortir de l'indigence de produire un cardinal ou un maréchal de France? Quant à la dépendance, le ministère dans l'Etat est plus sujet que les sujets eux-mêmes, puisque ses membres, sujets comme les simples citoyens à toutes les lois religieuses, domestiques et politiques, sont de plus soumis aux lois particulières à leur profession. « L'infériorité, dit Terrasson, » semble plus marquée dans le second rang » que dans le dernier »; et il est vrai de dire que le pouvoir a sur ses ministres une au-

torité

torité particulière et presque arbitraire qu'il n'a pas sur les sujets. Dans les premiers temps, les familles vouées au ministère politique dépendoient du pouvoir de l'Etat, au point qu'elles ne pouvoient marier leurs filles sans sa permission. Il avoit la tutelle de leurs enfans, souvent la jouissance des biens pendant les minorités, et même quelquefois il héritoit de leur mobilier. Les familles nobles lui donnoient leurs enfans comme ôtages de leur fidélité. La coutume chez les princes de faire élever auprès d'eux, comme pages, des enfans des familles nobles, et la clause de réversion des fiefs titrés à la couronne, faute d'hoirs mâles, étoient des traces de ces usages anciens.

CHAPITRE XIII.

Constitution domestique du Ministère public dans les premiers temps.

Il est sans doute intéressant de connoître par quels moyens l'institution singulière du ministère public, connue sous le nom de *chevalerie*, s'étoit formée en Europe; mais il faut se rappeler, ce que nous avons déjà observé, que cette institution étoit dans les mœurs plutôt que dans les lois; que tout y étoit en traditions, et rien en lois écrites; qu'elle n'étoit dans plusieurs points, même essentiels, qu'indiquée, et non développée; en un mot, que cette institution si perfectionnée quant aux sentimens, et même aux vertus qu'elle a produits, n'étoit encore que dans l'enfance sous le rapport des règlemens de discipline qui pouvoient la perpétuer.

Comme il est de l'essence du ministère politique d'être propriétaire de terres, c'étoit une nécessité aux familles nobles d'habiter les campagnes, et leur séjour y étoit utile pour elles et pour le peuple, par mille raisons domestiques et politiques. S'il est une vérité d'administration généralement reconnue, c'est que les campagnes ont tout perdu par l'éloignement des grands propriétaires, et l'on peut, sans entrer dans d'autres détails, regarder comme un axiome de la science de l'économie publique, que tout ce qu'il y a de bon, de nécessaire à apprendre ou à inspirer au peuple en agriculture, en habitudes domestiques, même en morale pratique, tient à la constitution domestique des familles vouées au ministère public, et à leur résidence habituelle sur leurs propriétés. « Les bois et les champs, dit un ancien au-» teur, forment plus la noblesse que les » villes (1) ». On ne manquera pas de m'opposer les désordres de la *féodalité*, et toutes les déclamations que les esprits chagrins ou prévenus se sont permises contre cette institution plus naturelle qu'on ne pense, puisque, selon Condorcet, « on la retrouve à la » même époque chez tous les peuples ». La *féodalité* signifie la *fidélité*, et si les abus en étoient devenus odieux, l'origine assurément en étoit respectable, et la nature essentiellement bonne. Les abus de la féodalité tenoient moins à la disposition des hommes, toujours et partout les mêmes, qu'au malheur des temps, et à la foiblesse de l'autorité publique. Les vices de la politesse ont succédé aux désordres de la violence; mais si l'on prenoit le tableau des ju-

(1) *Plus rura et nemus conferunt ad consequendam nobilitatem quàm urbes*, dit Poge, qui écrivoit sur le droit public au quinzième siècle.

gemens criminels pour mesure de la bonté d'une nation à ses diverses époques, je crois qu'on trouveroit aujourd'hui des forfaits plus odieux et plus fréquens qu'ils ne l'étoient dans ces temps si décriés, et du moins on remarqueroit que les grandes expiations, et les sentimens de repentir sont beaucoup plus rares de nos jours, parce que l'homme alors étoit emporté, et qu'aujourd'hui il est corrompu. Mais en laissant à part ces récriminations, et le parallèle qu'on pourroit établir entre les siècles de la religion et les siècles de la philosophie, entre les temps de la féodalité et ceux de la fiscalité, nous nous contenterons de citer un passage extrêmement remarquable du plus grand ennemi de la féodalité, et de tout ce qui s'y rapporte : « Le » gouvernement féodal, dit Mably, étoit » sans doute ce que la licence a imaginé » de plus contraire à la fin que les hommes » se sont proposée en se réunissant en » société. Cependant malgré ses pillages, » son anarchie, ses violences et ses guerres » privées, nos campagnes n'étoient pas dé- » vastées comme elles le sont aujourd'hui. » L'espèce de point d'honneur qu'on se fai-

» soit de compter beaucoup de vassaux dans » sa terre, servoit de contre-poids à la ty- » rannie des fiefs. Loin de dévorer tout ce » qui l'entouroit, le seigneur principal fai- » soit des démembremens de ses terres pour » se faire des vassaux, et les familles se » multiplioient sous sa protection ».

Je le demande à tout homme sensé et impartial : si le régime *qui multiplie* les hommes, protège les familles, les appelle à la propriété, et préserve les campagnes de la dévastation, est *contraire à la fin* de la société, quelle est donc la fin de la société, et quel est le régime qui lui convient ? Si c'est là de l'anarchie ou de la tyrannie, quel nom donnerons-nous à l'anarchie et à la tyrannie dont nous avons été les témoins et les victimes ? A des seigneurs guerroyans ont succédé des gens d'affaires avides ; des procès ruineux à des incursions passagères, et des impôts excessifs à des redevances ridicules. Les campagnes n'y ont pas gagné ; et à part celles que vivifie, en les corrompant, le voisinage des villes, les autres se sont appauvries et dépeuplées.

Il faut le dire, puisque la force de la

vérité en arrache l'aveu à l'inconséquent écrivain que nous venons de citer ; le régime féodal a peuplé les campagnes ; le régime fiscal, commercial, philosophique, a agrandi les villes ; l'un appelle le peuple à la propriété par des démembremens et des inféodations de terres ; l'autre le fait subsister par des fabriques, en attendant de l'enrichir par des pillages. Celui-ci procure à l'homme une subsistance précaire et variable, comme les chances du commerce, et qu'il reçoit tous les jours, sous la forme d'une aumône, du fabricant qui l'occupe ; celui-là donne à la famille un établissement indépendant de l'homme, et fixe comme la nature ; l'un en un mot donne des citoyens à l'Etat, l'autre élève des prolétaires pour les révolutions ; et quelle que soit la manie de la déclamation, comme il faut toujours en revenir aux faits, il est à remarquer que l'établissement des manoirs champêtres date presque toujours des temps de la féodalité, et que la destruction des nombreux hameaux, dont on retrouve les vestiges dans les campagnes et le nom dans les chartes, a concouru avec les progrès du commerce et l'accroissement des cités.

Il paroît que dans les premiers âges des monarchies de l'Europe, il régnoit plus d'égalité dans la fortune des diverses familles de l'ordre politique, puisque chaque terre avoit son seigneur particulier, et que l'étendue respective des fiefs étoit moins inégale qu'elle ne l'est devenue depuis par leur agglomération, surtout depuis leur érection en titres d'honneur. Alors peut-être si chaque famille n'avoit pas une fortune considérable, toutes avoient une fortune suffisante, et cela devroit être ainsi; car l'indigence et l'extrême opulence aboutissent également à la corruption.

Le moyen par lequel cette égalité s'étoit introduite avoit été lent, mais sûr, comme tous les moyens que la nature emploie pour former et pour maintenir son ouvrage. Il consistoit dans des substitutions en faveur des aînés, et par conséquent dans l'inaliénabilité perpétuelle de tout ou partie des propriétés féodales. Cette loi existoit encore en France, et plus ou moins dans toute l'Europe, quoique très-affoiblie par des administrations imprudentes, qui se réjouissoient de voir grossir le fisc par la fréquence des mutations de propriété, lorsqu'elles auroient dû gémir sur les causes de ce déplacement. Sans doute si les moyens d'administration eussent été aussi connus dans ces temps reculés qu'ils le sont de nos jours, les formes de la comptabilité aussi perfectionnées, et les hommes même aussi assouplis (1) au joug des lois politiques, l'ordre politique auroit établi, comme celui du clergé, une administration centrale de contributions communes, pour fournir à l'éducation des enfans, à l'acquit des charges communes, à l'amélioration même des biens. C'eût été un moyen puissant, et le plus puissant de tous les moyens, de rapprocher les fortunes particulières de l'égalité, de vivifier les campagnes, de perfectionner l'agriculture par des prêts faits à tout propriétaire de fonds ruraux indistinctement, sous caution, mais sans intérêt, et uniquement pour des travaux d'amélioration; enfin, d'offrir à l'E-

(1) L'homme alors étoit plus docile aux lois religieuses qu'aux lois politiques; aujourd'hui il a perdu de sa fierté politique, à mesure qu'il a perdu de sa docilité religieuse; et moins soumis à Dieu, il est plus dépendant de l'homme.

tat, dans ses extrêmes nécessités, des ressources immenses, et pareilles à celles qu'il trouvoit au besoin dans les richesses de la religion. L'Etat aujourd'hui n'a partout qu'un fisc, aliment de prodigalités et de luxe, et toujours vide au moment du besoin; il auroit eu alors dans les richesses des deux ordres chargés du ministère public, deux trésors uniquement disponibles pour les extrêmes dangers; car il n'y a pas d'Etat plus malaisé à défendre que celui où il n'y a de riche que des individus, comme en Hollande et en Suisse, parce qu'alors il faut tout faire avec des impôts tôt ou tard onéreux, et qu'on ne peut défendre le territoire sans ruiner ou indisposer les habitans (1).

Cette administration intérieure de biens communs, n'étoit pas totalement ignorée en France dans les temps anciens; il paroît même par les fondations de monastères,

---

(1) L'Espagne, exposée à un grand danger, eût trouvé d'immenses richesses dans les trésors de ses églises. La dépouille des corps ecclésiastiques, quand elle est nécessaire, ne grève pas l'Etat, et l'emprunt l'obère.

qu'ont faites, à ces époques reculées, des souverains ou des membres de l'ordre, pour l'éducation des enfans de la noblesse, ou l'établissement de ses filles, qu'il y avoit dès lors des idées de communauté d'intérêts; et même de nos jours, la noblesse de Bretagne avoit fondé un établissement, où les enfans des deux sexes des familles les plus pauvres, recevoient une éducation gratuite. Je ne parle pas des maisons que les rois avoient fondées dans les mêmes vues: puisque l'autorité s'occupoit d'éducation, elle auroit dû veiller à l'éducation de tous, et non à l'éducation de quelques-uns; et il étoit assurément contraire aux intérêts de l'Etat, de procurer aux enfans des familles nobles tombées dans l'indigence, une éducation religieuse et politique, et de laisser les enfans des familles les plus opulentes, recevoir une éducation philosophique.

Mais ce qui surtout maintenoit dans les temps anciens les fortunes des familles du ministère politique, dans un équilibre plus voisin de l'égalité, et qui prévenoit dans quelques familles un accroissement excessif de richesses, qui n'arrive jamais sans que d'autres familles ne tombent dans l'indigence, étoit la modicité ou même la nullité des dots des femmes; coutume antique et respectable, que les Francs avoient portée avec leur constitution des forêts de Germanie. Cette loi si éloignée de nos mœurs, peut être regardée comme le moyen le plus efficace, et le garant le plus assuré de tout bonheur dans la famille, et de toute force dans l'Etat, de tout bien domestique et politique, physique et moral : mais comme toutes les bonnes lois marchent ensemble, ainsi que tous les abus, cette loi peut-être en nécessiteroit d'autres sur le consentement du père au mariage de ses enfans, et devroit rendre beaucoup moins facile la voie des sommations respectueuses. Les nobles, en Allemagne, perdent certains avantages en s'alliant hors de leur ordre; en France, les mésalliances n'étoient pas connues de la loi, parce que les femmes n'avoient pas d'existence politique; toute femme prenoit de droit, dans la société, le rang de son mari, comme elle en prenoit le nom, et elle transmettoit l'un et l'autre à ses enfans. On ne sait pas assez combien en

France toutes les idées étoient justes, et toutes les lois naturelles.

Au reste, j'ai moins besoin de m'étendre sur les effets salutaires de la coutume ancienne de ne point doter les femmes, que de justifier ma témérité à en rappeler le souvenir au milieu d'une nation possédée de l'*auri sacra fames*, et où marchent du même pas la soif inextinguible de s'enrichir par toutes sortes de voies, et la fureur prodigieuse de consommer à toutes sortes de folies. Je n'ai qu'un mot à dire ; telle loi est chimérique dans un système qui devient naturelle dans un autre. Il est impossible de fixer en l'air, à trois cents pieds de terre, un globe de vingt pieds de diamètre ; mais si l'on en fait le couronnement d'un édifice, ce globe se trouve placé naturellement à la hauteur donnée. C'est ainsi que les lois somptuaires, impraticables pour l'individu, sont partout pratiquées sur les corps, même militaires, qu'on soumet à la plus rigoureuse uniformité de *tenue* et de vêtemens. Au reste, dans tout ce qui me reste à dire, le lecteur ne doit jamais perdre de vue, que je fais un rêve politique, sans allusion, sans intention pour le temps présent. On souffre tant de romans de frivolité ou même de licence, qu'on peut bien pardonner un roman de perfection ; cette fiction n'est pas dangereuse.

CHAPITRE XIV.

Constitution politique du Ministère dans les premiers temps, considéré relativement aux personnes.

PUISQUE la fonction de l'ordre politique est de *juger et de combattre*, le devoir de chaque membre de l'ordre étoit de rendre son esprit et son corps capables de remplir les fonctions morales et physiques auxquelles il étoit appelé. De là suivoit la nécessité d'une éducation physique à la fois et morale, religieuse et politique, domestique pour chacun dans sa famille, et dès ses premières années ; publique pour tous dans des établissemens publics, et pour un âge plus avancé ; et cette éducation obligée pour chacun, auroit dû être uniforme pour tous, parce que l'Etat doit l'éducation à tous ses ministres, comme il doit des armes à tous ses soldats.

Dans les temps anciens, les enfans des premières familles recevoient une longue éducation dans les monastères fondés par leurs pères, et ceux d'un rang inférieur étoient élevés comme pages dans les maisons et à la cour des premiers. « Aussi, disent les » Mémoires déjà cités sur l'ancienne cheva» lerie, la chevalerie avoit recommandé à » ses premiers disciples de s'appliquer éga» lement aux lettres et aux armes; et un an» cien poëte, dans une ballade, dont chaque » couplet se termine par ce refrain,

« Ces chevaliers ont honte d'être clercs ».

» regrette le temps où l'étude des arts libé» raux étoit réservée aux *ministres* de la » société ».

Dans toute société naissante, et qui travaille à s'étendre, comme pour l'homme enfant, le corps domine l'esprit, et les exercices de l'un sont plus estimés que les connoissances de l'autre : dans la société perfectionnée, ainsi que dans l'homme fait, l'esprit doit prendre le pas sur le corps, et l'instruction régler la force et la guider. Cependant, dans ces derniers temps, on donnoit dans l'excès, et l'on négligeoit peut-être trop les exercices du corps pour les arts frivoles et sédentaires.

Les études qui conviennent à des hommes publics, devroient être sévères comme leurs fonctions, et graves comme leurs devoirs; tout devroit s'y rapporter au bien de la société, peu à la satisfaction personnelle de l'individu. Il faut laisser à l'homme la science qui enfle; c'est assez pour le ministre de celle qui *édifie*. Ainsi l'homme dévoué au ministère politique, devroit être instruit dans l'art de l'agriculture, le premier et le plus noble des arts domestiques, dans la science de la guerre et dans celle de la paix, histoire, politique, jurisprudence, littérature même, instrument universel des sciences morales; au reste, les opinions des Romains sur la culture des arts frivoles qu'ils abandonnoient aux esclaves et aux affranchis, ne nous étoient pas totalement étrangères, et peut-être ne s'étoient-elles que trop affoiblies chez nous. La culture de certains arts n'est qu'un plaisir : elle est un ridicule, si elle devient passion; et quoique les arts agréables soient un délassement honnête ou même une parure utile, qui ajoute la perfection des manières à celle des mœurs, il ne faut pas perdre de vue qu'il *n'y a de noble que les devoirs*. Je ne crains pas de dire que la jeunesse aujourd'hui cultive jusqu'à l'excès certaines sciences qui dessèchent le cœur, rendent le corps inhabile à l'exercice, et l'esprit à la méditation des vérités morales. Bossuet estimoit peu ces sciences exactes, « vaine » pâture des esprits curieux et foibles....., qui » croient savoir quelque chose, parce qu'ils » savent les propriétés des grandeurs et des » petitesses ». Fénélon redoutoit la satisfaction attachée à l'évidence de leurs propositions, et Descartes lui-même en faisoit assez peu de cas. Elles ne redressent pas un esprit faux, et n'apprennent pas à raisonner en morale à un esprit naturellement droit; et pour quelques génies qu'elles n'étendent que parce qu'eux-mêmes en reculent les bornes, elles étouffent un grand nombre de bons esprits qui se forcent, et peut-être qui s'épuisent dans ces pénibles et ingrates contemplations. Au reste, il est à remarquer qu'on n'a jamais débité plus d'erreurs sur les principes de la société, ni fait plus de fautes dans la conduite des affaires

publiques,

publiques, que depuis qu'on a découvert plus de vérités dans les sciences physiques, et qu'on en a fait des applications plus heureuses; ce qui prouve qu'on peut savoir tout ce que Newton et Lavoisier savoient en géométrie et en chimie, sans connoître un mot de ce que savoit Bossuet sur la politique, et Sully sur l'administration.

Quoi qu'il en soit, les ministres de la société politique ne doivent pas laisser à d'autres la supériorité des connoissances nécessaires à la société, qui peuvent donner de la considération à leurs personnes, et une direction plus juste et plus certaine à leur action. La noblesse en France ne s'étoit pas, même sous ce rapport, trop écartée de sa destination. Les discussions éloquentes et lumineuses qui ont lieu aux *Etats-Généraux*, dans cette assemblée, la première du monde pour les talens, et à jamais fameuse par l'usage qu'elle en fait, ont prouvé qu'il y avoit dans la noblesse, malgré le progrès des fausses doctrines, une instruction politique aussi étendue que solide. Mais cette instruction n'étoit pas assez généralement répandue, parce que, depuis l'abolition de l'ordre des Jésuites, il n'y avoit plus en France d'établissement national d'éducation, et que tous ces colléges, dispersés çà et là, sans uniformité de régime, d'enseignement, quelquefois même de principes, ne formoient pas une institution publique. Partout la religion présidoit à l'éducation. Les gouvernemens en laissant périr la religion, ont succédé à ses charges; succession onéreuse, et dont ils ne rempliront jamais sans elle toutes les conditions.

CHAPITRE XV.

Constitution du Ministère politique dans les premiers temps, considéré relativement à ses fonctions.

NOUS avons considéré le ministère dans les personnes, nous allons le considérer dans ses fonctions.

La fonction de juger, qui constitue le ministère public, n'étoit, comme je l'ai déjà observé, que le jugement des actions de l'homme, ou la justice criminelle; car il n'y a que ce jugement qui appartienne essentiellement et exclusivement au pouvoir public, puisque la justice civile ou le règlement des intérêts personnels peut être, et même est très-souvent suppléé par l'accord des parties elles-mêmes, ou décidé par des arbitres dont elles conviennent. J'ai même fait observer, à l'appui de cette assertion, que l'ennoblissement en France pour les charges de magistrature, n'étoit, dans l'origine et selon la constitution, attaché qu'à la fonction de juger en dernier ressort en matière criminelle, et d'infliger des peines capitales.

On pourroit peut-être en conclure qu'il eût été conforme à l'esprit des lois politiques de la France, d'attribuer au troisième ordre exclusivement la connoissance des causes civiles, en faisant de cette fonction la condition préparatoire et comme le vestibule de l'ennoblissement, et d'attribuer exclusivement aussi au ministère public l'exercice de la justice criminelle : on sait effectivement que ce fut pour juger au civil que les clercs furent introduits dans les tribunaux. Ainsi les membres du troisième ordre auroient jugé au civil ceux du second, et ceux-ci les autres au criminel, ce qui peut-être eût rendu plus rares les procès criminels et civils, et établi entre tous les ordres une égalité politique, comme il y a une égalité native entre tous les hommes.

Il n'est pas hors de propos de remarquer que dans le nouveau système judiciaire établi en France, on a séparé les tribunaux criminels des tribunaux civils; et même la procédure par jury, toute imparfaite et dangereuse qu'est cette *sublime institution*, offre cependant une image de l'usage ancien, lorsque les seigneurs étoient assistés par les hommes de leurs terres; les *ducs*, depuis sénéchaux, par les nobles de leur ressort; le roi lui-même par son *baronnage*, ou premiers juges des provinces: trois degrés de juridiction, dans lesquels le premier juge ou le seigneur, le juge d'appel ou le sénéchal, duc ou comte, le juge suprême ou le roi, jugeoient chacun entourés de leurs pairs; pairs entre eux, comme soumis aux mêmes devoirs; pairs de l'accusé, par leur condition; pairs du juge, comme partageant ses fonctions, et jugeant avec lui et comme lui. La cour du roi étoit d'abord unique:

mais chaque feudataire ayant dans la suite usurpé la souveraineté, et voulant en remplir les fonctions ou en imiter les formes, établit dans ses Etats une cour suprême, devenue depuis un parlement particulier. C'est là l'origine des cours de Normandie, de Dauphiné, de Bretagne, de Toulouse, etc., que l'étendue de la France força depuis de conserver, et même de multiplier, et qui n'étoient que la justice publique rendue en divers lieux. C'est pour mettre de l'uniformité dans des jugemens rendus par des tribunaux différens, et sans communication entre eux, qu'avoit été établi le conseil ou le tribunal de cassation des jugemens rendus contre les formes de la loi. La cour du roi, dans les temps anciens, ne tenoit ses assises que dans une certaine saison de l'année, et elle étoit ambulante comme les rois eux-mêmes. Mais les grands vassaux dans leurs petits Etats, ou même nos rois réduits à la Picardie et à l'île de France, ne pouvoient voyager comme Charlemagne dans son vaste empire. Peu à peu on s'accoutuma à assembler les cours suprêmes de justice dans le même lieu, et pendant un plus long temps, et elles devinrent sédentaires. Avec les tribunaux sédentaires commença la profession de la plaidoirie, qui ne devroit être qu'un accident, et comme une maladie du corps social. Nos anciens jurisconsultes attribuent l'introduction de la chicane en France au séjour des étrangers à Avignon. Un autre abus naquit de la résidence des tribunaux dans les mêmes lieux; la présence continuelle de ces grands corps qui réunirent à perpétuité, dans un même lieu, un grand nombre de citoyens aisés, et qui en déplacèrent annuellement beaucoup d'autres attirés par leurs affaires, produisit la plupart de nos grandes villes, et une grande ville est un grand désordre.

Il ne faut pas croire que l'institution de la justice fût défectueuse, précisément parce qu'elle étoit ambulante. La société, comme l'homme, voyage sans cesse sur la terre : si elle s'y repose, ce doit être sous la tente; et si la justice n'est pas toujours en marche, elle doit être toujours debout. La justice est comme ambulante en Angleterre, et il se tient annuellement, dans les divers comtés, des assises pour le criminel. Mais cette *ac-*

tion suprême de la justice, qui devroit être entourée de recueillement et de respect, comme le sacrifice de la religion auquel elle ressemble, est une occasion de plaisirs et de fêtes, qui font un contraste fâcheux pour les mœurs publiques, avec les rigueurs que nécessite l'exercice de la justice.

C'étoit autrefois une belle et salutaire institution, que celle qui régloit la hiérarchie politique des fonctions publiques, sur la hiérarchie domestique de l'âge. *Seniores*, dit Hincmar, *ad consilium ordinandum, minores ad idem consilium suscipiendum.* Les plus anciens *jugent*, les plus jeunes exécutent ou *combattent* : de là vient que les expressions, *majores natu*, *proceres*, *principes*, *duces*, *magnates*, *primores*, *primatos*, *leudes*, *fideles*, *seniores*, dont nous avons fait *monseigneur*, et, par abréviation, *monsieur*, sont synonymes, et expriment à la fois, dans les capitulaires et les anciennes chartes, la supériorité de l'âge et celle de la dignité, comme les expressions de *juniores*, *minores*, *vicarii*, *vice comites*, *vice domini*, *castaldii* (châtelain), *ministeriales* (ministres), aussi synonymes entre elles, désignent à la fois l'infériorité de l'âge et celle du grade.

Non-seulement l'ordre chargé du ministère public combattoit l'ennemi intérieur par le glaive de la loi, mais il étoit encore le bouclier de l'Etat contre l'ennemi étranger, et il s'étoit dans tous les temps acquitté avec zèle et fidélité de cette honorable et périlleuse fonction. Le service militaire qui lui convenoit le mieux étoit le service à cheval, parce qu'il est plus défensif qu'offensif, et qu'il est toujours plus nécessaire pour une société de conserver ce qu'elle a acquis, que de l'étendre. Les Romains, avec leur infanterie invincible, envahirent toutes les nations qui n'eurent à leur opposer que de l'infanterie, et ils trouvèrent une barrière insurmontable à leurs progrès dans la nombreuse cavalerie des Parthes. Cette vérité historique acquiert un nouveau degré de certitude, lorsqu'on l'applique à une nation qui, comme la France actuelle, placée dans des limites naturelles, a fini son accroissement continental, et ne peut s'occuper, au moins pour elle, que de défensive. C'est pour cette raison que J.-J. Rousseau conseille à la Pologne d'entretenir une cavalerie nombreuse, si elle veut empêcher l'envahissement de son territoire par les armées russes. Notre langue offre, dans ses nombreuses locutions, la preuve de la considération dont le service de la cavalerie jouissoit autrefois en France; et même de nos jours, la propriété des compagnies de cavalerie, supprimée il y a trente ou quarante ans, conservoit quelque chose de l'ancien usage où étoit le ministère politique d'aller au combat avec les hommes de ses terres. On peut même assurer que le seul moyen d'avoir en France beaucoup de chevaux, et de beaux chevaux, première richesse mobiliaire d'une nation militaire, comme les bestiaux sont la première richesse mobiliaire d'une nation agricole, est la résidence des propriétaires sur leurs terres, et leur service à cheval, aujourd'hui surtout qu'on a mis à cheval jusqu'à l'artillerie (1).

Ces institutions s'accommodent à tous les

(1) Les Anglais riches habitent beaucoup la campagne, et servent dans leur milice à cheval; aussi les chevaux sont-ils extrêmement multipliés en Angleterre.

temps comme à tous les lieux, parce qu'elles sont naturelles. Cette *postpolite* (on appelle ainsi en Pologne la cavalerie propriétaire) n'étoit que brave dans un temps, elle seroit disciplinée dans un autre. On obtient tout des hommes, lorsqu'au lieu de leur répéter sans cesse que la loi doit plier sa force à leur foiblesse, on leur dit que leur foiblesse doit être soutenue par la force de la loi, et leurs déréglemens redressés par sa rectitude; lorsqu'au lieu de leur parler sans cesse de plaisirs et de jouissances qui font aimer la vie, on ne les entretient que de devoirs et de sacrifices qui la font supporter; lorsqu'on leur dit enfin que la perfection étant la vraie nature de l'homme, et ses penchans sa nature corrompue, les lois les plus contraires à ses penchans sont les plus naturelles à sa raison.

On trouve dans le journal de Louis XIV, une preuve de ce que peut la force de la discipline sur les hommes; preuve à laquelle rien ne peut être comparé dans l'histoire ancienne ou moderne, et qui offre de grandes leçons aux chefs, et de grands exemples aux subalternes. « Les Suédois, commandés par

» Gustave-Adolphe, avoient en Allemagne » l'armée la mieux disciplinée qui ait jamais » été. Tous les enfans qu'ils avoient eus de- » puis l'entrée de Gustave en Allemagne, » étoient accoutumés aux mousquetades. » Quoique l'armée ne soit pas un lieu fort » propre pour élever la jeunesse, néanmoins » on prenoit un soin très-exact de leur édu- » cation, leur faisant apprendre à lire et à » écrire dans de petites écoles portatives, » que l'on tenoit dans le quartier ou dans le » camp.... Les ennemis étoient quelquefois » campés si proche, que leur canon portoit » sur la petite école, où l'on a vu trois ou » quatre enfans emportés d'un seul coup, » sans que les autres changeassent de place, » ou quittassent la plume qu'ils avoient à la » main.... Cette armée étoit telle, qu'il n'est » pas au pouvoir de tous les rois du monde » d'en composer une semblable, parce que le » temps et la discipline l'avoient formée, et » qu'ils avoient appris, sous le grand Gus- » tave, à commander et à obéir. Si l'auto- » rité des chefs étoit absolue dans l'armée, » celle des ministres de la religion ne l'étoit » pas moins; c'étoient des censeurs sévères,

» qui ne souffroient ni le blasphème, ni le » scandale; en sorte que le continuel exer» cice de la guerre et de la discipline ren» doit cette armée invincible ».

Qu'on ne s'étonne pas de la préférence que nos pères donnoient à la force propriétaire sur la force soldée. Ils auroient tremblé de voir la société opposer pour sa défense le peuple armé au peuple indigent, ils distinguoient avec trop de soin les personnes sociales et les fonctions publiques; et sans doute, dans leur simplicité, ils auroient eu peine à concevoir qu'un gouvernement pût être tranquille lorsque sa sûreté, son existence même pouvoit tenir à une solde arriérée pendant quelques semaines, ou à une subsistance trop chère de quelques sous.

Le ministère public avoit autrefois un chef immédiat, connu sous le nom de *connétable*. Cette dignité, qui a sauvé l'Etat sous Duguesclin, et l'Eglise sous Anne de Montmorency, appartenoit exclusivement à la noblesse; et elle a été souvent dangereuse, lorsqu'elle a été confiée à des mains plus puissantes. Les rois en France n'ont pas assez senti combien ce premier officier étoit nécessaire au pouvoir dont il étoit le vicaire; et, trop alarmés sur les trames ambitieuses de quelques hommes, ils ont fermé les yeux sur le danger des révoltes populaires : à la place des dignités, ils ont créé des commissions; le prince a été entouré de courtisans, et l'Etat n'a plus eu de serviteurs.

Ce premier officier du pouvoir existoit chez les Germains : *Reges ex nobilitate, duces ex virtute super sunt;* il existoit même chez les Romains lorsqu'ils se constituoient en monarchie, et le *maître de la cavalerie*, lieutenant du dictateur, véritable monarque, avoit les mêmes fonctions, et presque le même titre que le connétable, *comes stabuli*, comte préposé à la cavalerie. Une dignité qui étoit en quelque sorte le bras du *pouvoir*, et qui soutenoit un roi foible sans alarmer un roi fort, a toujours existé en France jusqu'à Louis XIII, sous un nom ou sous un autre. Je dis jusqu'à Louis XIII, car il est à remarquer que cet office, conservé, agrandi par les rois les plus forts, a été aboli par le roi le plus foible. Ce fut saint Louis qui donna au connétable les attributions militaires de la charge de grand sénéchal, devenue héréditaire dans la maison d'Anjou, et entrée, avec les autres biens de cette maison, dans celle d'Angleterre. Les offices ne peuvent être dangereux que lorsqu'ils deviennent héréditaires contre la nature des offices qui doivent être électifs, *duces ex virtute*. Les survivances pour les grandes places étoient un des grands abus des derniers temps. On retrouvoit encore quelque vestige de la juridiction personnelle de connétable dans le corps de la *connétablie*, et même de la dignité elle-même dans le tribunal des maréchaux de France, présidé par le plus ancien d'entre eux. Les maréchaux de France étoient autrefois les lieutenans du connétable, qui avoit en eux ses lieutenans généraux pour l'ordre militaire, comme il y en avoit dans l'ordre judiciaire. Mais les lieutenans généraux étant devenus, sous le titre de maréchaux de France, les premiers officiers militaires, il s'éleva à leur place d'autres lieutenans généraux des armées, qui existoient encore de nos jours; comme dans les bailliages, le lieutenant général ayant conservé seul l'exercice de ses fonctions, eut au-dessous de lui des *lieutenans particuliers* civils et criminels.

La valeur guerrière, les talens politiques, l'industrie honnête et heureuse, rendront au ministère politique les membres que la révolution lui a enlevés : c'est ainsi, du moins, qu'ont fini jusqu'à présent toutes les révolutions ; et ceux qui seront venus sur la fin de la journée, recevront la même récompense que ceux qui ont supporté le poids du jour et de la chaleur. Les souvenirs s'effacent, les passions se calment, les hommes disparoissent, et la société survit aux hommes et aux événemens, plus éclairée par ses erreurs, plus sage de ses fautes, et quelquefois plus forte même de ses revers.

Le voile sombre de l'avenir couvre les destinées de la société ; mais telle que ces femmes des rois de l'Inde qui périssent sur le bûcher de leurs époux, la noblesse française a cessé d'exister lorsque le trône a été renversé. Elle n'est plus ; mais la postérité dira peut-être que si elle n'a pas fait trembler l'Europe, elle a défendu la France, et associé son nom et ses services à tous les événemens mémorables qui ont illustré la monarchie; que si elle n'a jamais fait des lois, elle les a défendues avec courage contre les rois, et interprétées avec intégrité en faveur des peuples; que si elle n'a pu se préserver d'un siècle entier de faux savoir et de licence, elle a répandu en Europe, depuis dix siècles, un esprit d'honneur, de désintéressement, de loyauté et de dévouement, qui tempéroit le pouvoir, ennoblissoit la dépendance, et formoit encore en Europe la défense et l'ornement de la société. Sans doute quelques familles ont vécu trop d'une génération, et quelques hommes trop d'un jour; mais c'est en général qu'il faut considérer la société et tout ce qui s'y rapporte, et j'ai voulu justifier les institutions, et non faire l'apologie des hommes passés, ou la satire des hommes présens. Dans les institutions qui sont l'ouvrage des hommes, les hommes sont souvent meilleurs que leurs lois; mais dans les institutions qui sont l'ouvrage de la nature, les lois sont toujours plus parfaites que les hommes (1). Nos neveux

(1) C'est ce qu'on ne doit jamais perdre de vue, quand on compare certaines institutions religieuses ou

diront

diront la part que les deux ordres, chargés des fonctions publiques, ont eue à la conservation de la société civilisée, en faisant connoître dans toute l'Europe, par le scandale de leurs malheurs, les terribles et inévitables effets des doctrines populaires, ou en entretenant en France, par leur exemple, une opposition salutaire à ces maximes désastreuses, depuis si solennellement désavouées : ils remarqueront que si ces deux ordres de citoyens n'ont pas contribué de leurs personnes à l'agrandissement de l'Etat, toujours destinés à le servir, même involontairement, ils y ont contribué de leurs biens, devenus à la fois pour le fisc, par l'invention prodigieuse des assignats, dont ils supportoient l'hypothèque, la matière, l'instrument et le prix de leur propre vente (1);

---

politiques avec d'autres institutions, certains hommes avec d'autres hommes, et qu'on cherche à s'expliquer pourquoi les hommes sont si rarement d'accord avec leurs principes, et qu'ils sont tantôt meilleurs que leur doctrine, et tantôt plus mauvais.

(1) L'intention première de l'assemblée constituante fut d'abolir sans rachat les droits féodaux ou honorifiques, et avec rachat les droits fonciers ou utiles.

et peut-être la plus malheureuse de ces deux classes, parce qu'elle est composée, non d'in-

---

Cette distinction étoit conséquente au projet de détruire le noble et de respecter le propriétaire; parce que les droits seigneuriaux, ou simplement féodaux, représentoient, étoient, si l'on veut, la propriété politique du noble, et que les rentes foncières étoient évidemment la propriété domestique de la famille, et formoient pour cette raison, dans les pays à inféodation, une partie considérable du patrimoine des familles riches de toutes les conditions; car le paysan avoit quelquefois dans une terre plus de rentes foncières que le seigneur. La cupidité trouva cette distinction trop subtile, et s'étonna que le même pouvoir, qui abolissoit sans rachat des droits simplement honorifiques, ou purement éventuels, s'ils étoient lucratifs, n'abolit qu'après rachat des rentes annuelles, qui étoient bien autrement onéreuses. Le principe étoit posé : de secrètes instigations, des déclamations publiques, la haine et l'avarice, tirèrent les conséquences, les droits du seigneur furent abolis, et les droits du propriétaire cessèrent d'être payés, et ne furent pas rachetés. Bientôt les événemens politiques amenèrent d'autres développemens, et alors commença le code sur les biens d'émigrés, inoui en morale comme en politique. Ce fut un terrible, mais un singulier spectacle que celui du long combat qu'il y eut en France entre les principes d'ordre, de justice, de respect pour les lois, profondément

dividus, mais de familles, en se rappelant ce qu'elle a fait pour son pays, et le prix qu'elle

---

enracinés dans l'esprit de la nation, et les nouveaux principes de morale et de politique où les événemens entraînoient les hommes, de voir les efforts que faisoient ses législateurs pour conserver des formes légales dans ce bouleversement de la législation ordinaire, n'osant dépouiller le père qu'en le chargeant des délits de ses enfans, ou les enfans qu'en leur imputant les délits du père, faisant entrer la nation dans toutes les familles, tantôt comme père, tantôt comme fils, là comme époux, ici comme débiteur; et lorsque la nature, qui ne veut pas que le fils dépouille le père vivant, s'opposoit à ces partages, faisant anticiper la loi sur la nature, établissant la *présuccession*, et *donnant* à des malheureux la confiscation *en avancement d'hoirie.* Nulle part les proscriptions n'ont offert un ordre semblable, et tant de règles avec tant de violence. Ne nous faisons pas plus mauvais que nous ne le sommes. L'esprit d'ordre et de justice appartenoit à la nation; le désordre étoit la faute des hommes, ou plutôt celle du temps; et la plupart même de ces hommes disent aujourd'hui, comme Pyrrhus à Oreste :

« Tout étoit juste alors : la vieillesse et l'enfance
» En vain sur leur foiblesse appuyoient leur défense.
» *La révolution*, plus cruelle que nous,
» Nous excitoit au meurtre, et confondoit nos coups :
» Mais que la cruauté survive à la colère, etc.
» .... ».

en a reçu, pourroit-elle adresser ces paroles à ceux qui, à l'avenir, lui succéderont dans la périlleuse fonction de défendre le pouvoir des chefs contre la souveraineté des peuples:

« *Disce, puer, virtutem ex me verumque laborem,*
» *Fortunam ex aliis.....* (1) ».

---

(1) Il ne faut pas cesser de le répéter : il n'y avoit point d'inégalité en France entre les familles, puisque toutes pouvoient parvenir à la propriété, et passer ensuite dans l'ordre du ministère politique. « Ainsi », dit très-bien M. Garnier, membre de l'Institut, dans les notes judicieuses et savantes de sa traduction d'Adam Smith, « ainsi, cette égalité qui paroît » si fortement violée, quand on se borne à considérer » l'âge contemporain, se retrouve parfaitement main- » tenue, si l'on embrasse dans ses observations les » divers âges de la vie des nations, et la suite des géné- » rations dont elle se compose ». Ce seroit à l'avenir qu'il y auroit de l'inégalité, si certaines familles de propriétaires *indépendans*, comme les appelle M. Garnier, étoient privées *du droit de partager dans la puissance publique*, c'est-à-dire, d'entrer dans le ministère politique, seule voie légitime de partager la puissance publique, qui ne peut être partagée que dans son *action*, qui est *multiple*, et jamais dans sa *volonté*, qui est *simple* et indivisible.

FIN DU SECOND VOLUME.

TABLE
DES MATIÈRES
DU SECOND VOLUME.

LIVRE SECOND.

TRAITÉ DU MINISTÈRE PUBLIC.

FIN DE LA TABLE DU SECOND VOLUME.

www.ingramcontent.com/pod-product-compliance
Ingram Content Group UK Ltd.
Pitfield, Milton Keynes, MK11 3LW, UK
UKHW020607230726
13926UKWH00005B/2254

9 782013 677349